OEUVRES

COMPLÈTES

D'ÉTIENNE JOUY.

TOME II.

ON SOUSCRIT A PARIS:

Chez JULES DIDOT AÎNÉ, rue du Pont de Lodi, n° 6;
BOSSANGE père, rue de Richelieu, n° 60;
PILLET aîné, imprimeur-libraire, rue Christine, n° 5;
AIMÉ-ANDRÉ, quai des Augustins, n° 59;
Et chez l'AUTEUR, rue des Trois Frères, n° 11.

ŒUVRES

COMPLÈTES

D'ÉTIENNE JOUY,

DE L'ACADEMIE FRANÇAISE;

AVEC DES ÉCLAIRCISSEMENTS ET DES NOTES

Essai sur les mœurs.

TOME II.

PARIS

IMPRIMERIE DE JULES DIDOT AINÉ,

RUE DU PONT DE LODI, N° 6.

1823.

OBSERVATIONS

SUR

LES MŒURS FRANÇAISES

AU COMMENCEMENT DU 19ᵉ SIÈCLE.

VOLUME II.

AVANT-PROPOS[1].

L'avis que je mets en tête du second volume de ce recueil n'a point pour objet de remercier le public de l'accueil qu'il a fait au premier : l'écrivain qui fait un livre qui plaît, le lecteur qui achète un livre qui l'amuse, sont quittes l'un envers l'autre ; mais, en annonçant le succès de son ouvrage, l'auteur qui cherche à s'en rendre compte est quelquefois plus pressé de le justifier que de s'en applaudir : c'est le cas où je me trouve.

En cherchant à réunir quelques tableaux de mœurs dans un cadre dramatique propre à les faire valoir, j'avais à craindre également de ne ressembler à rien ou de ressembler à quelque chose ; d'ennuyer dans la première supposition, ou de faire crier à l'application dans l'autre. Je n'ai pas été assez heureux pour éviter ce dernier écueil ; et (quelque suspecte qu'une pareille déclaration puisse paraître dans la bouche d'un

[1] Avant-propos de la deuxième édition.

auteur) je ne crains pas d'affirmer que je suis tombé sur celui que je redoutais davantage.

Quelques personnes, constamment occupées de chercher des *clefs* à mes caractères, des modèles à mes portraits, essaient de me faire une réputation de malignité, au prix de laquelle la plus haute gloire littéraire me paraîtrait beaucoup trop payée. La seule crainte de donner un prétexte à ce reproche m'aurait déja forcé à renoncer à ce travail, si je n'avais pas l'amour-propre de me croire suffisamment défendu contre une accusation de cette nature par l'opinion de mes amis, par mon ouvrage lui-même, et, j'ose le dire, par mon propre caractère. Dans cette esquisse de nos mœurs (j'en renouvelle ici la déclaration), je m'applique à peindre la société, et non pas telle ou telle société; à saisir des rapports généraux, et non des traits particuliers : je m'occupe des classes, des espèces, et jamais des individus. Les observations que je fais sont du ressort de la critique : les personnalités appartiennent à la satire, et je n'ai pas à me reprocher qu'elle ait une seule fois dans ma vie déshonoré ma plume.

Le but que je me suis proposé, beaucoup

plus que le talent que j'ai déployé pour l'atteindre, est devenu l'occasion d'une comparaison dangereuse entre le *Spectateur* et l'*Ermite de la Chaussée-d'Antin*. Quelques critiques pleins de bienveillance (dont il ne me conviendrait pas de louer en ce moment l'esprit et les lumières) ont cru pouvoir établir entre ces deux ouvrages une sorte de parallèle dont je dois sans doute me trouver très honoré; mais l'un d'eux fait entrer dans la balance, en faveur de l'observateur anglais, la gravité des matières qui sont quelquefois l'objet de ses *discours*, et le vernis de frivolité que l'*Ermite* répand assez généralement sur les siens. J'ai d'abord tâché de répondre à ce reproche, dans ce second volume, en y donnant moins de place aux futilités de la mode, aux caprices éphémères de l'opinion; mais j'ajouterai ensuite qu'Adisson, Steele, et les autres collaborateurs du *Spectateur anglais*, vivaient à une époque et dans un pays où les questions de la plus sublime morale, de la plus haute littérature, de la plus profonde érudition, intéressaient assez vivement toutes les classes de la société, pour qu'il se vendît dans un jour, à Londres, dix mille exemplaires de tel numéro du *Spectateur* où il n'était question que de la nature de Dieu, de l'immortalité de l'ame, ou de la supériorité de Milton sur tous les poëtes épiques anciens et modernes. Il faut convenir que le temps actuel n'est pas du tout propre à ce genre de polémique. On vous pardonne encore d'être *utile*, mais à la seule condition que vous serez *agréable*.

Puisqu'on m'a, en quelque sorte, autorisé à nommer l'*Ermite* après le *Spectateur*, qu'il me soit permis de faire observer que je me suis imposé la tâche de varier beaucoup plus souvent le cadre de mes articles. Les deux tiers au moins de l'ouvrage anglais sont sous la forme de correspondance, dont je ne fais usage que lorsque j'ai à traiter quelques sujets de circonstance qui ne sont susceptibles d'aucun développement.

Plusieurs éditions du premier volume de ce recueil ont été promptement épuisées. Ce succès, en me décidant à faire paraître la suite des observations de l'*Ermite de la Chaussée-d'Antin*, m'impose de nouvelles obligations; le lecteur appréciera les efforts que j'ai faits pour les remplir.

L'ERMITE

DE

LA CHAUSSÉE-D'ANTIN.

N° XLII. [4 janvier 1812.]

UNE PREMIÈRE REPRÉSENTATION D'AUTREFOIS.

>Voilà de vos arrêts, messieurs les gens de goût!
>PIRON, *Métromanie*.
>
>*Hoc illis dictum est, qui stultitiam nauseant,*
>*Et ut putentur sapere, cœlum vituperant.*
>PHÆDR., fab. vi, liv. IV.
>
>Ceci s'adresse au censeur ignorant qui, pour paraître avoir du goût, critique les meilleurs ouvrages.

CHACUN a son califourchon, son *hobby-horse*, comme disent les Anglais, sur lequel il est monté, tout en se moquant de celui des autres. Les beaux esprits, les savants eux-mêmes, ne sont pas exempts de cette préoccupation exclusive qui concentre tous les goûts sur un même objet. Les uns se ruinent en livres; ceux-ci en tableaux, en statues; ceux-là en échantillons de minéraux, en coquilles, en médailles, en pierres gravées, etc. Le bibliomane, l'amateur de tableaux, le naturaliste, le numismate, l'archéologue (je parle de ceux qui ont la manie et non l'amour de la science), ne me paroissent pas plus déraisonnables les uns que les autres; *ils jouent à la science* comme on joue aux cartes, au volant; et dans tout cela il n'y a de ridicule que la gravité qu'ils y mettent.

Un de mes amis s'est infatué d'un goût moins répandu, qu'il a rapporté de ses voyages avec les *album*, la mnémonique et la philosophie de Kant, c'est le goût des *lettres autographes*. On sait que les Anglais, toujours prêts à confondre ce qui n'est que rare avec ce qui est beau, sont très curieux de ce genre de collections : ils les composent à grands frais, et les confient à des graveurs habiles qui les reproduisent en *fac simile* pour les amateurs en sous-ordre, dont la fortune entière ne suffirait pas à l'acquisition des originaux.

J'étais, la semaine dernière, chez mon ami *l'autographomane*, au moment ou quelqu'un lui apporta un billet de Boileau, en quatre lignes, dans lequel celui-ci s'excusait de ne pouvoir aller dîner le lendemain chez un M. Levasseur. Ce billet, écrit du style le plus simple, ne contenait aucune anecdote, aucun fait particulier, et n'était remarquable que par une faute d'orthographe. Aussi, tout le respect que j'ai pour le législateur de notre Parnasse ne m'empêcha-t-il pas de témoigner beaucoup de surprise en voyant payer dix louis un chiffon de papier sans aucune espèce de valeur. « Je conçois votre étonnement, me dit-il; mais quand on veut se compléter, dans quelque genre que ce soit, il faut savoir faire des sacrifices. » Et, tout en parlant, il étiquetait et classait dans un carton, intitulé *Siècle de Louis XIV,* le précieux écrit qu'il venait de se procurer.

« Vous voyez, continua-t-il en me montrant un petit corps de bibliothèque où plusieurs cartons semblables étaient rangés, vous voyez le produit de mes recherches de plusieurs années : j'ai là pour soixante mille francs de lettres autographes... — Dont vous ne trouveriez pas deux louis chez l'épicier du coin, le seul pourtant à qui tout ce fatras puisse être encore de quelque utilité. —Vandale! s'écria-t-il avec une indignation tempérée par un profond dédain, vous parlez bien en homme dont la postérité n'aura jamais rien à réclamer ni à dire. Voyez à qui vous insultez : regardez cette *lettre de Montaigne à la Boëtie,* tellement illisible qu'on n'a pu l'imprimer; ce *billet de Henri IV à la duchesse de Verneuil;* ce *sonnet de Malherbe écrit en entier de la main de Racan;* cette *lettre de madame de Maintenon au père Le Tellier;* cet *ordre de M. le Prince, la veille de la bataille de Senef!...*

— Quand je consentirais à partager votre vénération pour quelques unes de ces reliques auxquelles se rattachent d'illustres souvenirs, je n'en rirais pas moins des soins que vous prenez pour la conservation de tant d'autres paperasses qu'aucun nom, qu'aucun titre ne recommande. Par exemple, que signifie cette lettre qui me tombe sous la main? Elle est signée d'un marquis d'Hernouville que personne ne connaît, et s'adresse à un comte de Monchevreuil, qui n'est connu lui-même que par quelques faits d'armes de peu d'importance, et pour avoir été, si je ne me trompe, gouverneur du duc du Maine. — Vous ne pouviez me fournir une occasion plus favorable de vous prouver qu'il y a toujours quelque inconvénient à prononcer sur ce qu'on ne connaît pas. Donnez-vous la peine de lire cette lettre, et vous rirez ensuite, si vous l'osez, de l'extrême importance que je mets à conserver de semblables écrits. » Jamais, je dois l'avouer, triomphe ne fut plus complet que le sien; non seulement je convins, après l'avoir lue, que cette lettre méritait les honneurs du portefeuille, mais je le priai instamment de me permettre d'en prendre copie et de la rendre publique. J'eus beaucoup de peine à obtenir cette faveur, qui me fut accordée en échange d'une lettre autographe d'Hyder-Aly-Kan au bailli de Suffren, dont je promis d'enrichir sa collection.

Voici la lettre du marquis d'Hernouville, que je certifie de tout point conforme à l'original :

Paris, ce 30 décembre 1669.

Je profite, mon cher comte, d'un rhume qui me retient depuis quelques jours au coin de mon feu, pour vous donner des nouvelles de ce pays. La plus importante, et celle qui vous fera le plus de plaisir, c'est que M. de Guise a obtenu la faveur d'avoir un carreau à la messe du roi; il n'a pas manqué d'en profiter dimanche, et, soit dit entre nous, avec un peu trop d'éclat.

On attend monts et merveilles du marquis de Martel, qui s'est vanté de forcer les Algériens à la paix; je n'ai pas de foi à ses almanachs.

Le duc de Vermandois vient d'être revêtu de la charge d'amiral; madame de La Vallière a reçu cette marque d'une faveur insigne avec la plus belle indifférence. Je suis bien de votre avis, cette femme n'est pas à sa place.

Votre frère vous a-t-il écrit que nous avions été ensemble à la première représentation de *Britannicus?* Quelques prôneurs de Racine m'avaient tant vanté cette pièce, que, ne pouvant avoir de loge, j'ai envoyé mon laquais à dix heures me retenir une place sur le théâtre. J'ai cru que je n'arriverais jamais à l'hôtel de Bourgogne, j'avais pourtant laissé mon carrosse à l'entrée de la rue Mauconseil; mais, sans Chapelle et Mauvilain, qui connaissent tous les comédiens de Paris, je ne serais jamais parvenu à me placer. N'allez pas vous méprendre sur cet empressement du public : il y entrait encore plus de malveillance que de curiosité. J'ai été faire mes baisemains à madame de Sévigné dans sa loge, où se trouvaient mesdames de Villars, de Coulanges, de La Fayette, escortées du petit abbé de Villars et du frondeur de Grignan. Je vous laisse à penser si *Britannicus* avait beau jeu dans cette loge.

Madame de Sévigné disait l'autre jour, chez madame de Villarceaux, que *le Racine passerait comme le café :* ce mot fit beaucoup rire, et tout le monde s'accorda pour le trouver aussi juste que plaisant. Ce que j'admire sur-tout, c'est la présomption de cet écolier tragique, qui s'avise de vouloir faire parler les Romains après notre grand, notre sublime Corneille : il y a des gens qui ne doutent de rien.

Je n'ai jamais vu l'hôtel de Bourgogne aussi brillant : une aussi belle réunion méritait une meilleure pièce : c'était à qui bâillerait au parterre, et à qui dormirait dans les loges. Je ne vous citerai pas, comme exemple, Vilandry, qui ronflait dans celle du commandeur de Souvré : depuis qu'il dîne à cette table, la meilleure de Paris, il va digérer au spectacle, *haciendo la siesta*, se réveille à la fin, et prononce que la pièce est détestable. Je ne concevrai jamais quel plaisir ce brave et spirituel commandeur trouve dans la société d'un homme qui n'ouvre la bouche que pour manger.

Despréaux, à côté de qui je me trouvais placé, était furieux de la froideur du parterre. Il soutient que c'est le plus bel ouvrage de Racine, que les anciens n'ont rien de plus beau, que ni Tacite ni Corneille n'ont rien écrit de plus fort. Il a manqué se prendre aux cheveux avec Subligny, parceque celui-ci, dans la scène où Néron se cache derrière un rideau pour écouter Junie, n'a pu retenir un grand éclat de rire qui s'est propagé dans toute la salle. Il est probable que cette mauvaise pièce lui fournira quelque autre *Folle Querelle*[1], où nous rirons comme à la première.

Ninon et M. le Prince étaient, avec Despréaux, les seuls qui défendissent le terrain pied à pied, mais sans pouvoir rétablir les affaires de *Britannicus*. Je suis curieux de savoir comment le petit rival du grand Corneille prendra cette chute; car c'en est véritablement une. Ce qu'il y a de pis dans son aventure, c'est qu'on a remarqué des vers dont l'allusion est très claire et très audacieuse. Le roi ne s'en est pas expliqué; mais hier, à son lever, il a contremandé un ballet dans lequel il devait danser à Saint-Germain. Ceci pourrait bien mettre notre poète assez mal en cour; mais aussi, que diable un poète fait-il là?

Floridor a été sublime; on aurait dit qu'il avait parié de faire réussir un des plus mauvais rôles qu'il ait jamais joués.

[1] Parodie d'*Andromaque*.

Je ne vous dirai pas grand'chose du plan de cette tragédie ; le moyen de bien l'entendre ? j'étais entre votre frère et le gros vicomte ! Néanmoins, vous pouvez m'en croire, cela est mauvais, décidément mauvais, quoi qu'en dise *le Satirique.* Je suis de son avis lorsqu'il affirme « qu'un ouvrage de cette importance a besoin d'être bien écouté ; qu'il est injuste de prononcer sur une représentation au milieu des clameurs de l'esprit de parti, et du caquetage de cette foule de femmes qui viennent elles-mêmes se donner en spectacle à une première représentation. »

Tout cela est généralement vrai, mais n'est pas applicable à la circonstance dont je vous rends compte. Cette fois, Racine est bien jugé ; le dénouement de sa pièce est ce que j'ai vu de plus ridicule. Imaginez-vous que cette bégueule de Junie va se faire *vestale,* comme madame de Sennès irait se faire *ursuline.* A Dieu ne plaise que je veuille faire le savant ! mais j'ai lu dans Ménage qu'il fallait d'autres formalités pour prendre le voile dans le couvent des dames de la congrégation de Vesta.

J'oubliais le plus essentiel : votre *Desœuillet* a joué comme un ange. Je lui ai parlé de vous dans sa loge ; mais, si vous m'en croyez, revenez vite lui en parler vous-même : c'est une fille pour qui la constance n'est que l'intervalle qui sépare deux fantaisies.

Si vous lisez là-bas les *Nouvelles à la main,* vous

y verrez Racine habillé de main de maître. Le cahier qui doit parler de sa pièce n'a pas encore paru; mais si Leclerc fait les choses en conscience, s'il sert bien le juste ressentiment de d'Olonne et de Créqui, dont il a reçu deux cents pistoles, le pauvre *Britannicus* paiera pour *Andromaque* [1].

Gourville a dû vous remettre les odeurs que vous m'aviez demandées pour votre jolie cousine. Martial n'a pas voulu d'argent : il dit qu'il est en compte avec vous.

Dubroussin vous embrasse. Nous avons fait chez lui le plus joli souper!... Il n'y manquait que vous. J'ai été obligé de ramener Chapelle dans mon carrosse : il était ivre mort; en revanche, je l'ai laissé le lendemain passer la nuit sous la table, *à la Pomme de Pin*, où il a déja couché plus d'une fois.

Je ferai mon possible pour aller au lever dimanche prochain. Mon oncle travaille pour me faire rejoindre mon régiment; il est possible qu'il y parvienne : alors je vous verrais à mon passage. J'aimerais bien mieux que ce fût ici. Dans tous les cas, croyez que je fais état d'être et de me dire au nombre de vos amis.

H....

[1] L'auteur de cette lettre fait probablement allusion à l'épigramme de Racine contre MM. d'Olonne et de Créqui, à l'occasion de la tragédie d'*Andromaque*.

N° XLIII. [11 janvier 1812.]

CORRESPONDANCE.

« Je suis étranger, monsieur l'Ermite : arrivé à Paris depuis un mois seulement, je suis d'autant moins au fait des usages de cette grande capitale, qu'il ne m'était pas encore arrivé de franchir les limites de ma seigneurie, laquelle est située dans la Basse-Autriche : il est même assez probable que cette idée ne me serait jamais passée par la tête, si quelques arpents de bois que je possède aux environs de Presbourg avaient pu me faire entrer à la diète. Ce n'est pas sans une peine extrême que je me suis vu contraint de renoncer à un projet dont la réussite ferait de moi le plus heureux baron de l'Allemagne.

Pour me consoler de ce *désappointement*, j'ai pris le parti de venir passer quelques mois dans un pays où l'on se console de tout ; mais, quelque multipliées que soient ici les consolations, j'ai bien peur que mon argent n'y passe encore plus vite que mon chagrin, si vos conseils ne viennent à mon secours. J'avais calculé d'avance que mes revenus ne me suffiraient pas pour vivre à Paris selon mon rang ; c'est pourquoi je me suis contenté d'amener avec moi un seul valet de chambre : malheureusement il ne sait pas un mot de français : ce qui m'a mis dans la nécessité de me pourvoir d'un second domestique, que je me suis procuré dans l'hôtel où je loge. C'est un garçon très intelligent, qui parle toutes les langues d'Europe, qui connaît toutes les rues, toutes les maisons de Paris, qui fait plus de choses en une heure que tous les valets de ma baronnie n'en font en une semaine, et qui n'a d'autre défaut que d'expédier les ducats et les florins plus vite qu'on ne les frappe à Munich.

« C'est vraiment une activité merveilleuse ; je fais bien tout ce que je peux pour la ralentir ; mais il me prouve si bien que toutes les dépenses qu'il fait sont indispensables, qu'un baron allemand ne peut pas vivre à Paris comme un cadet de Gascogne, que j'ai honte des reproches que je me permets quelquefois de lui faire en acquittant ses mémoires.

« Une de mes plus fortes dépenses, sur laquelle je n'avais pas du tout compté, est la suite des importunités d'une foule de gens qui meublent chaque matin mon antichambre : les uns se donnent pour d'illustres malheureux, victimes de la révolution, et réduits à implorer la générosité des étrangers de marque ; d'autres, pour des plaideuses de distinction, sollicitant un état depuis quarante ans, et toujours repoussées par le crédit de quelque famille puissante, enrichie de leurs dépouilles; ici, ce sont des auteurs de découvertes, de projets nouveaux, des fabricateurs de tontines, de martingales, de procédés infaillibles pour gagner à la loterie, qui tous n'ont besoin que de légères avances pour faire leur fortune et celle de leurs commanditaires.

« Chacun de ces coureurs d'antichambre finit, pour l'ordinaire, sa harangue par la demande de quelques écus, dont je le gratifie par les mains de mon officieux valet. De tous ces moyens de mettre en jeu la bienfaisance ou la vanité, le plus extraordinaire, à mes yeux du moins, est celui qu'emploie une dame auteur qui veut bien, chaque mois, me faire hommage d'un de ses romans, rehaussé d'un *ex dono auctoris* (de la part de l'auteur), qui m'oblige à payer l'ouvrage quatre ou cinq fois plus cher qu'il ne se vendrait chez le libraire, en supposant qu'il se vendît.

« Vous qui paraissez si bien au fait des mœurs, des habitudes et des convenances, tout ermite que l'on vous appelle, faites-moi le plaisir de m'apprendre, monsieur, s'il n'y a pas quelque moyen d'échapper aux persécutions dont je me plains, sans manquer aux égards que l'on doit au malheur, aux usages de la société où l'on vit, et au respect qu'on se doit à soi-même.

« J'ai l'honneur d'être, etc.

Le baron de Gom... »

Si M. le baron n'en était pas, comme il en convient lui-même, à son premier voyage, il saurait que les inconvénients, les importunités qu'il éprouve à Paris, attendent les étrangers sans expérience dans toutes les grandes villes du monde : il est, dans ce moment, ce que tant d'autres ont été avant lui, dupe de ce que nous appelons un *domestique de place*, ce qui veut dire un domestique sans place. Il n'est pas tout-à-fait impossible qu'il ne se trouve quelques bons sujets dans cette classe de gens, dont le premier mérite (celui de bien connaître Paris) est le premier défaut ; mais ils sortent de la règle, et je parierais bien que le domestique de M. de Gum..... n'est pas dans l'exception.

Je crois donc pouvoir le prévenir, en toute sûreté de conscience, que son valet le trompe, et qu'il est de moitié avec tous les chevaliers et toutes les chevalières d'industrie qui l'assiègent. Sur l'article des dépenses, je ne dirai qu'un mot à M. le baron : c'est que souvent la plus grande réduction que l'on puisse y faire est d'en supprimer la part de la vanité.

Paris, ce 9 janvier 1812.

« Je profite, monsieur l'Ermite, de l'avis que vous donnez à vos correspondants dans un de vos derniers discours, et j'arrive, sans préambule, au récit de mes infortunes littéraires, dont je vous prie de m'assigner la cause.

« J'ai fait mes études à l'école centrale du département de la Charente; plusieurs prix remportés à différents concours académiques, quelques petites pièces jouées en société chez M. le préfet, m'avaient suffisamment averti de mes dispositions dramatiques. Pour être sûr d'en bien diriger l'exercice, je me suis livré pendant plusieurs années à l'étude des modèles dans tous les genres, et j'ai fini par composer plusieurs ouvrages que je jugeais dignes de figurer sur les théâtres de la capitale, sans croire pourtant (comme on cherchait à me le persuader dans toutes les sociétés d'Angoulême) que je dusse faire souvenir de Molière et de Racine, et faire oublier Quinault. Muni de mon riche portefeuille, et accompagné, jusqu'à la diligence, par les notables de la ville, je me suis mis en route pour Paris.

« Le lendemain de mon arrivée, j'ai fait demander lecture à l'Opéra. Mon sujet, un des plus heureux de la mythologie (c'était *Pyrame et Thisbé*), offrait une grande variété de tableaux, de fréquentes occasions de danses parfaitement liées à l'action; le style, de l'aveu de mes juges, était élégant, facile, varié, et sur-tout très propre à la musique; ce qui n'a pas empêché que mon ouvrage n'ait été refusé tout d'une voix. On m'a fait entendre que j'avais travaillé dans un goût qui n'est plus celui du public: c'est de l'intérêt, de la pitié, de la terreur, en un mot, de la tragédie que l'on veut aujourd'hui à l'Opéra. Je me suis consolé du froid accueil que l'on m'avait fait à l'Académie impériale de musique, en songeant que, sur ce théâtre, grace aux progrès du goût ultramontain, le poëme d'un opéra n'est plus qu'un accessoire de peu d'importance.

« Je cours au comité des comédiens-français ; je leur lis ma tragédie de *Régulus*[1], que j'avais cru pouvoir refaire après Dorat. J'assiste au dépouillement des bulletins : dans presque tous on y déclare « que ma pièce est dans les règles les plus exactes ; que les caractères en sont bien tracés, bien soutenus ; que le style est franc, nerveux, de la meilleure école ; mais qu'elle appartient au genre admiratif, dont on ne fait plus aucun cas ; que, pour réussir, il faut aujourd'hui éviter les développements, marcher au but à l'aide de scènes rapides, dans lesquelles les situations se succèdent sans préparation, sans vraisemblance, et amener, à quelque prix que ce soit, un dénouement inattendu : en d'autres mots, que ce sont des scènes d'opéra que l'on demande aujourd'hui dans la tragédie. »

« Une comédie de caractère, que je lus deux mois après aux mêmes comédiens, me parut d'abord réunir tous les suffrages. On riait aux éclats : « C'est la gaieté, c'est le style de Regnard, » s'écriait-on de

[1] Neuf ans plus tard, M. Arnault fils a fait représenter avec le plus grand succès une tragédie de *Régulus*, qui a complétement fait oublier celles de ses prédécesseurs.

tous côtés. Jugez quelle fut ma surprise de n'être pas reçu, même *à correction!* On trouva que ma pièce était d'un comique trop franc, trop bourgeois, d'un *ton* qui n'est plus celui de la comédie française, où les amateurs du jour viennent chercher une intrigue de boudoir, des situations romanesques et des tirades à prétention, terminées par des traits de couplets.

« Que vous dirai-je, monsieur l'Ermite? la même fatalité m'a suivi par-tout : au théâtre Feydeau, on ne m'a pas même entendu jusqu'au bout ; je m'étais plus complétement encore trompé sur le genre : l'opéra comique est maintenant un concert spirituel, où l'on ne veut entendre que des *oratorio;* et c'est le plus sérieusement du monde qu'en sortant un des acteurs m'a proposé de traiter le sujet de la *Résurrection du Lazare.*

« J'ai appris, et toujours à mes dépens, que le vaudeville, si malin autrefois, n'était plus que du marivaudage sentimental..... Ne dirait-on pas qu'un mauvais génie a soufflé sur tous nos théâtres, et qu'il s'est amusé à subvertir ainsi tous les genres? Pour peu que cela continue, monsieur l'Ermite, qu'aurons-nous de mieux à faire que de brûler toutes nos poétiques, d'oublier les modèles, et d'écrire au jour le jour, en prenant le public et le temps comme ils viennent?

« J'ai l'honneur d'être, etc.

GUSTAVE PL...... »

Il y a un grand fonds de vérité dans cette lettre de mon jeune correspondant, et je me propose d'en faire quelque jour l'objet d'une petite dissertation, où je m'efforcerai de remonter à la source du mal dont il se plaint.

Paris, ce 10 janvier 1812.

« Tous les samedis, monsieur l'Ermite, je me fais lire vos articles à ma toilette, et j'y trouve presque toujours quelque chose qui m'amuse. Vos portraits me font grand plaisir; ce sont autant d'énigmes que vous me proposez, et dont le mot m'échappe bien rarement. Vos lettres me plaisent quand elles ne sont pas trop sérieuses; et j'en dirais autant de vos historiettes, si vous y souteniez nos droits de femmes avec plus de courage. Somme toute, je vous lis avec intérêt; *mais* (car il n'est guère d'éloge qui ne se termine par ce mot fatal) je vous trouve passablement maussade quand il vous arrive de faire l'érudit et de m'accabler de vos citations latines, grecques, anglaises, que vous ne vous donnez pas toujours la peine de traduire. Grace aux *Femmes savantes* de Molière, dont ma mère a fait son profit et le mien, j'ai reçu l'éducation qui convient à mon sexe : je suis bonne musicienne, je danse à ravir, j'excelle dans tous les ouvrages à l'aiguille, et je ne lis guère que des romans. Je fais cas de l'esprit; je tolère même les savants quand ils sacrifient aux Graces; mais j'ai les pédants en horreur, et je ne connais pas de pédantisme plus ridicule, permettez-moi de vous le dire, que cette manie d'achever en latin une phrase commencée en français : ce qui met une femme qui ne veut rien perdre de ses lectures dans la nécessité de prendre son amant à l'Université. Pour Dieu, monsieur l'Ermite, si vous faites cas du suffrage des femmes, défaites-vous de ce vernis, ou plutôt de cette poussière d'érudition : parlez français à des Français, et sur-tout à des Françaises; les savants vous en estimeront peut-être un peu moins, mais les femmes vous récompenseront de cette condescendance, en mettant votre journal au nombre des meubles indispensables de la toilette et du boudoir.

Éléonore de R.....

La lettre suivante est la meilleure réponse que je puisse faire à celle de mon aimable correspondante.

La Flèche, 2 janvier 1812.

« Monsieur, nous avons besoin, en province, d'un journal comme le vôtre, d'une espèce de thermomètre des mœurs, des usages, et des ridicules de la capitale ; mais il serait à souhaiter que vous prissiez la peine de nous tenir au courant des nouvelles de la haute littérature, des démêlés des savants, des progrès des sciences et des thèses soutenues à l'Université. C'est à ces graves matières que le fameux *Journal des Savants* a dû sa vogue, dans un siècle pour le moins aussi poli que le nôtre. Je fais de cet ouvrage une de mes lectures habituelles, et je ne me lasse pas d'admirer la profonde variété des connaissances du docte rédacteur, M. Sallo.

« Combien j'aime à lire tous ces beaux passages grecs et latins dont il orne ses dissertations, et qui me ramènent à l'étude de nos anciens classiques! A l'abondance des citations, à la propriété des passages qu'il encadre dans ses articles, à leur longueur et à leur choix, il est aisé de voir que l'érudition du journaliste ne doit rien aux *Flores poetarum*, à la *Morale des poëtes*, à tous ces recueils de sentences, d'apophthegmes, de pensées rangées par ordre de matières dans des recueils qui ne sont propres qu'à tuer le goût des bonnes études; je veux que, même en s'amusant, mon esprit travaille.

« Je me plais à chercher et à retrouver l'auteur auquel appartient tel ou tel passage, à recourir au texte, à le confronter avec la citation, et à passer ainsi en revue Homère, Horace, Virgile, Térence, tous ces demi-dieux de la savante antiquité, dont la langue (comme le *sanscrit* des Indiens) ne sera bientôt plus connue que de quelques adeptes. C'est à vous, monsieur, et à vos confrères les journalistes (dont quelques uns ont déja donné l'exemple), de nous remettre dans la voie classique par de bonnes dissertations, nourries d'une érudition substantielle, qui donnent à vos feuilles tout le poids qui leur manque, et à leur auteur l'espoir de placer un jour son nom à la suite de ceux des Scaliger, des Saumaise, et autres savants de cette trempe, l'éternel honneur des lettres françaises.

« Agréez, monsieur, etc.

JUSTE GRONOVIUS,
Président de la société hellénique de La Flèche. »

Paris, ce 10 janvier 1812.

« Je suis étranger, monsieur l'Ermite, et j'ai passé, comme vous, une grande partie de ma vie à me promener sur le globe, sans autre but que d'examiner et de connaître tous les animaux de mon espèce. Je ne vous dirai point quelles plantes croissent au Paraguay, quels rapports de commerce existent entre le Kamtschatka et le Groenland; de combien de toises le Chimboraço s'élève au-dessus du pic de Ténériffe; mais j'ai la prétention de saisir au premier coup d'œil les traits caractéristiques dont se compose la physionomie des différents peuples.

« Doué de ce talent d'observation, vous devez croire que je connais bien les Français au milieu desquels je vis depuis plus de trois ans. L'esquisse la plus incomplète de leur caractère excéderait de beaucoup les bornes d'une lettre; et je me contente aujourd'hui de signaler à votre critique un travers que je regarde comme inhérent à l'esprit des Parisiens: je veux parler du mépris, ou du moins de l'indifférence qu'ils affectent pour les talents nationaux, en même temps qu'ils professent une admiration niaise pour toute espèce de mérite étranger.

« Forcé de choisir entre deux excès, je ne balancerais pas, je l'avoue, à donner la préférence aux préventions patriotiques de cet Espagnol, qui préfère aux plus séduisantes compositions des Noverre et des Gardel, l'antique *fandango*, le monotone *bolero* de son pays; qui regrette, en écoutant la musique de votre immortel Grétry, les soporifiques et lamentables *tonadillas;* qui bâille au Cirque de Franconi, et ne songe qu'à ses fameux *torreadores*.

« Une course de *Newmarket*, une lutte de boxeurs, un combat de coqs, l'emporteront toujours à Londres sur le virtuose le plus célèbre. Jamais un théâtre français ou italien n'y fera déserter *Drury-Lane* ou *Covent-Garden :* un journaliste anglais courrait risque d'être lapidé s'il s'avisait de mettre Voltaire au-dessus de Shakespeare, Talma au-dessus de Kemble, ou de donner la préférence aux draps de France sur ceux d'Angleterre.

« On ne fera pas aux Parisiens le même reproche : la plante inodore la plus insignifiante, transportée, on ne sait pourquoi, de la Caroline ou de la Nouvelle-Hollande, usurpe, dans tous les salons, la place qu'occupait avec bien plus d'éclat et d'agrément la rose ou la tubéreuse. Dans le choix des modes, celle qui se présente sous un aspect étranger, quelque ridicule qu'elle soit, est sûre d'obtenir la préférence. En vain vos deux scènes lyriques déploient-elles tout ce que la musique des Gluck, des Spontini, des Grétry, des Chérubini, et des Méhul, a de puissance et de charmes, tout ce que l'art dramatique, tout ce que le talent des acteurs, tout ce que le prestige de la danse, peuvent y ajouter par une exécution parfaite : la foule des badauds, soi-disant connaisseurs, s'arme, aux théâtres nationaux, de toute la sévérité de la critique, et court s'extasier à des fredons ultramontains, brodés sur les paroles les plus impertinentes qui aient jamais déshonoré le langage humain.

« Écoutez vos journalistes rendre compte d'une représentation où Talma, Fleury, mademoiselle Duchesnois, madame Branchu, Elleviou, ont atteint, pour ainsi dire, aux bornes de l'art, l'éloge s'élève rarement au-dessus du positif: s'agit-il, au contraire, de louer des chanteurs ou chanteuses en i et en o, votre langue n'a plus assez de superlatifs, d'augmentatifs, pour exprimer l'admiration dont ces messieurs sont pénétrés.

« C'est assez médire de vos artistes et de vos auteurs: allons, monsieur l'Ermite, faites justice au bon goût, au bon sens de votre public parisien; attaquez un ridicule qui rejaillit sur la nation française, et tâchez de faire entendre à vos compatriotes qu'ils en vaudront mieux quand ils auront un peu plus de modestie personnelle et beaucoup plus d'orgueil national.

Le comte de Br....ls. »

N° XLIV. [18 janvier 1812.]

JOURNAL
D'UNE FEMME A LA MODE.

Te tam formosam non pudet esse levem?
PROPERCE, Élég. XIII.
Si belle, n'avez-vous pas honte d'être aussi légère?

On ne doit attaquer certains ridicules qu'avec la plus grande circonspection, non seulement parcequ'on peut craindre d'y tomber soi-même en cherchant à les combattre, mais parcequ'ils sont retranchés dans un asile respectable qu'il faut, en quelque sorte, violer pour les atteindre : tel est le ridicule, de tout temps très commun à Paris, de mêler ensemble le sacré et le profane. Sans se targuer d'une grande sévérité de principes, on peut être choqué d'entendre parler dans le monde de prédicateurs *à la mode*, d'église *en vogue*, de messe *du bon ton*. Cette manière de s'exprimer, si peu convenable, date cependant d'une époque où la dévotion s'était emparée de toutes les têtes (je voudrais pouvoir dire de tous les cœurs), où la conversation, dans les cercles les plus brillants, ne roulait que sur les subtilités religieuses, où les plus jolies femmes de la cour et de la ville se faisaient une fête d'un carême prêché par un prédicateur célèbre.

Je me souviens encore d'avoir entendu, dans ma jeunesse, le père Bridayne prêcher à Saint-Roch: on se disputait les places; les chaises se payaient un écu; la foule des laquais à livrée remplissait le porche de l'église, et de longues files de voitures en obstruaient toutes les avenues. Je ne fus pas seulement témoin, je fus une fois victime des miracles opérés par cet orateur chrétien, dont l'éloquence persuasive détermina plus d'une femme, au sortir du sermon, à quitter son amant, à renoncer à sa loge de l'Opéra, et à se faire dévote; ce que madame Cornuel appelait *changer d'amour*.

C'est probablement la faute de nos prédicateurs, s'ils ne font pas aujourd'hui de semblables conversions : peut-être aussi ont-ils affaire à des femmes plus fidèles, à des passions plus difficiles à déraciner. Il en est une sur-tout que *nos dames de paroisse* déguisent assez mal sous les apparences de dévotion dont elles cherchent à la couvrir: c'est la vanité, la maladie la plus opiniâtre de l'esprit humain, et celle dont les femmes sont plus généralement affectées. Le pain bénit à rendre, une quête à faire, un sermon à entendre, ne sont-ils pas autant d'occasions de se montrer en public et d'y faire de l'effet? On arrive à l'église assez tard pour attirer tous les yeux sur soi; on s'y montre dans une parure que la cérémonie autorise; trois grands laquais écartent la *plèbe,* et précèdent la dame, que suivent plusieurs jeunes gens ramenés par elle dans le chemin du salut : un des laquais jette un riche coussin sur la chaise à dossier; un autre tire d'un sac de velours, et présente à sa maîtresse un livre d'*Heures* en maroquin, où sont gravées de riches armoiries, et que ferment des crochets de vermeil; en un mot, toutes les superfluités du luxe, toutes les distinctions du rang et de la richesse, sont introduites au séjour de la prière et de l'humilité. Après quelques moments passés au milieu des distractions qui l'occupent ou qu'elle occasione, la dame sort avant la fin de l'office avec autant de fracas qu'elle est entrée.

Combien je fais plus de cas, sans la connaître davantage, de cette veuve agenouillée sur la pierre avec sa modeste fille, dans le coin d'une chapelle obscure! Elle arrive avec la foule, participe en silence au service divin, et sort sans être remarquée : je suis le seul peut-être qui me sois aperçu qu'elle avait accepté l'eau bénite du vieillard infirme qui la lui présentait, en laissant à sa fille le soin et le plaisir des aumônes qu'elle a coutume de distribuer à la porte. Mais j'abuse du privilége de mon âge, en me laissant aller à des réflexions qui m'éloignent de mon sujet; j'y reviens par un récit très succinct des circonstances qui me l'ont fourni.

J'étais, il y a quinze jours, à Saint-Roch, où j'avais été conduit par le desir d'entendre un prédicateur qui a trouvé, comme tant d'autres, le secret de se faire une grande réputation avec un petit mérite : fatigué de l'attention que j'avais donnée aux deux premiers points d'un sermon sans intérêt, sans éloquence, débité d'une voix traînante et monotone, je m'endormis, et je ne me réveillai qu'au bruit des chaises que mes voisins remuaient en sortant.

Pendant mon sommeil, j'avais laissé tomber un de mes gants : en le cherchant, je trouvai sous ma main un portefeuille; je le ramassai en regardant autour de moi pour voir si quelqu'un ne s'approchait pas pour le réclamer : personne ne se présenta; et comme il ne me restait plus d'autre moyen pour en connaître le propriétaire que d'examiner les papiers qu'il renfermait, je me mis à en faire la revue. A l'élégance de la forme, à l'odeur de rose et de vanille qu'exhalait ce petit portefeuille, j'avais d'abord soupçonné qu'il devait appartenir à une femme; j'en acquis la certitude en fouillant dans les deux petites poches de satin rose, où je trouvai plusieurs billets du même style, quoique d'écritures différentes; un mémoire de mademoiselle Despaux, de 1500 francs, et deux feuillets de vélin où se trouvaient inscrites quelques observations pleines de goût et de finesse, entremêlées de citations sentimentales en jargon métaphysique. Mais ce qui piqua plus particulièrement ma curiosité, ce fut un très petit manuscrit d'une jolie écriture de femme, ayant pour titre : SUITE DE MON JOURNAL.

Je me fais d'autant moins scrupule de faire partager à mes lecteurs le plaisir de mon indiscrétion, qu'elle est absolument sans conséquence, puisque je n'ai pu trouver dans cet écrit le moindre indice de la personne à qui il appartient, et qu'en le publiant j'offre à son auteur le moyen de réclamer le portefeuille que j'ai déposé, sous enveloppe, au bureau des *Petites Affiches*, pour être remis à qui de droit.

8 janvier 1812.

« Je suis rentrée à cinq heures de chez madame de B.... Avec cent personnes de moins, son bal eût été charmant. Il n'était pas deux heures que mon mari parlait déjà de s'en aller; on s'est moqué de lui; de dépit il est parti seul. Qu'a-t-il gagné à cela? Horace m'a reconduite. — A midi Victoire est entrée dans ma chambre; nous avons essayé les nouveaux *madras* que m'a envoyés Versepuy. Cette coiffure me sied à ravir. — Je ne suis pas du tout contente des canezous de madame Raimbaud; je m'en tiendrai, je crois, aux peignoirs à l'espagnole de madame Germon.

« Victoire est dans les intérêts du chevalier ; elle prétend qu'hier il est venu trois fois, qu'il a couru tous les spectacles pour me trouver. — J'ai à m'en plaindre, et, pour le punir, je serai deux jours entiers sans le voir... d'ailleurs je me suis arrangée pour cela.

« J'étais invitée à dîner aujourd'hui chez l'ambassadeur : je n'y serai plus reprise ; je me suis trop ennuyée la dernière fois : j'aurai ma migraine ; mon mari ne peut se dispenser d'y être. — *Nota.* Me rappeler de faire chasser M. Dulac : cet insolent oublie que c'est à moi qu'il doit sa place d'intendant ; il me refuse mille écus, sous prétexte qu'il a des ordres de M. le baron. — Et puis on se plaindra que je fais des dettes!

« Je m'étais rendormie ; mon mari n'a pu entrer chez moi qu'à deux heures ; je lui ai fait une scène pour éviter celle que je craignais ; je me suis plainte amèrement de n'avoir pas encore la diligence nouvelle qu'il me promet depuis six mois, et je lui ai signifié que, dès demain, j'irai au bain en cabriolet, comme la femme d'un agent de change. Il a prétendu que j'avais beaucoup de grace à me fâcher ; nous nous sommes quittés les meilleurs amis du monde.

« Horace est venu déjeuner avec moi : il m'a tant tourmentée, que je me suis habillée pour aller prendre ma leçon d'équitation chez Sourdis ; j'ai monté *Zéphirine :* je suis folle de cette jument; il me la laisse pour 150 louis; je pourrai bien m'en arranger; mon cocher assure que c'est pour rien. Mais mons Dulac !......— Nous avons été jusqu'au Raincy pour l'essayer. Je suis descendue un moment de cheval; j'ai fait deux parties de billard avec Horace; il ne me rend plus que six points; j'ai doublé de force depuis qu'Espolard me donne des leçons.

« A quatre heures nous étions de retour à Paris; je suis entrée chez Nourtier pour voir quelques chiffons nouveaux : rien de joli. La petite M***, de l'Opéra, venait de faire pour trois cents louis d'emplettes. Le commandeur a pu croire que je ne l'avais pas aperçu. Je profiterai de cette découverte au bal de l'Opéra.

« J'ai dîné au coin de mon feu avec la bonne Émilie et son cher président; le colonel est venu par hasard. C'est un homme pour qui l'occasion est une vraie Providence. Nous avons fait la partie d'aller demain, tous les quatre, à Saint-Roch, entendre l'évêque de....., qui doit prêcher sur *la Vanité des plaisirs mondains.* S'il a quelque chose de mieux à nous offrir..... il faut voir.

« Nous voulions aller au spectacle, et nous étions indécis sur celui que nous choisirions : on donnait aux bouffons *le Cantatrice;* nous avons été entendre le premier acte.

« C'était mon jour de loge aux Français, nous y sommes entrés en revenant; on donnait *la Gageure*. Tout enfant que j'étais alors, je me rappelle avoir vu dans cette pièce Molé et mademoiselle Contat; cela rend difficile!

« A la sortie du spectacle, j'ai rencontré la comtesse de C***; elle avait chez elle une petite fête d'enfants où elle n'avait pas osé m'inviter par écrit; ce qui veut dire qu'elle m'avait oubliée: il n'y a pas eu moyen de s'en défendre..... J'ai trouvé là cent cinquante personnes. C'était C.... y qui dirigeait la fête. On a joué une parade très gaie, un peu trop gaie peut-être : *Cassandre Grand Turc*. Le conseiller aulique faisait Cassandre; Anatole, le beau Léandre; et le gros-major, Colombine. J'ai ri à me rouler sur mon fauteuil.

« Après le souper, on a joué au *creps;* j'étais de moitié dans le jeu du colonel : c'est incroyable ce que nous avons perdu..... Je serai forcée, pour acquitter cette dette, de revendre à Sensier ma parure d'émeraudes, à moins....

« Je suis rentrée à quatre heures: mon mari m'attendait: c'est par son ordre que Victoire avait eu soin de brûler dans les cassolettes des pastilles que M. de C....... m'a rapportées de Constantinople; j'aime cette odeur à la passion.... Je voulais écrire quelque chose de ma conversation avec Émilie à propos du chevalier; mais je tombe de sommeil....

« ....Je suis au lit, et je m'aperçois que je n'ai pas mis mon verrou en dedans..... Je n'ai pas le courage de me relever.

« *Le 9 janvier, à midi.*—Je m'éveille avec plaisir, en songeant que je ne serai pas forcée de vendre ma parure d'émeraudes. »

Le journal s'arrêtait là.

N° XLV. [24 janvier 1812.]

LE BUREAU D'UN JOURNAL.

> *Multa putans, sortemque animo miseratus iniquam.*
> Virg., *Æneid.*, lib VI, v. 33*.
>
> Il considère long-temps leur cruelle destinée

Il est des endroits qu'il ne faut pas visiter par intérêt pour ses plaisirs. Je dirai au gourmand : ne descendez pas à la cuisine; à l'amateur du théâtre : ne fréquentez pas les coulisses; au protecteur, à l'ami des lettres : ne vous arrêtez pas au bureau d'un journal; le jeu des machines pourrait vous dégoûter des produits.

A en juger par la comédie du *Mercure Galant*, du temps des Boursault, le bureau d'un journal était déja ce qu'il est aujourd'hui, le rendez-vous de tous les intérêts particuliers, déguisés sous le nom d'intérêt général; mais il est permis de croire que la sottise ne s'y présentait pas avec tant de confiance, ni l'amour-propre avec tant de franchise.

Le cabinet d'un journaliste en crédit est maintenant une vraie bourse littéraire, de tout point semblable à la bourse du commerce : elle a ses courtiers, ses agents de change, ses banquiers, ses effets, son taux et ses variations; on peut y trouver, jour par jour, le tarif des réputations et le bulletin des amours-propres de la capitale, avec cette différence pourtant que le cours est assez généralement en raison inverse de la bonté des signatures.

J'avais fait ces réflexions avant que je me fusse avisé d'écrire dans les journaux; l'expérience a pleinement justifié ma théorie. Combien de querelles me suis-je déja faites, combien de reproches me suis-je attirés, combien de lettres anonymes ai-je reçues en expiation de quelques phrases où j'ai blessé (la plupart du temps sans le savoir) les prétentions d'un fat ou la vanité d'un sot! Du temps de Juvénal, la mauvaise humeur inspirait de si bons vers! Pourquoi faut-il que du nôtre elle dicte de si mauvaise prose?

Visé se fâcha sérieusement contre Boursault, parceque celui-ci l'avait mis en scène lui et son journal; et il eut le mauvais esprit de ne pas voir qu'on lui faisait jouer le seul rôle raisonnable de la pièce.

Je suis de meilleure composition que le sieur de Visé, et je veux publier quelques scènes du même genre, où le hasard m'a forcé de prendre un rôle : mes lecteurs ne seront pas fâchés de voir en négligé quelques uns de nos beaux esprits, et de se convaincre que, même en fait de littérature, il y a bien peu de grands hommes pour leurs valets de chambre.

J'étais, vendredi dernier, seul au bureau de la rédaction du journal dans lequel je publie mes observations, occupé à corriger l'épreuve de mon dernier discours. Enfoncé dans le grand fauteuil de cuir noir, devant une table couverte de brochures nouvelles, de journaux, et de manuscrits, lisant avec attention, et la plume à la main, quelques bandes imprimées, il était tout simple qu'un étranger me prît pour le rédacteur du journal, et qu'une méprise me donnât l'idée de profiter des autres.

La première personne qui m'avertit du parti que je pouvais tirer de ma position, fut une jeune femme en costume d'Artémise, qui vint me prier de faire insérer dans ma feuille la petite note qu'elle me présentait. Je ne doutai pas qu'il ne fût question d'un article nécrologique dans lequel la tendre veuve désirait qu'on rendît un dernier hommage à l'époux dont elle pleurait la perte : la dame s'empressa de me tirer d'erreur, en m'apprenant « que la loi, avant de lui permettre de convoler en secondes noces, exigeait une enquête publique, à l'effet de constater l'abandon ou le décès de son mari, dont on n'avait point de nouvelles depuis deux ans. »

Sur l'observation que je lui fis qu'il existait un journal spécialement consacré à ce genre d'annonce, elle me répondit, avec une naïveté charmante, « qu'elle voulait satisfaire au vœu de la loi avec le moins de danger possible, et qu'en établissant les recherches légales qui lui sont prescrites dans les journaux où l'on ne doit pas s'attendre à les trouver, elle diminuait la chance d'un succès qu'elle redoute. » Je lui promis que, pour plus de sûreté, on imprimerait sa note en *petit-texte*.

La dame aux renseignements n'était pas au bas de l'escalier, que j'entendis un grand bruit dans l'antichambre; et je me levais pour savoir d'où provenait ce tapage, lorsqu'un gros homme à voix aigre, à face jaunâtre, ouvrit brusquement la porte, et me demanda, d'un ton brusque et impérieux, si j'étais le rédacteur du journal.

« Je commence par vous prévenir qu'il y a des questions et des gens auxquels je ne me crois pas obligé de répondre. — Et moi, je vous préviens que je suis un homme tout franc, et qui dit tout ce qu'il pense. — Tant pis pour vous, monsieur; un excès de franchise est quelquefois une indécence comme la nudité: mais enfin de quoi s'agit-il? — D'un article dont l'auteur est nécessairement un ignorant, puisqu'il n'a pas su apprécier mon ouvrage *sur les Révolutions du Kamtschatka;* il m'a tout contesté, jusqu'au mérite du style, sur lequel il n'y a qu'une voix. — En comptant la vôtre, peut-être. Quoi qu'il en soit, monsieur, votre livre et les critiques qu'on en a faites forment les pièces d'un procès dont le public est le seul juge; si vous m'en croyez, vous attendrez son arrêt sans attacher trop d'importance aux conclusions des journalistes, qu'il ne ratifie pas toujours. — Je ne me paie pas de phrases banales; on m'a fait une insulte dans ce journal, et j'en aurai raison d'une manière ou de l'autre. — Quelle est cette manière et quelle est l'autre? — Vous insérerez dans votre journal un désaveu formel de l'article dont je me plains (le voici tel qu'un homme de lettres de mes amis l'a rédigé), ou, parbleu! vous vous brûlerez la cervelle avec moi. — Permettez-moi de vous dire qu'on peut se dispenser de vous rendre ce dernier service, car votre cerveau me paraît déja passablement *brûlé;* je ne suis pas l'auteur du crime que vous poursuivez, mais j'en suis complice, au moins d'intention : j'ai lu votre livre, je l'ai trouvé mauvais, et si vous voulez vous battre avec tous ceux qui sont de mon avis vous pouvez envoyer un cartel à tous vos lecteurs. Vous voyez que, sans être tout-à-fait aussi franc que vous, je ne farde pas trop la vérité : elle n'a, comme l'article du journal, rien d'offensant pour votre personne; nous vous tenons, sans vous connaître, pour homme de probité, de courage (malgré la petite scène que vous venez faire ici); mais, pour Dieu, ne nous mettez pas dans l'alternative de mourir ou de dire du bien de vos *Révolutions du Kamtschatka;* car nous serions gens à préférer la mort. — Ce qui est dit est dit, ajouta notre homme en jetant un rouleau de papier sur la table; dans deux jours je viendrai chercher votre réponse. — Mais, monsieur, je croyais vous l'avoir faite... »

Il ne me donna pas le temps d'achever, et sortit en fermant la porte avec violence. Je fus curieux de connaître l'écrit qu'il m'avait présenté si galamment: c'était une petite note apologétique en quatre pages, dans laquelle l'ami de l'auteur, ou probablement l'auteur lui-même, marque sa place entre Tacite et Bossuet; où l'on prouve qu'il a plus de profondeur que Montesquieu, des aperçus plus fins, plus philosophiques que Voltaire, un style plus énergique que celui de Vertot, plus élégant que celui de Saint-Réal, et qu'il joint à tous ces avantages l'impartialité de Duclos et de Robertson, etc., etc. Combien d'occasions n'a-t-on pas de s'écrier avec madame Deshoulières :

L'amour-propre est, hélas! le plus sot des amours!

Je venais de serrer... dans le poêle l'éloge de cet historien rodomont; la porte s'ouvre de nouveau : je vois entrer un homme dont la figure vive et riante me prévient d'abord en sa faveur. « Monsieur, me dit-il d'un air délibéré, vous me connaissez sans doute, sinon de figure, du moins de réputation; c'est moi qui, le premier en France, ai fait usage des cheminées fumivores et des poêles chauffés à l'eau froide; ma maison de campagne est badigeonnée avec la peinture au lait, et je ne suis plus éclairé chez moi que par le thermolampe. Mon goût pour les nouvelles découvertes m'a conduit à en faire une qui n'a besoin que d'être connue pour obtenir tout le succès que j'en attends : il s'agit d'un théâtre *hémérophane* (éclairé de jour), d'*hémera* et *phainô*, vous entendez? Je vous laisse ce mémoire; prenez-y connaissance de mon projet, et mettez-le sous les yeux de vos abonnés. C'est avoir part aux inventions du génie que d'en être les propagateurs. »

Après ce discours, prononcé tout d'une haleine, il me salue en riant, et s'échappe sans me laisser le temps de lui faire la moindre observation. Le mémoire qu'il a laissé sur le bureau est l'ouvrage d'un homme instruit : le projet est bizarre; mais dans une ville où tout est caprice, on pourrait parier également que l'exécution de ce projet rapporterait dans un an cent mille écus à son auteur, ou lui vaudrait dans trois mois l'honneur de figurer en caricature à la porte de Martinet.

Je m'étais remis à corriger mon épreuve, sans avoir entendu entrer un jeune homme que je reconnus à sa voix douce, à son maintien modeste, pour un de nos auteurs sur qui l'avenir peut fonder quelques espérances [1]. J'étais donc bien loin de deviner l'objet de sa démarche; il éprouva quelque embarras à me l'expliquer.

« Il avait trouvé qu'en rendant compte de

[1] M M***.

« l'œuvre dramatique d'un homme de lettres de sa
« connaissance, l'auteur de l'article avait dépassé la
« mesure de l'éloge, et glissé trop légèrement sur
« des fautes très graves; c'était pour ramener les
« choses aux termes de la vérité, qu'il desirait qu'on
« insérât, sous le nom d'un abonné du journal,
« une petite lettre remplie d'observations *impar*
« *tiales*. » Cette lettre charitable était écrite sur un
papier vélin doré sur tranche : il la tira de sa poche
avec tant de grace, et me la présenta d'un air si affable, qu'il me fit souvenir de cette phrase de Rabelais :

Il sortit de sa pochette un gentil petit coutelet, dont il voulait m'esgorgiller doucettement.

Je fis sentir à cet officieux confrère l'inconvenance de son procédé, en lui promettant d'appliquer toute la sévérité de ses principes à l'examen du premier ouvrage qu'il ferait paraître.

De peur de nouvelles visites, j'achevai de corriger mon épreuve à la hâte, et je la portai moi-même à l'imprimerie; je ne fus pas peu surpris d'y rencontrer deux personnes étrangères, dont l'une se disputait avec le prote. Je m'avance, et je reconnais l'auteur de la pièce nouvelle qu'on donnait ce même soir à l'un de nos grands théâtres.

« Je vous prends pour juge, me dit-il sans se dé-
« concerter : je reviens du théâtre, ma pièce a eu le
« plus grand succès; j'ai fait un petit article, je l'ap-
« porte, et monsieur ne veut pas l'insérer. — Il trouve

« peut-être que vous vous êtes trop maltraité? On a
« beau faire, on ne parle jamais bien de soi. — C'est
« pourtant ce qu'on sait le mieux. — Non pas lors-
« qu'on est aussi modeste que vous... — Modeste! je
« ne le suis pas, et j'en conviens; c'est une vertu de
« dupe que votre modestie : on vous prend toujours
« au mot sur l'opinion défavorable que vous donnez
« de vous-même. N'est-il pas vrai, monsieur de la
« Combe? » ajouta-t-il en élevant la voix, et en s'a-
dressant à quelqu'un qui sortit sans le regarder et
sans lui répondre. J'approchai de la casse que celui-ci quittait, et l'imprimeur m'apprit que ce poëte
sentimental [1] était venu corriger lui-même l'épreuve
de l'article qu'on avait fait sur son nouvel ouvrage.
En examinant ses corrections, je vis qu'il avait tout
simplement renforcé l'éloge et supprimé les critiques. Je pris note de tout ce que je venais de voir
et d'entendre, et je sortis sans savoir comment se
terminerait le démêlé du prote et de l'auteur comique.

[1] M Tren****

N° XLVI. [15 FÉVRIER 1812.]

LE CARNAVAL
ET LE BAL DE L'OPÉRA.

> *Spectatum admissi risum teneatis?*
> Hor , *Ars poet.*, v. 5.
> Comment ne pas rire d'un pareil tableau?

 Les Italiens prétendent que notre Carnaval vient de leur *Carnavale*, que nous leur devons le mot et la chose. L'étymologiste Ducange dérive ce mot de *carn-avale*, parceque, dit-il, dans ce temps on mange beaucoup de viande pour se dédommager, à l'avance, des privations que le carême impose.
 Quant aux mascarades qui distinguent spécialement les réjouissances du Carnaval, il est probable que c'est aux Maures d'Espagne que nous en avons l'obligation. Dans toutes ces brillantes descriptions des fêtes de Cordoue et de Grenade, que leurs historiens nous ont conservées, il n'est question que de travestissements et de cérémonies burlesques, à-peu-près semblables à celles qui se pratiquent dans les jours gras.

La preuve étymologique vient encore à l'appui de cette opinion, car on ne peut guère douter que ce mot *mascarade* ne dérive de l'arabe *muscara*, qui veut dire *bouffonnerie*. Néanmoins, ceux qui ne veulent absolument rien devoir aux étrangers sont bien les maîtres de ne pas voir dans les fêtes du Carnaval qu'une suite de celles des *fous*, des *ânes*, et du *renard*, dont l'institution remonte à une époque bien antérieure à l'établissement des Maures en Espagne.

Fidèle au principe adopté par nos savants, de préférer en toute chose les expériences aux dissertations, je m'étais bien promis de prendre part aux folies dont je me proposais de parler, et d'accepter un rôle dans la farce que je voulais mettre sous les yeux de mes lecteurs.

En conséquence, lundi dernier, muni d'une bonne houpelande, et, par excès de précaution (car le temps était superbe), d'un parapluie dans son fourreau, je me mis en course vers deux heures, après avoir arrangé ma journée d'une manière tout-à-fait nouvelle.

En parcourant le Boulevart, j'eus occasion de remarquer que l'espace dans lequel circulent aujourd'hui le plus grand nombre de masques et de voitures est compris entre le boulevart du Temple et celui de la Madeleine. C'était autrefois dans le faubourg Saint-Antoine, depuis l'arcade Saint-Jean-de-Grève jusqu'à la barrière de Picpus, que cette promenade était établie.

Disposé comme je l'étais à ne me demander compte de rien, à jouir, à la manière des enfants, de tout ce que je verrais, je me suis contenté de rire d'une méprise où j'aurais trouvé, dans un autre moment, une source de réflexions morales et philosophiques: une calèche d'une forme assez bizarre suivait la file entre deux voitures remplies de masques; les maîtres de cette calèche se trouvaient tout naturellement porteurs de figures et d'accoutrements si ridicules, que les spectateurs, convaincus qu'ils faisaient partie de la mascarade au milieu de laquelle ils se trouvaient placés, les montraient au doigt, et les accueillaient avec des ris et des huées dont ces braves gens ne pouvaient s'expliquer l'insolence.

Après avoir rencontré, chemin faisant, l'antique et joyeux cortége du *bœuf gras*, dont l'escorte se composait, comme à l'ordinaire, d'une députation de tous les pays et de toutes les conditions; après avoir remarqué, parmi beaucoup de masques insignifiants, quelques *habitants des Landes* montés sur leurs échasses, une petite peuplade de sauvages trop légèrement vêtus pour la saison, et après m'être arrêté pour donner du bonbon à une petite fille de trois ans, jolie comme l'Amour, et vêtue, comme l'était sa bisaieule, avec une robe à longue taille plissée, une petite coiffe à barbes, et une large mouche au coin de l'œil, je me trouvai sur le boulevart du Temple, à la porte d'une guinguette où l'on se portait en foule; il n'en fallut pas davantage pour me donner l'envie d'y entrer.

J'eus toutes les peines du monde à trouver place à l'une des quarante tables dressées dans une salle immense, où se pressaient plus de cent cinquante convives. Une société de dix ou douze masques entrés en même temps que moi, et qui n'avaient pu trouver à se placer, se disposaient à sortir, lorsque le maître gargotier, le bonnet en tête, et le tranchelard au côté, les retint par la promesse de leur procurer une table dans un moment. En effet, à un signal qu'il donna, les ménétriers grimpèrent à l'orchestre; et, sans se donner la peine d'accorder leurs violons, se mirent à racler de toute leur force une contredanse: les quatre premières mesures de l'air n'étaient pas achevées, que vingt quadrilles étaient en place, et dix tables vacantes. J'étais on ne peut mieux placé pour ne rien perdre d'un tableau dont aucune description ne saurait donner l'idée; et c'est au son de la *Bourbonnaise* et de *Madelon Friquet* que j'arrosai d'une bouteille de vin de Brie l'entre-côte aux cornichons et le civet de lapin dont se composait mon dîner du lundi gras.

Le charme de la musique et de la danse ne m'absorbait pas au point que je ne pusse encore donner quelque attention à mes voisins de table. Le vin rend expansif; je ne tardai pas à connaître tous ceux dont j'étais entouré. Là, c'était une famille de blanchisseuses de la rue des Anglaises, enchantées de leurs costumes chinois, et se préparant à passer la nuit au Colisée de la rue Mouffetard, après avoir soupé à la Grande-Chaumière.

La table vis-à-vis la mienne était occupée par la société la plus brillante et la plus bruyante du salon; elle était composée de deux jolies petites frangères de la rue des Bourdonnais, déguisées en *amazones*; de deux brodeuses de la rue des Prouvaires, en *vielleuses*; d'un clerc de procureur, en *Apollon*; d'un garçon épicier, en *Jocrisse*, et de deux autres jeunes gens en *Arlequin* et en *Gille*, dont je ne reconnus pas la profession. Ce, ou (comme le veut l'Académie contre l'usage) cette quadrille hétérogène, dont le personnage le plus âgé n'avait pas trente ans, devait partir de là pour se rendre au bal du carré Saint-Martin : ils se promettaient bien du plaisir; rien n'empêche de croire qu'ils se sont tenu parole.

La nuit venue, je sortis de cette guinguette; je pris un fiacre, et je me fis conduire successivement au *Prado*, à la *Redoute*, au *Retiro*, à l'*Hermitage*, et au *Tivoli d'hiver*. Je me contentai de jeter un coup d'œil sur ces réunions *bourgeoises*, où l'on ne trouve ni l'élégance des mœurs du grand monde, ni cette grosse et franche gaieté du peuple dont le vrai théâtre est le *Grand-Salon*; il était près de onze heures lorsque j'y arrivai.

C'est un spectacle toujours nouveau, même pour qui l'a vu vingt fois, que cette folle et tumultueuse bacchanale, où tant de déguisements ridicules se trouvent si burlesquement confondus: le chiffonnier y donne le bras à une dame de la cour; le grand turc y jette le mouchoir à une ravaudeuse: là, plus de *gavotte*, plus de *bolero*, plus de contre-danse même; mais, au lieu de cela, un *branle* immense où tout le monde est admis à figurer, jusqu'au moment où le Vestris du bal (presque toujours un fort de la halle sous l'habit d'un batelier) se présente avec sa *partner* pour danser la *Fricassée* au milieu des acclamations d'une assemblée aussi bruyante et presque aussi bien composée que le parterre de nos grands théâtres un jour de première représentation.

Fatigué de ma journée, j'étais rentré chez moi; il était une heure du matin, et je fermais mon *Horace*, dont je lis toujours quelques pages avant de me coucher; j'entends une voiture s'arrêter sous ma fenêtre: quelques minutes après, on frappe doucement à ma porte; je prends ma bougie, et je vais ouvrir.... Qu'on juge de ma surprise (où est le temps où j'aurais dit de mon bonheur?) en reconnaissant, sous un domino noir recouvrant d'un riche *pardessus*, madame de M***, la jeune et charmante Aurélie, suivie d'un vieux domestique.

« Eh vite! eh vite! » me dit-elle sans me donner le temps de revenir de mon étonnement, « débarrassez-« vous de ce vilain bonnet fourré, de cette gothique « robe de chambre; passez ce domino, et conduisez-« moi au bal de l'Opéra. » La tête troublée de ce que je vois, et remplie de ce que je viens de lire, je veux répondre par le *Solve senescentem mature sanus equum*......... « Il est bien question de toutes ces « vieilleries latines! interrompit-elle. Chez moi, tout « le monde est au bal; j'ai supposé une migraine af-« freuse; je me suis couchée, et je suis sûre de n'être « pas découverte; mais je ne puis aller seule : il me « faut quelqu'un de.... respectable. » (Elle avait de la peine à trouver le mot.) « Vous êtes l'ami de mon « mari et le mien, et j'ai compté sur votre obli-« geance. »

Il est assez singulier que les objections se présentassent en foule, et que je n'aie pas eu le courage d'en faire une seule. La prière d'une femme a toujours été pour moi l'argument irrésistible. Je me résignai; nous partîmes. La voiture sans armoiries, le laquais sans livrée, tout avait été prévu pour s'assurer du plus strict incognito. Dans le trajet assez long que nous avions à parcourir, il ne nous échappa pas un seul mot : je crus remarquer que la respiration de ma jeune compagne devenait plus fréquente et moins libre à mesure que nous approchions du terme de notre course; mais peut-être serais-je encore plus embarrassé qu'elle, si nous avions l'un et l'autre à rendre compte de notre silence.

Nous arrivons au bal; je fais à peine deux tours dans le foyer avec Aurélie; un domino blanc, d'une taille au-dessus de la taille ordinaire des femmes, et qui portait au bras un ruban vert, s'arrête auprès de nous. Aurélie, par un mouvement involontaire, presse mon bras qu'elle quitte aussitôt pour prendre celui du masque au ruban vert, et me dit à l'oreille : « Je veux être rentrée chez moi à trois heures: « si par hasard nous nous perdions de vue dans la « foule, vous me retrouverez là, sous la pendule. » Elle dit, et disparaît.

J'éprouvai, dans ce moment, je ne sais quel serrement de cœur dont je fis une prompte justice, en me riant au nez sous mon masque, et je repris mon rôle d'observateur. Pour le remplir dans toute son étendue, je commençai par me reporter en idée à quelque quarante ans en arrière, au temps où je faisais l'affaire de ma journée du choix de mon travestissement, où je prenais note des femmes que je pourrais rencontrer, des moyens que j'aurais de les reconnaître, des choses que j'aurais à leur dire.

Je me voyais à minuit, arrivant, dans mon vis-à-vis couleur olive, à la porte de l'Opéra, qui se trouvait alors au Palais-Royal, apostant sous le vestibule un laquais intelligent, chargé de me rendre compte des découvertes qu'il pourrait faire à la porte, en faisant jaser d'autres domestiques.

Au milieu de cette foule de fantômes noirs pour la plupart, qui se heurtaient, se mêlaient, se pressaient autour de moi, et qui font aujourd'hui de nos bals masqués des scènes de fantasmagorie, je regrettais ces anciens bals de l'Opéra qui présentaient une si grande variété de costumes, où chaque année amenait, sous des déguisements nouveaux, ces quadrilles historiques, allégoriques, et quelquefois épigrammatiques, dont les entrées brillantes servaient, en quelque sorte, d'entr'actes à des intrigues piquantes et prolongées pendant toute la durée du Carnaval.

Le bal masqué de l'Opéra, tel qu'il est aujourd'hui, n'a dévié de son institution que dans les moyens et dans les formes : le but est le même ; mais on l'aperçoit trop tôt, et peut-être (hélas ! j'en juge sur les rapports d'autrui), peut-être y arrive-t-on trop vite.

Il était tout simple que je cherchasse à profiter de mon déguisement et de mon désœuvrement : je me mis en tiers dans plus d'un tête-à-tête ; j'épiai discrètement quelques entretiens particuliers ; mais je déclare, qu'à l'exception de deux petites intrigues trop gaies pour un livre aussi moral que le mien, je n'ai recueilli que des impertinences sans grace, des plaisanteries sans sel, et des sarcasmes sans esprit.

L'heure avançait; après avoir observé quelques provinciaux qui dormaient sur les banquettes, quelques amies complaisantes qui attendaient en bâillant aux premières et aux secondes loges; la vue trop mauvaise pour distinguer ce qui se passait aux étages supérieurs, je regagnai la salle de la pendule, en traversant les corridors, où mon déguisement sévère et ma démarche furtive, qui me donnaient probablement l'air d'un mari jaloux, jetèrent l'alarme dans une volée de petits dominos noirs qui s'échappèrent en me toisant de la tête aux pieds.

Aurélie m'avait devancé au rendez-vous; elle avait changé de domino; je la reconnus au signal dont nous étions convenus : elle m'entraîna hors de la salle avec tant de précipitation, quelque chose décelait en elle tant de trouble et d'agitation, que je partageais son inquiétude, sans en connaître et sans lui en demander la cause. Elle se précipita plutôt qu'elle ne monta dans sa voiture; les chevaux, qui semblaient partager son impatience, brûlaient, comme on dit, le pavé. Plus nous approchions de l'hôtel, plus son trouble se manifestait.

Nous arrivons, le cocher crie, la porte s'ouvre : « Monsieur est-il rentré? » est le premier mot qu'on adresse au suisse par la portière. — « Non, ma-

« dame. » Ce *non* parut soulager d'un poids de cent livres la poitrine d'Aurélie. Je me gardai bien d'accepter la proposition qu'elle me fit (en tremblant d'être prise au mot) de me faire reconduire par sa voiture. Elle me remercia d'un regard qu'elle ne croyait pas si indiscret, me serra la main, et monta précipitamment chez elle.

En me trouvant dans la rue en domino, à quatre heures du matin, je fis de sages et tardives réflexions : je me reprochai ma folle complaisance, et je me dis en rentrant chez moi, comme le tuteur de Rosine : *Bartholo, mon ami, à votre âge vous n'êtes qu'un sot!*

N° XLVII. [22 FÉVRIER 1812.]

AFFICHES ET AVIS DIVERS.

> ...... *Ridentem dicere verum*
> *Quid vetat?*
> Hor. sat. I
>
> Pourquoi ne dirait-on pas la vérité en riant?

C'est une chose bien singulière que la *vogue;* et il y aurait, ce me semble, un bien gros volume à faire sur ses causes, ses effets, son histoire, mais principalement sur ses favoris, qui la prennent pour la fortune, et n'embrassent le plus souvent que la nue d'Ixion.

L'Académie et Roubeau définissent la vogue: *Un concours excité par la réputation, le crédit, l'estime, et par la préférence aux autres objets du même genre.* Cette définition n'est pas exacte; et pour peu que l'on parcoure la liste des gens, des ouvrages, et des choses qui ont, ou qui ont eu la vogue, on verra que plusieurs des caractères qui lui sont assignés ne leur conviennent pas. Depuis le *Timocrate* de Thomas Corneille jusqu'à *la Reine de Persépolis,* que d'ouvrages en vogue *sans réputation!*

Depuis le financier Law jusqu'au mathématicien Marseille, que de spéculateurs en vogue *sans crédit!* Depuis l'abbé Desfontaines jusqu'au conseiller Kotzbuë, que de journalistes en vogue *sans estime!* Que de vogues ridicules dans l'espace d'un demi-siècle! le cimetière Saint-Médard et Ramponeau; les *Nuits d'Young* et les paniers; la poudre blonde et le magnétisme; *Jeannot* et *Misanthropie;* le somnambulisme et le mélodrame.

De tous les moyens de se mettre en vogue, les journaux sont aujourd'hui le moyen le plus sûr : aussi combien de gens briguent l'avantage d'y occuper une place! J'en juge par les sollicitations de toute espèce, par les demandes saugrenues qui m'arrivent de tous les côtés. Ici, c'est une dame qui veut mettre son coiffeur en vogue, et qui m'invite *à glisser son nom et son adresse dans un de mes bulletins;* là, c'est un gros homme qui me tutoie parceque nous avons dîné deux fois ensemble, et qui me presse de faire un article sur *la vie champêtre,* tout exprès pour annoncer qu'il veut vendre *sa maison de campagne;* celui-ci me charge de recommander au public son *Histoire de Monomotapa*, enrichie de notes anecdotiques sur la vie privée des empereurs monomotapans, ouvrage qu'il veut publier par souscription; cet autre me prie de dire un mot de *son invention pour détruire les punaises, de son opiat pour faire repousser les dents;* des bottes à 27 *fr.*, *des dîners à* 85 *cent.*, etc. J'ai beau répéter à tous ces gens-là que mes feuilles ne sont point un journal d'annonces; suivant eux, « elles n'en sont que plus propres à remplir leur intention, et je n'aurais besoin que d'une légère transition pour amener l'éloge ou l'annonce qu'ils sollicitent. »

Je ne promets rien, mais je prends note; et, à force d'importunités, on m'amène au point où je suis de me voir forcé à tenir une promesse que je n'ai point faite. Pour n'y plus revenir, et au risque de me faire une querelle avec les rédacteurs des *Petites-Affiches*, je vais adopter pour cette fois la forme et la distribution des articles de leur feuille, et publier toutes les notes qui me sont parvenues, telles qu'elles m'ont été communiquées, sans changer un seul mot à leur rédaction.

Biens à vendre et à acheter.

Un jeune homme, possesseur d'une maison dans la rue Saint-Denis, voudrait s'en défaire le plus tôt possible. Cette propriété patrimoniale, grevée d'hypothèques aux deux tiers, laisse encore au propriétaire une valeur disponible de 15 à 20,000 francs. Il entrerait en arrangement avec l'acquéreur, et prendrait en paiement une parure en pierres fines, des cachemires, et un cheval de femme parfaitement dressé. — S'adresser à mademoiselle Alphonsine, danseuse à l'Opéra, chargée de la procuration du jeune homme.

— On voudrait acheter une maison de campagne à un myriamètre de Paris. On tient à ce qu'il y ait une grande salle à manger, une très belle salle de billard et un théâtre : on se contentera d'un arpent de jardin. S'adresser à M. Dumond, ancien agent d'une fameuse tontine.

— A vendre, une terre magnifique, située au confluent de la Dordogne et de la Garonne rapportant au propriétaire 60,000 francs par an, les contributions payées. Le vendeur desirerait emprunter une somme de 600 francs sur le produit de cette vente. — S'adresser à Blaquignac, rue des Moineaux, hôtel de Gascogne.

Meubles à vendre.

A vendre, par autorité de justice : 1° un jeu de roulette ; 2° une table de trente et un, toute garnie ; 3° trois tables de bouillotte avec leurs flambeaux ; 4° soixante chaises rembourrées, deux cents jetons d'ivoire et soixante sixains de cartes préparées. Ce joli fonds pourrait convenir à quelque veuve qui voudrait donner à jouer chez elle. Le propriétaire consentirait à céder le local très commode qu'il occupe, rue du Hasard-Saint-Honoré, n° 129.

— Mobilier dans le dernier goût, à l'usage d'une

jolie femme: le propriétaire veut en traiter à forfait.

S'adresser à M. le baron de Cronenberg, rue des Poulies, hôtel des Étrangers.

Vente de Chevaux et de Voitures.

A vendre, une jolie calèche à pompe, de Pauly; une berline dans le dernier goût, et six chevaux de même robe, après le départ du propriétaire pour l'hôpital. — S'adresser, rue de Provence, au portier du n° 197.

— On voudrait trouver un cheval pour une demi-fortune, qui pût servir en même temps à la selle, à faire le service d'un puits à roue à la campagne, et à porter les légumes au marché : on y mettrait jusqu'à 350 francs.

S'adresser à M. Jacomard, bourgeois cultivateur, rue de Touraine, au Marais.

Demandes particulières.

Une dame de quarante ans, bien conservée, desirerait partager sa table et céder la moitié de son appartement à un jeune homme de bonne famille; elle tient moins à l'argent qu'à un extérieur aimable et aux égards qu'elle croit mériter.

— Un jeune homme de très bonne famille, ayant

fait d'excellentes études, parlant toutes les langues de l'Europe, jouant de plusieurs instruments, voudrait se placer dans une maison en qualité de valet de chambre. Il a pour répondant le maître en fait d'armes chez lequel il demeure, quai de la Ferraille, n° 91.

— Une jeune personne de province, âgée de 17 ans, d'un *physique* agréable, d'une taille avantageuse, et d'une modestie extrême, voudrait se placer auprès d'un homme seul; elle a d'excellents certificats de tous les maîtres qu'elle a déja servis. Son adresse est chez madame Dutilleul, sage-femme, rue des Blancs-Manteaux.

— Une jeune fille de 22 ans, à son premier lait, desirerait trouver un nourrisson; elle est très au fait de ce genre de soins, ayant déja nourri plusieurs enfants. Elle donnera sur sa conduite et sur ses mœurs tous les renseignements qu'on pourra desirer.

— On desirerait trouver quelqu'un qui pût verser 15 ou 20,000 fr. dans une entreprise d'un produit de 800 fr. par jour. On donnera pour garantie une martingale infaillible et reconnue pour telle par trois joueurs des plus experts. — S'adresser, tous les jours, depuis midi jusqu'à minuit, au Palais-Royal, n° 109.

— Un élève du docteur Mesmer voudrait trouver un sujet propre au *somnambulisme*, dont les miracles commencent à se renouveler; on prendrait de préférence une jeune fille d'un maintien gauche et d'un extérieur bien niais; mais on exige, comme conditions indispensables: 1° qu'elle bâille avec assez de facilité pour communiquer aux autres cette disposition; 2° qu'elle soit en état de feindre le sommeil dans tous les moments et dans toutes les attitudes; 3° qu'elle ait assez de mémoire pour retenir, sans les entendre, deux ou trois cents mots de médecine et de chimie. Son traitement sera de six fr. par jour, vêtue et nourrie. — S'adresser à M. Delpont, rue des Jongleurs, n° 100.

— On voudrait échanger deux douzaines de très belles chemises de batiste contre un pardessus d'hermine, et six paires de draps de lit contre une parure de corail. — S'adresser à madame de Folleville, rue Cérutti.

Annonces.

Un professeur, connu par des succès qui font beaucoup d'honneur à son siècle, se propose d'ouvrir incessamment un *Cours de Paradoxes*, dans lequel il démontrera, entre autres vérités:

Que le pain est le plus subtil des poisons;

Que la rage ne se communique pas;

Que la mythologie ancienne est profondément mélancolique;

Que Voltaire est sans génie, sans esprit et sans goût;

Que l'antiquité de la nation chinoise ne remonte pas au-delà du temps des croisades;

Enfin, que l'homme, en se nourrissant de carottes, peut prolonger sa vie jusqu'à l'âge de cinq ou six cents ans.

— M. Dugazon, coiffeur, a l'honneur de prévenir ses pratiques qu'il vient de joindre à sa boutique de perruquier un atelier de sculpture; il se flatte de réussir également bien dans les faux-toupets et dans les bustes, dans les cache-folies et dans les bas-reliefs; il coupe les cheveux à la Charles XII, et modèle d'après l'antique.

On trouve chez lui la pommade pour faire pousser les cheveux, et l'assortiment complet des plâtres du palais Farnèse.

— M. Ducasse, instituteur, donne des leçons d'écriture, d'orthographe et de géographie, et tient en même temps une classe de danse, dans laquelle il enseigne aux jeunes personnes des enchaînements de jambes d'un goût tout nouveau. On trouve à sa classe des jeunes gens chargés de figurer avec ces demoiselles.

— Un instituteur dramatique, qui possède la tradition des comédiens les plus célèbres, qui a passé sa vie dans l'antichambre de Le Kain et de Préville, et qui a reçu les derniers soupirs de Bordier, vient d'ouvrir une école de déclamation dans la rue des Jeûneurs. Plusieurs de ses élèves figurent avec le plus brillant succès dans les comparses de l'Opéra-Comique, et sur le théâtre des Jeux-Gymniques. Les deux premiers sujets du café d'Apollon sortent de son école.

Objets perdus ou trouvés.

Il a été laissé dans le fiacre n° 2125, par un monsieur et une dame qui sortaient du théâtre de la Gaieté, une collerette de mousseline garnie de tulle, une paire de gants de femme et une montre d'homme avec sa chaîne garnie d'un charivari de breloques: on peut réclamer ces objets au domicile du cocher.

Propositions de Mariage.

Une jeune personne, jolie, spirituelle et bien née, riche de deux mille écus de rente, propose sa main et son cœur à un homme au-dessus de soixante ans, riche, sans enfants, et qui aurait besoin de s'assurer les tendres soins d'une compagne étrangère à toutes les dissipations du monde. S'adresser par écrit à M. Huet, notaire à Saint-Germain, chez lequel le contrat est dressé d'avance.

— Un homme de trente-six ans, natif du Bec-d'Ambès, de la taille de cinq pieds onze pouces, bon musicien, et doué d'une des plus belles basses-tailles qu'on puisse entendre, descendant par les femmes des anciens comtes de Toulouse, et riche, avant la révolution, d'une fortune colossale, desire associer son sort à une veuve qui ait la jouissance paisible d'une cinquante de mille livres de rente. Il ne tient point à l'âge, encore moins aux charmes de la figure; mais il a besoin de trouver dans sa femme cette douceur de mœurs, cette facilité de caractère dont il est doué, et qui sont la base du bonheur domestique. Comme il est bon de se connaître avant de s'épouser, il prévient les personnes à qui cet avis s'adresse, qu'il se promène tous les jours, de deux à quatre heures, sur la terrase des Tuileries. Ce qu'il a dit de sa personne suffira pour le faire remarquer.

— On voudrait marier une jeune personne dans le délai d'un mois : elle a douze cents livres de rente et des espérances beaucoup plus considérables. Un rang honorable dans la société est tout ce qu'on exige des prétendants jusqu'au 1er avril prochain; passé ce temps, les conditions seront d'une autre nature.

S'adresser, rue Dauphine, *à la Fille mal gardée.*

N° XLVIII. [29 février 1812.]

QUELQUES PORTRAITS.

>Les hommes, la plupart, sont étrangement faits;
>Dans la juste nature on ne les voit jamais.
>MOLIÈRE, *Tartufe*, acte II.

Les Romains avaient des signes, au moyen desquels ils croyaient pouvoir reconnaître les jours heureux ou malheureux : une corneille perchée sur une maison, un poulet qui ne mangeait pas, un faux pas sur le seuil de la porte, étaient pour eux un motif suffisant de ne pas sortir de la journée. Je ne suis pas précisément aussi superstitieux : j'aime mieux rire le vendredi que pleurer le dimanche; faire un bon dîner à treize convives qu'un mauvais à douze; j'aime mieux renverser sur la table ma salière que mon verre, et je trouve à mon âge moins d'inconvénient à croiser ma fourchette que mon épée.

J'ai pourtant mon petit préjugé tout comme un autre, et je crois très fermement, par exemple, que le sort de ma journée entière dépend de la première impression que je reçois à mon réveil : je ressemble à ces personnes qui mettent en se levant des lunettes à verres colorés, et qui voient ensuite tous les objets de la même teinte. Ce préjugé, si c'en est un, est fortifié chez moi par tant d'observations, que, loin de chercher à le combattre, je m'en sers comme d'un moyen de conduite en secondant de mon mieux son influence. Partant d'une supposition que je regarde maintenant comme un principe, la première visite que je reçus hier matin ne me permit pas de douter que je ne passasse en revue dans ma journée une foule d'originaux de toute espèce ; et je les attendis le crayon à la main.

Il était jour à peine lorsque le chevalier de Floricourt entra brusquement chez moi, et m'éveilla aux cris de *taïaut! taïaut!* dont il fit retentir ma chambre. Il était en habit de campagne, et venait me proposer de l'accompagner à Saint-Ouen, à un rendez-vous de chasse, chez madame l***, sa parente ; je reconnus là sa vieille manie. Le chevalier n'a pas tiré dix coups de fusil depuis qu'il est au monde ; s'il était seul avec les perdrix sur la terre, c'est pour lui qu'il faudrait trembler ; et cependant il ne s'est pas fait, depuis quarante ans, une partie de chasse un peu remarquable à laquelle il n'ait assisté. C'est un vrai comte de *Soyecourt :* il sait par cœur tout le *Vocabulaire de la Vénerie*, et ne sort jamais, dans Paris sur-tout, sans être suivi d'un chien d'arrêt, d'un chien courant et d'un lévrier.

On pourrait croire qu'il prend du moins un grand plaisir à suivre la chasse, mais il n'en a d'autre que d'éveiller les chasseurs, d'assister aux préparatifs du départ, de présider au retour, dans une salle basse du château, à la distribution du gibier, et de revenir bien vite à Paris raconter, dans quelques salons, tous les détails d'une partie de chasse à laquelle il n'a pris aucune part. Désespérant de m'emmener avec lui, il voulut au moins déjeuner chez moi; je lui fis servir un pâté de Chartres, qui lui servit de texte pour disserter sur les perdrix rouges et grises, sur les cailles, les pluviers et les bécassines; après quoi il partit en appelant ses chiens, dont l'un s'était amusé à déchirer un de mes fauteuils, tandis que l'autre étranglait le chat de la portière qui voulait l'assommer, et qui ne se radoucit qu'à la vue d'un écu de 5 fr. que lui présenta notre chasseur.

Celui-ci n'était pas au bas de l'escalier, que je vois entrer, ou plutôt se rouler dans ma chambre, un petit homme tout rond, qui vient à moi les bras ouverts, et dont j'ai beaucoup de peine à esquiver l'embrassade.

« Vous ne me reconnaissez pas? me dit-il en me secouant fortement la main et en épanouissant la figure la plus plate et la plus ridicule; c'est moi!... chez madame Lenormand!.... où nous avons tant ri!..... Vous y êtes maintenant? (Je n'y étais pas du tout.) Vous m'avez toujours témoigné de l'intérêt, continua-t-il en m'offrant du tabac dans une énorme boîte d'or émaillé; j'ai besoin du général Dermont; vous êtes son ami, et je viens vous prier de nous faire dîner ensemble chez vous en petit comité. »

A force de chercher à mettre un nom sur ce grotesque visage, je me rappelai un certain Blondeau, espèce d'intrigant, faisant métier de protections et de protecteurs, se prévalant du moindre prétexte pour approcher les gens en place, et parvenu d'antichambre en antichambre à un poste moins honorable que lucratif. J'ouvrais la bouche pour lui faire sentir assez durement l'indiscrétion de sa demande, mais il me la ferma en me disant qu'il sortait de chez le comte Dermont, qu'il l'avait prévenu de ma bonne volonté, mais que notre dîner ne pourrait avoir lieu qu'au retour du général, qui partait le lendemain pour présider un collège électoral dans le midi de la France; et, sans attendre ma réponse, il sortit en s'excusant de me quitter si vite : il devait se rendre à une audience de ministre, et me laissait l'espoir ou plutôt la crainte de le voir revenir pour m'informer du résultat de son affaire.

Je n'étais pas homme à l'attendre : je sortis de chez moi avec l'intention d'aller, selon ma coutume, prendre une tasse de chocolat au café de Foi. En traversant le jardin du Palais-Royal, j'aperçus de loin le grand Corvière, l'homme de France qui s'entend le mieux à rassembler des mots *ennuyés de se trouver ensemble,* comme dit Fontenelle; qui parle le plus longuement avec le moins d'idées possible, et qui vous assomme avec le plus de persévérance du récit des choses les plus communes. La frayeur me saisit en songeant qu'il m'avait tenu plus d'un quart d'heure la semaine dernière, par une pluie battante, sous une gouttière de la rue Vivienne, pour me donner, sur le procès de la dame Morin[1], des détails que j'avais lus le matin dans tous les journaux.

Il fut plus prompt à me joindre que je ne le fus à l'éviter. « Que je vous apprenne une bonne nouvelle, me cria-t-il en me barrant le chemin avec ses deux bras : madame de Sainville est à Paris, son mari a gagné ce fameux procès qu'il avait été poursuivre à Rennes, et finalement la terre de Luçon leur appartient: l'étang, comme vous savez, n'a pas moins d'une lieue de circuit, et je ne crois pas qu'il y en ait de plus poissonneux dans toute la France. J'en sais quelque chose : ils m'ont envoyé une carpe qui pesait dix-sept livres et demie; j'en ai fait le fond d'un dîner charmant, où se trouvaient Dubreuil, Mainville et sa femme; j'ai bien regretté que vous ne fussiez pas des nôtres..... »

[1] La dame Morin et sa fille, âgée de dix-sept ans, venaient d'être condamnées à quinze ans de travaux forcés, pour tentative d'assassinat sur la personne d'un ancien procureur, nommé Ragoulo.

J'eus le bonheur de l'arrêter tout court en lui faisant observer que je ne connaissais pas une seule des personnes qu'il venait de nommer; il me fit quelques excuses de m'avoir arrêté pour me raconter des choses qui ne devaient pas avoir un grand intérêt pour moi, et me quitta pour aller à la rencontre d'une dame à laquelle il est probable qu'il ne fit pas grace de la moindre circonstance du procès de M. de Sainville; car, une heure après, je le retrouvai à la même place, causant encore avec elle. Tout en continuant mon chemin, je fis quelques réflexions sur le besoin de parler; il me parut être une conséquence de la difficulté d'agir, et c'est peut-être pour cela que les vieillards et les femmes sont plus particulièrement enclins à ce défaut.

Comme j'entrais au café de Foi, l'avocat Dujary en sortait. « Je vous trouve à point, me dit-il en me
« ramenant sous les galeries; je viens d'entendre la
« lecture d'une tragédie admirable: l'Académie sera
« bien injuste si un pareil ouvrage n'ouvre pas ses
« portes à l'auteur; ce sont les pensées de Corneille,
« le style de Racine, l'action de Voltaire...... A pro-
« pos, nous allons avoir un roman nouveau, de
« M.... J'ai promis de ne pas le nommer; mais,
« vous pouvez m'en croire, Lesage et Fielding ont
« un rival..... Vous ai-je dit que l'abbé Delille m'a-
« vait lu son poëme sur la *Conversation?* C'est un

« diamant. Il n'y avait que deux vers faibles; je les
« lui ai fait changer.... Venez me voir un matin, je
« vous montrerai une satire inédite de Chénier : *les*
« *Mouches du Coche;* c'est d'une vérité, d'une res-
« semblance !.... Les mouches du coche littéraire,
« sur-tout........ Vous rirez aux larmes..... Votre
« ami est toujours sur les rangs pour la seconde
« classe de l'Institut; amenez-le-moi : je le présen-
« terai à quelques académiciens de mes amis; sept
« ou huit voix des meilleures ne sont pas à dédai-
« gner, et je les lui garantis; mais jusque-là qu'il
« se tienne tranquille, qu'il ne donne point de nou-
« veaux ouvrages : bons ou mauvais, ils lui feraient
« tort. Je le répète à qui veut l'entendre : dans le
« monde littéraire on ne se sauve qu'entre deux
« réputations, et cet asile se nomme la médio-
« crité. » Cela dit, il me quitte, et je ris en songeant
que *cette mouche du coche* ne s'est pas reconnue
dans la satire de Chénier, qui la peint trait pour
trait.

Je me fis apporter ma tasse de chocolat à une
table où se trouvaient plusieurs chansonniers du
Caveau, parmi lesquels je reconnus un petit notaire
qui signe habituellement ses minutes sur le poêle
du café, et un médecin qui donne ses ordonnances
en jouant aux dominos. J'écoutai avec plaisir la
conversation de ces jeunes gens, qui s'escrimaient
d'une manière assez piquante, et qui attrapaient

de temps en temps quelques idées à la pointe de l'esprit.

Je les quittais pour m'approcher d'une table où deux hommes se disputaient avec assez d'aigreur pour faire craindre les suites de leur querelle, principalement à ceux qui, comme moi, connaissaient un des deux adversaires : c'était le fameux Dorsant, le plus ancien et le plus déterminé bretteur de l'Europe. Je me souviens qu'en 1785 il eut trois affaires dans la même semaine : la première avec un homme qui l'avait regardé de travers; la seconde avec un officier qui l'avait regardé en face; et la troisième avec un Anglais qui avait passé sans le regarder, ce qui fit dire à quelqu'un qu'il était impossible d'envisager cet homme-là. Dorsant me reconnut, me prit pour médiateur, et j'arrangeai cette affaire plus facilement que je n'aurais pu le faire en 1785.

En sortant du café de Foi, j'allai faire un tour aux Tuileries; j'y trouvai le petit chevalier d'Arboise. Il m'aborda par la question d'usage : « *Où dînez-vous aujourd'hui ?* — Où vous ne dînerez jamais; chez une femme qui n'a que deux plats sur sa table, et qui ne boit que du vin d'Orléans. — Riez tant qu'il vous plaira, mon vieil Ermite; une excellente table est le premier des biens. Les Romains s'y connaissaient : un bon cuisinier se vendait à Rome quatre cents talents; et, comme le remarque fort bien La Motte-le-Voyer, on aurait eu pour cette somme une douzaine de philosophes comme vous. »

En continuant de discourir sur ce ton, le chevalier m'apprit qu'il flottait ce jour-là indécis entre trois dîners : chez un notaire, chez un banquier, et chez un chanoine. Sur l'observation que je lui fis que c'était un jour maigre, il se décida pour le dernier. La mort d'un receveur-général, chez lequel il dînait tous les samedis depuis dix ans, lui laissait un jour de libre; il me pria de le présenter chez madame de Senars; et comme il me parut tenir beaucoup à compléter sa semaine, je promis de faire ce qu'il desirait, aussitôt que cette dame aurait changé son cuisinier, qui n'aurait pas été vendu à Rome beaucoup plus cher qu'un philosophe comme moi.

On donnait aux Français une pièce nouvelle : quelque diligence que je fisse, je ne pus trouver de place nulle part; j'avais quelque raison pour m'en consoler, et je me promenais dans les corridors avec cinq ou six personnes qui n'avaient pas été plus heureuses. De ce nombre était le doyen du Parnasse [1], M. de X***. Je le reconnus à son large habit de gros drap brun, à son dos plus voûté par l'habitude que par l'âge, à son nez barbouillé de tabac, et sur-tout à sa marche en zigzag, qui ne laisse jamais deviner où il a l'intention d'aller.

[1] M. de Ximenès.

Ce patriarche de la littérature, connu par quelques productions estimables, prouve, contre l'avis de Bacon, *que la vieillesse attache moins de rides à l'esprit qu'au visage.* Il fut couronné deux fois à l'académie française, et la fin de sa carrière est exempte de soucis et d'inquiétude.

Après la pièce, je retrouvai mon homme au foyer, s'entretenant avec un autre vieillard, qu'à sa tournure anglaise, à son chapeau de feutre gris, à son ample redingote bleue, on pourrait prendre aujourd'hui pour un manufacturier de Birmingham. J'eus besoin d'un grand effort de mémoire pour replacer sur cette figure les traits du brillant comte de L***[1], de ce grand seigneur si spirituel, si généreux, si célèbre par ses goûts et ses amours. Les yeux presque fermés, le menton appuyé sur une grande canne à pomme d'or, il ne tarissait pas en éloges des Sarrazin, des Le Kain, des Brizard; et, comparant toujours les souvenirs de son jeune âge avec les sensations de sa vieillesse, il regrettait avec son contemporain X..., les beaux jours de la Comédie-Française, c'est-à-dire les leurs. Où est Le Kain? où est Préville? où est Molé? s'écriaient-ils l'un après l'autre. Où est le marquis de X***? où est le comte de L***? étais-je tenté de leur répondre.

[1] M. de Lauraguais, aujourd'hui duc de Brancas.

Je me retirai chez moi, repassant dans ma tête ce que j'avais vu dans ma journée, et tout prêt à répéter, après je ne sais plus quel poete latin :

*Humani generis mater, nutrixque profectò
Stultitia est* [1].

[1] La folie est la mère et la nourrice du genre humain

N° XL. [20 MARS 1812.]

LES LETTRES ANONYMES.

> Un rapport clandestin n'est pas d'un honnête homme.
> GRESSET, *le Méchant*, acte V.
>
> La noirceur masque en vain les poisons qu'elle verse,
> Tout se sait tôt ou tard, et la vérité perce.
> *Idem*, acte III

Je ne suis point doué de cette flexibilité d'esprit et de talent qui laisse à la disposition de l'écrivain qui la possède le choix du sujet qu'il veut traiter. La pensée qui me saisit, le sentiment qui me domine sont les seuls que je puisse exprimer. Ce serait donc en vain que j'essaierais aujourd'hui d'occuper mes lecteurs d'objets étrangers à la profonde indignation qui s'est emparée de moi. Je dois dénoncer au tribunal de l'opinion publique (puisque les lois ne peuvent l'atteindre) un délit dont les progrès annoncent le dernier degré de la corruption des mœurs : on voit déja qu'il s'agit de ces messagers de ténèbres, de ces auteurs et facteurs d'écrits anonymes contre lesquels les honnêtes gens ne sauraient trop se prémunir. Il existe une espèce de gentilhomme de lettres, qui depuis vingt ans, tient école de ces infamies.

La loyauté fut, de tout temps, un des traits distinctifs du caractère français : notre nation conserve, jusque dans ses vices, une sorte de franchise; et nous pouvons, en parcourant les annales de l'Europe ancienne et moderne, remarquer avec orgueil que les crimes des lâches, l'empoisonnement et la délation, ont toujours été moins fréquents dans notre pays que par-tout ailleurs. Pendant nos troubles civils et religieux, dans le délire de la plus terrible révolution, l'honneur (à prendre ce mot dans son acception la plus étroite) n'a eu que rarement à rougir des maux dont gémissait l'humanité. Comment se fait-il que ce soit à l'époque glorieuse où nous vivons, dans une ville, centre de la politesse et de toutes les supériorités sociales, que se développe le germe du fléau le plus odieux dont la société puisse être infectée, que se multiplient les exemples d'un délit qui ne diffère de l'empoisonnement que par l'impunité légale dont il jouit encore?

J'étais bien loin de ces tristes idées lundi soir en rentrant de chez M. de Senanges, où j'avais passé la journée la plus agréable, au sein d'une famille dont le bonheur me semblait d'autant mieux assuré, qu'il avait pour fondement la réunion de toutes les vertus. Le chef de cette maison, après avoir exercé avec honneur, dans le parlement de Bordeaux, une charge, héréditaire dans sa famille, est venu jouir à Paris d'un repos analogue à ses goûts, et d'une fortune considérable qu'il a été assez heureux pour réaliser dans les colonies, peu de temps avant leur désastre. Je ne connais pas de spectacle plus délicieux que celui d'une famille nombreuse, étroitement unie par les liens du sang, de l'habitude, et de l'amitié : le besoin d'en jouir me conduit souvent chez M. de Senanges. J'ai appris de lui-même, dans ma dernière visite, qu'il se préparait à marier l'aînée de ses filles, la belle et tendre Amélie : il m'a présenté son gendre futur, jeune officier distingué parmi les braves, et qui promet d'illustrer un nom déja célébre dans nos fastes militaires. Les accords étaient faits, les jeunes gens s'aimaient avec adoration ; le contrat, garant de l'union la plus tendre, devait se passer le lendemain, et, en ma qualité d'ami des deux familles j'étais invité à m'y trouver.

Rentré chez moi, je me mets en tête de faire l'épithalame de nos jeunes mariés ; mais, en me rappelant qu'Amélie m'a surnommé le prêcheur éternel, l'idée me vient de leur adresser un petit sermon. Pour lui donner la forme convenable, je veux relire quelques pages de Massillon : j'ouvre le livre au hasard, et je tombe sur cette peinture de la calomnie, que je trouvai bien plus frappante en la relisant le lendemain :

« La langue du détracteur est un feu dévorant
« qui flétrit tout ce qu'il touche; qui ne laisse par-
« tout où il a passé que ruine et désolation; qui pé-
« nètre jusque dans les entrailles de la terre, et va
« s'attacher aux choses les plus cachées; qui change
« en de viles cendres ce qui nous avait paru, il n'y
« a qu'un moment, si brillant et si précieux; qui,
« dans le temps même qu'il paraît éteint, agit avec
« plus de violence et de danger que jamais; et qui
« noircit enfin ce qu'il ne peut consumer, etc. »
Cette lecture donna insensiblement un autre cours
à mes idées; je perdis de vue l'épithalame, et je
m'endormis en réfléchissant aux maux affreux dont
la calomnie a de tout temps été la source, sans penser néanmoins que je dusse en avoir si tôt un nouvel exemple.

M. de Senanges m'avait invité, pour le lendemain, jour de la signature du contrat, à un dîner de famille. En arrivant, je fus surpris du trouble qui régnait dans l'hôtel: les domestiques parcouraient les appartements d'un air égaré, les sonnettes étaient agitées dans tous les coins de la maison. J'aperçois Dubois, le valet de chambre; je l'interroge. « Ah! monsieur, me dit ce vieux serviteur la larme à l'œil, je ne sais ce qui se passe dans cette maison; depuis hier soir l'enfer y semble déchaîné. M. Charles, le prétendu de Mademoiselle, est enfermé avec mon maître dans son cabinet, et Madame est dans la chambre de mademoiselle Amélie qui s'est trouvée mal trois fois dans la matinée. » Sans me faire annoncer, je vais droit au cabinet de M. de Senanges; il se promenait avec agitation : aussitôt qu'il me voit, il me serre dans ses bras, et, sans me dire un seul mot, il me montre une lettre que Charles tenait à la main, toute ouverte, et dont il regardait l'adresse avec des yeux étincelants de colère. Je lis ; c'était une lettre anonyme conçue en ces termes :

« Monsieur, l'inviolable attachement que je vous ai voué m'oblige à vous donner un avis où votre honneur et le bonheur de votre famille sont également intéressés. M. Charles d'Hennecourt, à qui vous êtes sur le point d'accorder la main de votre fille, a contracté en Allemagne une promesse de mariage authentique, qui doit être portée incessamment devant les tribunaux. On se charge de vous donner, dans un délai de quinze jours, des preuves écrites dont M. d'Hennecourt lui-même n'osera contester l'évidence. »

« C'est un mensonge infame ! s'écrie Charles d'une voix altérée par la fureur. — Sans doute, c'est un mensonge, ajoutai-je froidement ; qui pourrait en douter ? — Monsieur (répondit le jeune homme avec la plus vive émotion et en me montrant M. de Senanges), et peut-être Amélie elle-même... — Comment, mon respectable ami, lui dis-je en lui prenant la main, c'est vous qui ajoutez foi à une lettre anonyme? c'est vous qui faites dépendre votre repos, votre bonheur, celui de votre famille, d'un écrit clandestin dicté par l'envie ou la haine, et qui ne prouve autre chose que la lâcheté de celui qui emploie de pareilles armes? Se peut-il que vous mettiez en balance la parole de l'homme d'honneur que vous avez trouvé digne d'entrer dans votre famille, avec l'accusation ténébreuse d'un vil ennemi?

Souvenez-vous, mon cher Senanges, qu'il y a des cas où la confiance la plus entière est commandée, et que l'homme accessible une fois à la calomnie se met pour toujours dans la dépendance du premier misérable qui aura quelque intérêt à troubler son repos. J'ai déjà eu plus d'une fois l'occasion de vous citer deux vers admirables de Shakespeare:

> .... *Slander lives upon succession,*
> *For ever hous'd where it once gets possession* [1].

Craignez d'en faire aujourd'hui la funeste expérience. — Mais quand il y va de si chers intérêts, l'excès même de la prudence n'est-il pas un devoir? Et ces preuves que l'on m'annonce.... — Ruse grossière! qui a pour but d'amener quelque scène scandaleuse, quelque délai dont la méchanceté s'empa-

---

[1] La calomnie vit de succession, et finit par s'établir dans la maison où on lui donne accès.

rera pour faire circuler dans Paris le bruit d'un mariage rompu, pour ourdir quelque nouvelle trame. »
A force d'observations, de raisonnements, je parviens à rétablir le calme dans l'esprit de M. de Senanges et dans le cœur du pauvre Charles.

Nous passons dans l'appartement de ces dames, et j'ai d'autant moins de peine à les consoler et à les convaincre, qu'après avoir attentivement examiné la lettre anonyme, je prends avec elles l'engagement de leur en faire connaître l'auteur dans le jour même. Charles et Amélie m'embrassent à-la-fois. Je n'avais pas de temps à perdre ; je fais promettre à M. et madame de Senanges qu'ils ne feront rien paraître, que les apprêts du mariage se continueront comme ils avaient été réglés ; et je sors sans dîner, après avoir eu dix minutes d'entretien avec le jeune d'Hennecourt, et emportant avec moi l'épître mystérieuse.

J'avais un premier soupçon, fondé sur les confidences que Charles m'avait faites ; mais c'est de preuves matérielles que j'avais besoin. Deux indices pouvaient me mettre sur la voie : la qualité du papier visiblement de fabrique anglaise, et l'empreinte du cachet. Le papier devait avoir été pris chez Despilly ; j'y cours : je demande du papier semblable à celui de la lettre que je montre ; on me répond qu'il n'en reste plus. J'insiste : j'en ai un besoin tel, que je le paierais six francs la feuille. « Monsieur connaît peut-être *madame de Sennemont?* me dit la jeune personne du comptoir; c'est à elle que nous avons vendu, il y a quelques jours, les deux derniers cahiers. » Ce nom est un trait de lumière ; je prie cette jeune fille de me mettre par écrit l'information verbale qu'elle vient de me donner, et je me rends chez un de nos plus habiles graveurs.

L'empreinte du cachet de la lettre anonyme ne présente ni armes ni chiffre; mais une allégorie assez bizarre peut avoir laissé quelque souvenir dans la mémoire de l'artiste, et le fini du travail peut servir à faire connaître le burin. La chose arrive comme je l'ai prévu : mon graveur, en jetant les yeux sur l'empreinte, reconnaît l'ouvrage d'un de ses confrères qu'il me nomme, et chez lequel je me rends à l'instant même. Celui-ci m'apprend qu'il a gravé ce cachet, il y a six mois, pour une dame dont il grave en ce moment les cartes de visite. Il me montre l'épreuve qui lui sert de modèle, et je lis en toutes lettres : *Madame de Sennemont*. Dès-lors mes soupçons se changent en certitude ; je me fais donner par le graveur une attestation bien en règle, telle qu'elle convient à mes desseins, et je retourne à l'hôtel de Senanges.

Chemin faisant, je repasse dans ma tête tout ce que j'ai entendu dire du caractère de madame de Sennemont, de sa conduite depuis son veuvage, de ses intrigues, de ses noirceurs, de sa liaison connue avec le jeune d'Hennecourt; et, bien muni de preuves morales et matérielles, j'entre gaiement dans le salon, où je trouve tout le monde assemblé. Une certaine contrainte régnait sur tous les visages; les femmes chuchotaient entre elles. M. et madame de Senanges parlaient bas au coin de la cheminée; Amélie avait les larmes aux yeux, et Charles retenait avec peine un dépit concentré.

Mon entrée fit une sorte d'événement, car je ne pus m'empêcher de témoigner une surprise extrême, en apercevant madame de Sennemont assise près d'Amélie, et lui prodiguant les témoignages d'amitié les plus affectueux. Je m'arrêtai brusquement. « Comme vous me regardez! me dit-elle en s'efforçant de rire. — Avec un étonnement qui n'a rien de bien flatteur, madame; car vous me rappelez en ce moment ce chirurgien espagnol qui attendait les passants au détour d'une rue, les blessait avec son poignard, et venait ensuite leur prodiguer des secours. »

Cette vigoureuse apostrophe cause une grande rumeur dans la société; chacun m'interroge. Je sens qu'une explication publique est devenue indispensable, et, après en avoir obtenu l'aveu des maîtres de la maison, je dévoile une trame perfide, j'en montre les effets, j'en administre les preuves. Le reproche est dans toutes les bouches. Madame de Sennemont n'essaie point de se justifier; elle se lève, sourit avec dédain, et me lance, en sortant, un regard de furie dont j'ai bien apprécié toute l'éloquence.

Le départ de cette méchante femme fut le signal de la confiance et du plaisir: parents, amis, époux, tout le monde m'accabla de remerciements, et l'on avança l'heure du souper, que j'attendais avec impatience. On peut croire que je ne laissai pas échapper une si belle occasion de *prêcher*. Quel sujet plus fécond que la calomnie! Je pris pour texte le portrait qu'en fait Massillon dans le passage cité au commencement de cet article, et je terminai par cette belle image de Diderot:

« La calomnie disparaît à la mort de l'homme obscur; mais, debout auprès de l'urne du grand homme, elle s'occupe encore, après des siècles, à remuer sa cendre avec un poignard. »

n° L. [28 mars 1812.]

DEUX JOURNÉES
A QUARANTE ANS DE DISTANCE.

> Qui n'a pas l'esprit de son âge,
> De son âge a tout le malheur.
> VOLTAIRE.

Aura du génie qui pourra, je ne prétends gêner personne; mais, pour consoler la foule immense des humains à qui la nature a dénié, comme à moi, cette rare et précieuse faculté, il est bon de répéter qu'il n'y a pas au Palais si mince procureur qui ne soit, en affaires, plus habile, ou du moins plus adroit que ne l'eussent probablement été Newton et Corneille.

A défaut de génie, qu'on ne se donne pas, j'ai ambitionné l'esprit d'ordre, que l'on peut acquérir, et je crois en être suffisamment pourvu. Entre autres avantages dont il est pour moi la source, celui auquel j'attache le plus grand prix est de pouvoir me rendre compte de toutes mes actions, et, pour ainsi dire, de toutes mes pensées, au moyen d'un journal que j'ai tenu, sans la moindre intarruption, dès ma plus tendre jeunesse. Ceux qui ne se sont jamais occupés d'un pareil travail ne peuvent avoir l'idée du plaisir que je trouve quelquefois à parcourir ces éphémérides de ma vie; à me rappeler, en feuilletant les pages de cette volumineuse et indigeste collection, les événements, les chagrins, les folies, et jusqu'aux futilités qui tiennent une si grande place dans l'histoire d'un homme du monde. Avec quel mépris, avec quelle supériorité le vieillard de soixante-dix ans traite aujourd'hui le jeune homme de vingt-cinq! Que de journées perdues ou follement employées! Que de voyages sans motifs, de visites sans objet, de liaisons sans estime, de bonnes fortunes sans plaisir, et de dépenses sans profit?

Je suis convaincu qu'un pareil fatras, rédigé avec un peu de scrupule, enrichi de réflexions et de commentaires tels qu'il pourrait en fournir, offrirait à la jeunesse une espèce de manuel, où l'expérience tiendrait lieu de précepte, et où la raison se ferait sentir quand elle ne se ferait pas écouter. Cependant, de quelque utilité que pût être mon journal à l'instruction, et sur-tout à la malignité publique, je proteste de mon vivant contre tout héritier, contre tout éditeur qui prétendrait avoir le droit de me faire figurer après ma mort sur l'étalage d'un libraire, à côté des *Correspondances secrètes* de Mirabeau, de mademoiselle Delespinasse, des *Mémoires* de la princesse de Bareuth, etc.; qui s'ingérerait, par un motif quelconque, de me rendre justiciable de l'opinion pour des actions et pour des pensées que je n'ai jamais eu l'intention de lui soumettre; de m'abandonner au scalpel des journalistes, lesquels ne manqueraient pas de faire de l'esprit et de la morale à mes dépens, en prouvant, le plus sérieusement du monde, que mes *Annales* ne valent pas celles de Tacite, et qu'une mère ne doit pas mettre dans les mains de sa fille les lettres qu'un jeune homme de vingt-cinq ans écrivait à sa maîtresse.

Comme nous n'en sommes plus au temps où l'on tenait compte de la volonté des morts, et que je ne veux pourtant pas brûler mon journal, aussi long-temps que j'en croirai pouvoir encore barbouiller quelques feuilles, je préviens le public que j'ai pris soin d'en effacer tous les noms propres, de déguiser les anecdotes, d'en inventer quelques unes qui en contrediront d'autres, d'altérer les dates et les faits de manière à les rendre méconnaissables, et à tromper jusqu'à l'œil de la haine.

Il y a quelques jours, qu'après avoir inséré cette déclaration sur la dernière page de mon fidèle calepin, je m'amusais à en parcourir rapidement les feuillets et les marges. Me voilà au collége. — J'en sors pour entrer au régiment de Savoie-Carignan. — Ici, ma première affaire. — Là, mon premier amour. — Que de réputations aux bougies, mortes au grand jour; d'héritiers de Voltaire que le public a forcés de renoncer à la succession; d'ouvrages mis à leur naissance à côté de *Mérope* et de *la Métromanie*, dont le nom ne se trouve plus même dans le *Dictionnaire des théâtres!* Que de Colberts, que de Turgots en espérance, qui ne sont pas sortis des bureaux de la ferme générale! Que de Turennes à *l'OEuil-de-Bœuf* qui n'ont jamais entendu que le canon des Invalides! Que d'établissements de musique depuis le concert spirituel jusqu'au Conservatoire, de spectacles nouveaux depuis les Beaujolais jusqu'aux *Puppi Napolitani!* Que de jardins publics depuis le Wauxhall Thoré jusqu'au Ranelagh! Que de modes depuis les paniers, les engageantes, les parfaits-contentements, jusqu'aux schalls, aux par-dessus et aux Médicis! Que de charlatans politiques, religieux, littéraires, depuis...

Bien qu'un changement de goûts, de mœurs, d'habitudes, soit le résultat nécessaire de la succession et de l'accroissement des années, je n'ai pu remarquer sans rire (du bout des lèvres, il est vrai) la différence que quarante ans révolus ont apportée en moi et dans les objets contemporains. Je me suis arrêté à relire mes notes du 22 *mars* 1772, et à les comparer avec celles du 22 *mars* 1812. Ce rapprochement m'a paru assez piquant pour être mis sous les yeux de mes lecteurs.

Extrait de mon Journal.

22 mars 1772.

« Le chevalier de Pierrevert est venu me prendre à sept heures du matin; je m'étais couché à cinq, et je ne me serais pas levé s'il n'eût été question d'une affaire d'honneur. Il s'était pris de querelle, à l'hôtel d'Angleterre, avec un officier irlandais qui lui avait gagné tout son argent. Nous sommes montés à cheval; le rendez-vous était dans le parc de Saint-Cloud. — L'Irlandais, dont j'ai oublié le nom, s'en est tiré avec trois pouces de lame dans la poitrine; nous l'avons remis dans sa voiture, où l'attendait son valet de chambre. — Ne pas oublier de l'aller voir, *rue du Paon, hôtel de Tours.* »

— « Nous avons déjeuné à Ville-d'Avray, chez le gros Despares. Pour se dispenser de nous tenir compagnie, il a prétendu qu'il avait la fièvre tierce. Pierrevert dit qu'il connaît cette *fièvre-là,* qu'il l'a eue pendant six mois, et qu'il frissonne encore quand il y pense. »

— « Le chevalier m'a proposé d'aller à Versailles, où il avait besoin, pour emprunter de l'argent à son oncle, le bailli de Fères. Nous étions à moitié chemin; je n'avais rien de mieux à faire, je l'ai accompagné. — Le roi déjeunait à Luciennes, après avoir chassé dans les bois de Meudon. Fères l'avait suivi: on est revenu pour la messe; nous avions eu le temps de nous habiller. — J'ai aperçu, dans une travée, madame de Co...., qui m'a fait la plus jolie petite mine du monde. Cette femme-là n'a pas la moindre rancune. »

— « La parade n'a été ni plus longue, ni plus brillante qu'à l'ordinaire : une ligne d'*habits bleus*, une ligne d'*habits rouges*, le salut des espontons, et *marche à la caserne!* Le roi s'est montré un moment sur le balcon, un gros bouquet à la main. »

— « J'ai dîné chez la belle comtesse de R***, qui est de service chez madame la Dauphine; je n'ai rien vu de plus joli, de plus aimable... Décidément j'en suis amoureux. Je ne suis pas sorti sans le lui dire. Pendant le dîner on a beaucoup parlé de la brouillerie du chancelier et de madame Dubarri. Qu'est-ce que cela me fait?

J'ai rencontré plusieurs fois les yeux de madame de R***. Il y avait dans son regard plus que de l'obligeance.

Le hasard m'a placé à table auprès du jeune abbé Delille, traducteur des *Géorgiques;* sa conversation brille d'esprit : je serais bien surpris si ce petit abbé-là n'est pas mis un jour au rang des plus grands poëtes.

— On dîne très tard chez madame de R***; il était

près de quatre heures quand nous sommes sortis de table. La comtesse nous a quittés pour se rendre chez madame la dauphine, où son service l'appelait : elle n'a point esquivé la déclaration; les choses n'iront pourtant pas aussi vite que je croyais. »

— « J'ai été rejoindre Pierrevert chez son oncle, et nous avons été ensemble à la comédie, où jouait par extraordinaire Le Kain et quelques acteurs de Paris. On donnait *Sémiramis;* nous sommes entrés sur le théâtre en même temps que l'ombre de Ninus, et en riant aux éclats. Le parterre n'a-t-il pas voulu se fâcher? Pierrevert leur a jeté son chapeau; au lieu de le lui rapporter, ils l'ont mis en morceaux...; les lâches!

— « A huit heures j'étais de retour à Paris; je n'ai pas mis trois quarts d'heure à faire le chemin. Mes deux *anglais* pourraient bien en crever.

Je suis descendu aux Italiens, où j'ai trouvé l'abbé de Voisenon dans les coulisses. Il se lamentait sur la maladie de madame Favart; on ne croit pas qu'elle passe la semaine. »

— « Souper chez mademoiselle Clairon, chez qui j'ai rencontré une très jeune et très belle personne destinée au théâtre, et que j'ai entendu appeler mademoiselle Raucourt; elle nous a déclamé le monologue du cinquième acte de *Didon :* voix dure, intentions outrées, de l'intelligence, nulle sensibilité, voilà mon pronostic.

« On a joué jusqu'à trois heures du matin : le comte de Valbelle m'a gagné deux cents louis, et m'a offert de me reconduire ; il a été bien surpris de me voir descendre à la petite porte du jardin de l'hôtel de L***. Je lui ai demandé le secret ; il me l'a promis : j'espère qu'il ne le gardera pas. »

22 mars 1812.

« Je n'ai pas fermé l'œil de la nuit : je me suis avisé de faire le jeune homme hier au soir, et de boire deux grands verres de punch. Lapierre m'a grondé.

« Mon petit-neveu Emmanuel est venu me voir ; il est guéri de la blessure qu'il a reçue le mois dernier, dans un duel, au bois de Vincennes. Je l'ai grondé de ne m'avoir pas pris pour témoin. Il prétend que, s'il s'en était avisé, je l'aurais grondé bien davantage ; je crois qu'il a raison.

« J'allais déjeuner chez madame de R***. Cet étourdi d'Emmanuel ne voulait-il pas me conduire dans ce qu'il appelle son *carricle !* Je me croirais plus en sûreté pendant l'orage dans la voiture de Garnerin. La goutte me tracasse depuis quelques jours ; le pavé était bien glissant ; j'ai pris le bras de Lapierre. »

— « Nous avons déjeuné tête à tête, au coin du feu, avec madame de R***. Le temps ne l'a pas plus épargnée que moi : nous avons beaucoup parlé de nos plaisirs passés, de nos infirmités présentes ; je lui ai renouvelé, en toussant, la déclaration que je lui avais faite à Versailles, il y a quarante ans jour pour jour : cette fois, elle m'a pris au mot ; sa petite-nièce chantait dans la chambre voisine : *Il est trop tard....* »

— « Je suis revenu par le Carrousel, où je me suis arrêté pour voir passer la revue. Quel magnifique spectacle ! Sous les armes, vingt mille hommes des plus braves et des plus belles troupes du monde ; un état-major brillant de gloire et de jeunesse, tout le luxe de la guerre au milieu des trophées de la victoire, et l'empereur à cheval commandant une armée de héros dont il est à-la-fois le chef et le modèle. »

— « J'ai dîné avec l'abbé Delille. Je l'avais connu en 1772 : il donnait dès-lors de grandes espérances ; il les a surpassées. L'âge semble ajouter aux charmes de son esprit et de son imagination. En serait-il des grands talents comme des bons vins qui gagnent à vieillir ? Nous avons beaucoup parlé de M. Turgot, dont la mémoire nous est chère à tous deux, et je l'ai fait rire en lui citant quelques vers d'un M. de Cour..., qui n'a pas craint de traduire aussi les *Géorgiques.* »

— « On donnait *Andromaque* aux Français. Je n'étais pas homme à manquer cette représentation. J'ai vu Le Kain dans le rôle d'Oreste. Talma (dans la dernière partie de ce rôle) lui est inconstestablement supérieur. L'art du comédien ne peut aller au-delà; et c'est en jugeant ce grand acteur sur cette prodigieuse élévation où il parvient, qu'on peut être surpris de le trouver quelquefois fort au-dessous de lui-même [1]. »

— « Je suis sorti, après la tragédie, pour me rendre, rue du Carême-Prenant, chez ma cousine, la présidente de Mézières, où je vais, une fois la semaine, retrouver d'anciennes habitudes et de vieilles connaissances. Cette société se compose de quelques débris du parlement et de la chambre des comptes. Il était neuf heures et demie lorsque je suis arrivé : le souper venait de finir. On m'a forcé de faire un boston avec trois veuves de la chambre des enquêtes; j'ai joué de malheur, et dans l'espace d'une heure de temps je suis parvenu à perdre quarante-cinq sous. »

— « A onze heures le docteur Paulet, qui demeure à ma porte, m'a ramené chez moi dans sa demi-fortune. »

---

[1] Depuis cette époque, le talent de Talma s'est perfectionné d'année en année; il est parvenu au plus haut degré de perfection qu'un acteur puisse atteindre.

N° LI. [4 avril 1812.]

LES SIX ÉTAGES

D'UNE MAISON DE LA RUE SAINT-HONORÉ.

> .. *Mores hommum multorum vidit*
> Hor., *Ars poet*, v. 142
> Il a vu beaucoup d'hommes et beaucoup
> de mœurs différentes

« C'est un beau titre à acquérir que celui de *propriétaire sur le pavé de Paris!* Il est bien agréable d'entendre dire de soi : *C'est un homme qui a pignon sur rue;* cela vous donne dans le monde un aplomb que vous n'obtenez pas toujours de l'état le plus brillant, du poste le plus honorable. Je me fais aisément l'idée du bonheur et de l'importance d'un propriétaire qui passe son temps à visiter sa maison de la cave au grenier; à recevoir les hommages de son portier, les réclamations de ses locataires; à donner et à recevoir des congés; à signer des baux, des états de lieux et des quittances. Je sais qu'il est moins doux d'ordonner des réparations, de régler avec son architecte, de solder les mémoires sans fin du menuisier, du charpentier, du serrurier, du couvreur, et de vingt autres sangsues de même espèce qui s'attachent aux possesseurs d'immeubles; mais par combien de jouissances ces désagréments ne sont-ils pas compensés!

« Quel plaisir de se créer de douces habitudes qui peuvent vous prendre régulièrement six heures, par jour, d'un temps dont on est si souvent embarrassé; de pourvoir à la location d'une boutique, de tirer parti d'une mansarde; d'augmenter son revenu en prenant un entre-sol sur la hauteur des premiers étages; de placer en temps utile des écriteaux de location; de faire sa visite à tous les locataires le 8 du mois qui suit chaque trimestre; et de percevoir sans frais, et par soi-même, un revenu à l'abri des orages et des mauvaises années! Il faut voir de quel ton un propriétaire gourmande ceux de ces locataires qui ne paient pas exactement leur terme! avec quelle sagacité il prévoit tous les moyens que ceux-ci pourraient employer pour faire sortir clandestinement leurs meubles! quelle magistrature de rigueur il exerce contre les plus récalcitrants, qu'on exproprie, à sa requête, sur la place du Châtelet!.... Tout bien considéré, il n'est pas dans l'ordre social d'homme mieux placé que le propriétaire d'une bonne maison *sise* à Paris, et assurée contre les incendies. »

Voilà ce que me disait, il y a quelques jours, un M. de Courvières, ancien maître des eaux et forêts de ma province, en me priant de venir visiter avec lui les maisons qui se trouvaient à vendre dans la rue Saint-Honoré, où il avait l'intention d'en acheter une. Je consentis à l'accompagner.

Nous suivîmes le boulevart de la Madeleine, et nous entrâmes dans la rue Saint-Honoré, de manière à la parcourir dans toute sa longueur. Il s'agissait, dans cette acquisition, de concilier l'argent et les convenances, la situation de la maison et son rapport. Le haut de cette rue n'est guère occupé que par des hôtels d'un prix fort au-dessus de celui que mon compagnon pouvait y mettre; les environs de Saint-Roch lui paraissent trop bourgeois, ceux du Palais-Royal trop bruyants, ceux de l'Oratoire trop sales, ceux de Saint-Eustache trop marchands, et le voisinage de la Halle trop populeux et trop incommode pour les gens qui n'ont pas le sommeil dur.

Enfin nous découvrîmes, presque en face du marché des Jacobins, une jolie petite maison à porte cochère, dont l'entrée aboutissait à une espèce de cour dans laquelle, avec beaucoup d'adresse, il n'était pas impossible de tourner un cabriolet ou une demi-fortune. Deux tringles de fer, surmontées d'une plaque en cuivre aux armes impériales, annonçaient qu'un notaire, logé au rez-de-chaussée, pourrait nous donner des renseignements plus détaillés que l'écriteau suspendu au balcon du premier étage.

En effet, après nous avoir informés des conditions

principales de la vente, un des clercs de l'étude s'offrit à nous accompagner dans la visite de la maison : le portier, supposant déjà qu'un de nous pouvait devenir son maître, debout à la porte de sa loge, le bonnet de laine à la main, se présenta de la meilleure grace possible pour me faire l'histoire des locataires; je me gardai bien de perdre si bonne occasion de m'amuser et de m'instruire.

Me voilà donc nouvel Asmodée (mais sans aucune de ses vertus cabalistiques), initié en un moment dans les mystères de vingt ménages. Munis de ces informations préalables, nous entrâmes d'abord dans une boutique de mercier, à l'enseigne du *Gagne-Petit*. Depuis trente ans que le marchand qui l'occupait s'y était établi, il avait trouvé le moyen, en commençant avec un fonds de cent écus, de nourrir, d'établir trois enfants, et de s'assurer un petit revenu pour ses vieux jours : tant il est vrai *que la pauvreté, comme dit le bon-homme Richard, regarde souvent à la porte de l'homme laborieux sans jamais entrer chez lui.* Mais où l'ambition ne va-t-elle pas se nicher? Le petit mercier s'était mis en tête de devenir gros marchand, et se disposait à aller s'établir dans un grand magasin de nouveautés situé vis-à-vis, et que des créanciers faisaient vendre par autorité de justice. Au moment où nous entrâmes, le mercier ambitieux traitoit du comptoir d'acajou, de la devanture à pilastres dorés, des mètres d'ébène, de l'enseigne peinte par Giroult, en présence de l'acquéreur de son propre fonds, qui, flattant avec adresse son ambition et sa vanité, profitait de la circonstance pour acquérir à peu de frais le comptoir de noyer, les aunes en chêne, les padous et les lacets, modestes instruments de la fortune de son prédécesseur. Nous laissâmes l'intrigant et sa dupe achever leur marché, et nous allâmes visiter l'appartement qu'occupait le notaire.

Une espèce d'antichambre obscure, où deux petits clercs subalternes s'essayaient à grossoyer sur un pupitre de sapin, nous conduisit à la grande salle de l'étude : huit ou dix jeunes gens, sous la conduite du maître-clerc, y travaillaient en silence, et l'on n'y entendait d'autre bruit que celui des plumes, dont les becs effilés sillonnaient le papier timbré d'une façon très expéditive. Un petit escalier, pratiqué dans l'intérieur de cette même pièce, communiquait au cabinet du notaire. Nous le trouvâmes installé dans son fauteuil de maroquin vert, en robe de chambre de gros de Naples à ramage, la tête couverte d'un bonnet de perkale à chou, noué avec un ruban couleur de feu, et recevant les dispositions testamentaires d'un vieux mari qui instituait sa jeune femme héritière de tous ses biens. Celle-ci, le mouchoir sur les yeux, essuyait des larmes que rien n'empêche de croire véritables, car la reconnaissance a aussi les siennes.

Dans la pièce à côté, un petit homme joufflu se disputait avec le secrétaire particulier du notaire sur le paiement d'un trimestre de rente viagère, dû à la personne qui occupait le premier étage de cette maison. Ce débiteur impatient invoquait en vain les tables de mortalité de Buffon et de Duvillard, pour prouver qu'il devait être délivré d'une rente qu'il payait depuis vingt-cinq ans à un vieillard cacochyme. « M. Dufrénay vit encore » était la seule réponse du secrétaire; et notre homme, en comptant ses écus, soutenait toujours qu'il était contre toutes les règles mathématiques que ce créancier éternel lui envoyât tous les trois mois une quittance au lieu d'un billet d'enterrement. L'humeur de cet homme avait bien son côté comique et ridicule; mais je ne voulus y trouver qu'une source de réflexions affligeantes sur les inconvénients de prêter son argent de manière à faire desirer son trépas.

Nous montâmes à l'appartement du créancier septuagénaire, lequel gisait dans une bergère à oreillettes qu'il n'avait pas quittée, à ce qu'il nous dit, depuis l'assemblée des notables. Ce riche et malheureux célibataire n'occupait qu'une seule pièce de son vaste logement; le reste était à l'usage d'une vieille gouvernante, dont la domination me parut, au premier abord, moins solidement établie sur les services actuels qu'elle rendait à son maître, que sur ceux qu'elle avait pu lui rendre en des temps plus heureux. Elle donna ordre à un des laquais de nous conduire dans les différentes chambres, et imposa silence au bon-homme, qui paraissait avoir envie d'entrer avec nous en conversation. On pourrait croire que ces deux personnages ont servi de modèle à Collin-d'Harleville, pour peindre le Dubriage et la dame Évrard de son *Vieux Célibataire*.

Une actrice du Vaudeville logeait au second ; le portier sonna : une femme de chambre, coiffée d'un *madras* artistement arrangé, en petite robe d'indienne recouverte d'un tablier à poches de batiste bien fine, vint nous ouvrir, et, jugeant au premier coup d'œil du motif qui nous amenait, « André, dit-elle avec humeur, vous avez vu le carricle à la porte, vous savez bien que madame n'est pas visible ! — C'est que, voyez-vous, mademoiselle Adèle, ce n'est pas madame, c'est l'appartement qu'on veut voir... — Impossible à présent. — Cependant, on ne peut pas refuser à deux heures.... — Quand on vous dit qu'il ne fait pas jour, imbécile ! — J'entends bien. » Nous entendions aussi ; et comme nous savions que le second étage n'était qu'une répétition du premier, nous montâmes au troisième, où logeait un employé du trésor public.

Sa femme nous fit de très bonne grace les honneurs de son appartement ; et si, pendant quelques minutes que nous restâmes, nous n'avions pas eu à nous défendre contre une demi-douzaine de petits chiens qui nous assourdissaient de leurs cris en cherchant à nous mordre les jambes, et contre les importunités de trois marmots d'enfants qui s'emparaient de nos cannes, de nos chapeaux, et se pendaient à nos chaînes de montres, nous n'aurions eu qu'à nous louer de cette visite.

Une scène d'un autre genre nous attendait au quatrième. Le jeune homme qui occupait cet appartement, décoré avec beaucoup de recherche et de goût, était aux prises avec quatre recors, chargés, à la requête d'un marchand bijoutier, de le conduire à Sainte-Pélagie. Avant de les suivre, il voulait terminer une affaire d'honneur pour laquelle il était attendu au bois de Vincennes.

Les huissiers, très peu experts en matière d'honneur, prétendaient qu'un jugement de la chambre de commerce devait passer avant tout; le jeune homme invoquait la législation des duels, et, pour *mezzo termine*, proposait aux sbires de l'accompagner et de lui servir de témoins. Ceux-ci, craignant la chance d'un combat qui pouvait envoyer le gage de leur créance *ad patres*, n'insistaient que plus fortement sur la nécessité de le mettre à l'abri.

Dans l'intervalle de ce plaisant débat, où je cherchais à intervenir comme médiateur, l'adversaire du jeune homme arrive, et, de la manière du monde la plus noble et la plus généreuse, commence par faire lâcher prise aux suppôts de la justice en les payant. Nos deux jeunes gens sortirent ensuite avec leurs témoins, et j'ignore comment s'est terminée leur querelle, mais il me semble qu'on se bat avec bien de la peine contre un adversaire qui a sur vous l'avantage d'un pareil procédé.

Un petit escalier très roide nous conduisit au cinquième étage : c'était la demeure d'un de ces peintres en miniature qui exposent leur chef-d'œuvre sous les galeries du Palais-Royal : il achevait, en buvant, le portrait d'une jolie grisette qu'il défigurait à plaisir, et dont le minois charmant était digne d'exercer de plus habiles pinceaux. L'artiste, à moitié gris, quitta sa palette pour nous faire remarquer les avantages qu'un pareil logement offrait à un homme de sa profession. Il est certain qu'il avait le jour de la première main, et qu'il pouvait promener ses regards sur toutes les cheminées et sur les toits des environs. Nous ne restâmes pas long-temps dans un lieu où la misère paraissait être le fruit du désordre. Le portier, en sortant, nous apprit que cet homme ne manquait pas d'ouvrage, qu'il avait une femme laborieuse, et qu'il aurait pu vivre dans une sorte d'aisance, s'il eût eu pour le vin une passion plus modérée. Il y a long-temps qu'on a dit qu'il en coûtait plus cher pour alimenter un vice que pour élever deux enfants.

Il ne nous restait plus à voir que les mansardes ; nous y parvînmes à l'aide d'une espèce d'échelle.

On avait pris sur la longueur de ce grenier deux petites chambres, où l'on ne pouvait se tenir debout qu'à la porte. L'une était occupée par un garçon cordonnier très habile dans sa profession, mais qui, n'ayant pas assez d'argent pour lever boutique, travaillait pour le compte d'un des plus habiles bottiers de la capitale, dont il faisait la fortune en lui livrant à vingt francs l'ouvrage que le cordonnier passé maître faisait payer quarante à ses pratiques. Dans tous les états, dans toutes les conditions, comme dans la montre que nous avons en poche, *c'est une roue de cuivre qui fait mouvoir une aiguille d'or.*

Le voisin du cordonnier était bien certainement le plus pauvre et le plus fou de tous les locataires de cette maison : en était-il le moins heureux? Il avait pour manie incurable de se croire toujours à la veille de faire fortune à la loterie; il y dépensait la presque totalité de son mince revenu, et l'expérience de vingt ans n'avait pu affaiblir un espoir que chaque tirage voyait expirer et renaître. Cet homme, partageant sa vie entre les privations qu'il souffre et les espérances dont il jouit, m'a fait souvenir de cette égalité parfaite de bonheur, que Pascal établit entre un pauvre diable qui rêverait toutes les nuits qu'il est roi, et un roi qui rêverait également toutes les nuits qu'il n'est qu'un pauvre diable.

N° LII. [2 MAI 1812.]

LE PUBLIC.

Bellua multorum es capitum; nàm quid sequar? aut quem?
　　　　　　　　　　　HOR , l I, ep I
*Tu es une bête à mille têtes : à laquelle m'attacherai-je?
quel parti prendrai-je ?*

Un article de journal n'est pas une chose aussi facile à faire qu'on le croit généralement. Quand je songe, en prenant la plume, qu'il s'agit de contenter à-la-fois des gens d'humeur, de condition, d'âge si différents, et cela dans le moment de la journée où les lecteurs vous jugent avec plus de sang-froid, et conséquemment avec moins d'indulgence, je trouve cette tâche si difficile à remplir, que, par modestie, ou peut-être par amour-propre, je suis toujours près d'y renoncer. Le choix de mon sujet seul m'arrête quelquefois des heures entières.

Est-il de nature à plaire à ce désœuvré qui, tout en déjeunant au café Hardi, veut pouvoir partager son attention entre ce qu'il lit et ce qu'il mange, et craint beaucoup plus de fatiguer son esprit que son estomac? Amusera-t-il ce laborieux négociant qui, après s'être occupé douze heures de suite du cours de la Bourse, des arrivages dans les ports, de ses bordereaux et de sa correspondance, croit pouvoir employer à la lecture d'un feuilleton le temps qu'il passe entre les mains de son perruquier? Cet article sera-t-il du goût de cette petite-maîtresse qui s'éveille à midi, et dont la première occupation (après avoir chiffonné un *madras* autour de sa tête, ouvert ses billets et reçu sa marchande de modes) est de jeter les yeux sur son journal, ne fût-ce que pour savoir ce que l'on donne aux différents spectacles? Dois-je oublier en écrivant que je suis lu par des abonnés de province, pour l'ordinaire assez indifférents à cette foule de bagatelles dont on s'amuse, et le plus souvent même dont on s'occupe à Paris?

Cette difficulté, et pourtant cette obligation de concilier tant de goûts hétérogènes, se présentait depuis plusieurs jours à mon esprit avec plus de force que jamais; et, les pieds sur les chenets, tout en tisonnant mon feu, je me surpris répétant tout haut: « Ce n'est pas une petite affaire que de contenter le public. » Ce mot de *public* me remit en mémoire une lettre charmante d'un de mes correspondants sur cette question: *Qu'est-ce que le public, et où le trouve-t-on?* Après y avoir beaucoup réfléchi, très-peu satisfait des réponses que je me faisais à moi-même, je pris le parti de consulter les gens qui ont le plus communément ce mot à la bouche.

La premiere personne que j'interrogeai fut un jeune auteur connu par le succès brillant qu'il a récemment obtenu sur le premier de nos théâtres. Ma question posée, il m'assura qu'il n'y avait pas deux manières d'y répondre, et que le public était « cette réunion d'hommes éclairés qui fréquentent habituellement les spectacles, et dont les jugements irréfragables faisaient le destin des ouvrages et des auteurs. » Le hasard voulut que je m'adressasse un moment après à l'un de ces courtisans disgraciés de Thalie, de Polymnie et de Melpomène, moulu par ses chutes et vieilli sous les sifflets.

« Si vous voulez que je vous réponde, me dit-il avec humeur, posez votre question comme Chamfort, et demandez-moi combien il faut de sots pour faire un *public*. »

Je ne fus pas mieux reçu par un prédicateur sujet à faire bâiller son auditoire. Un médecin que je consultai ne croyait pas qu'il y eût d'autre public que ses malades, et, grace à ses soins, ce public-là diminue tous les jours. Enfin, après avoir interrogé séparément des commerçants, des gens de loi, des gens du monde, je demeurai plus que jamais convaincu qu'un pareil sujet n'est pas de ceux que l'on peut traiter à tête reposée; qu'il tient de plus près encore à l'observation qu'à la morale; que c'est une de ces études qu'il faut faire d'après nature, et qu'une promenade du dimanche m'en apprendrait plus en quelques heures que les plus profondes méditations.

En conséquence, je résolus de parcourir les lieux fréquentés par ce public qu'un auteur a cru définir en l'appelant *un souverain duquel relèvent tous ceux qui travaillent pour le gain ou pour la réputation.* Ce monarque-là n'est pas plus difficile à tromper qu'un autre; et ses plus chers favoris sont quelquefois aussi de bien plats personnages.

En entrant sur le Boulevart par la rue du Mont-Blanc, je restai un moment indécis sur le chemin que je prendrais. Par habitude, j'allais suivre la foule qui se portait aux Tuileries, lorsque je fus entraîné en sens contraire par un autre tourbillon, en dépit du libre arbitre. Je me déterminai par indifférence, et je m'acheminai vers le boulevart du Temple, non sans remarquer qu'en fait de promenade il est déja fort difficile de prononcer sur le goût du public.

En approchant du faubourg du Temple, la foule se partageait: une partie entrait dans les cafés, une autre s'arrêtait et faisait cercle autour des bateleurs de toute espèce dont les boulevarts sont couverts. Je suivis le plus grand nombre, et j'arrivai à la Courtille. Les salles de l'*Arc-en-Ciel* étaient encombrées; et s'il est vrai, comme dit Bautru, *qu'un cabaret soit un lieu où l'on vend la folie en bouteille*, on peut s'assurer que nulle part il ne s'en fait un aussi grand commerce. Quand on veut bien observer, il faut, tant qu'on peut, se dérober soi-même à l'observation. Je me glissai, sans affectation, au milieu des groupes les plus joyeux, et je pris place à un coin de table, où je m'accommodai gaiement du modeste repas de la guinguette. Le vin de Surène commençait à monter à la tête de ce *public*, dont j'avais bien de la peine à entendre les oracles, au milieu de cent voix discordantes qui les prononçaient.

Je démêlai cependant que la conversation la plus générale roulait sur l'établissement d'un nouveau cabaretier qui devait rivaliser avec le fameux Desnoyers. Il n'était bruit depuis huit jours, à la Courtille et dans les environs, que de la beauté, c'est-à-dire des vastes dimensions de son local, de la bonté de son orchestre, en état d'exécuter les contre-danses les plus nouvelles du Colisée et de la Chaumière; enfin de l'acquisition qu'avait faite le propriétaire du fameux Barthélemi, dont le talent pour les gibelottes et pour les civets ne connaît point d'égal. Telle était la grande nouvelle de la Courtille : j'en sortis après avoir inscrit cette note sur mes tablettes : « Le *public* prend le plus vif intérêt à l'établissement d'une nouvelle guinguette à l'enseigne du *Barreau vert*. »

Je me remis dans la foule; elle grossissait à chaque pas, et je me sentis bientôt entraîné par le torrent. Aux cris affreux que des femmes, sur le point d'être étouffées, poussaient autour de moi, je reconnus que j'étais *à la Gaieté:* on y donnait la vingtième représentation du mélodrame en vogue, *la Fille sauvage.* Ce ne fut pas sans peine que je me tirai de cette bagarre, et sans humeur que je cherchai à me rendre compte de cet engouement du *public* pour un genre de spectacle extravagant, ridicule, indigne d'une nation civilisée, et qui n'a besoin, pour achever la ruine de l'art dramatique en France, que d'être traité par des auteurs qui sachent écrire en français.

Je me réfugiai au Jardin-Turc: je n'avais fait que traverser le Boulevart, et je me trouvais dans un nouveau monde. Là tout était bruit, mouvement, tumulte: ici tout était calme, sang-froid, gravité; c'était l'assemblée des oisifs du Marais: les uns, assis en cercle, discutaient un exemple de longévité, sur la foi de la gazette de Presbourg; et le plus grand nombre, regardant jouer au billard, attendait l'occasion de donner son avis sur un carambolage équivoque. Ce *public* me parut de l'espèce la plus idiote.

En le quittant pour en chercher un autre, et déjà fort mal disposé pour le *public* en général, je me demandais, chemin faisant, les raisons qui font que tant de gens s'agitent pour lui plaire; que l'acteur passe des mois entiers à étudier un rôle, dans l'espoir de mériter ses applaudissements; que le poëte, que l'artiste consume sa vie pour obtenir ses suffrages; que tant de jolies femmes passent à leur toilette des heures entières pour s'en faire remarquer; que l'homme en place attache le plus grand prix à son estime. Je ne m'expliquais bien que les soins qui avaient pour but d'attraper son argent.

Tout en rêvassant, j'étais entré à la Comédie-Française; la pièce nouvelle était finie, mais j'étais bien aise de savoir ce qu'en pensait le *public*. La moitié l'avait applaudie avec fureur, l'autre l'avait sifflée à outrance : je cherchai vainement dans cet arrêt contradictoire la preuve de cette rectitude de jugement qu'on nous donne comme une des qualités distinctives du *public*.

C'est dans un des salons les plus brillants de Paris, chez madame de B***, que j'allai prendre mes dernières notes sur l'objet dont je m'étais occupé pendant une journée entière. Ce nouvel examen ne fit qu'accroître mon incertitude et brouiller mes idées: de ce mélange de rangs, d'états, de sexes, d'âges et de fortunes, résultait une diversité de sentiments, de goûts et d'opinions, qu'on ne pouvait additionner ensemble (pour me servir du langage des mathématiciens), par la raison que les quantités n'étaient point de même nature : trois ou quatre femmes, sur un divan, faisaient de *la frivolité*[1] ; des

---

[1] Espèce de festons dont les femmes ornaient leurs mouchoirs.

jeunes gens jouaient au *diable*[1]; de graves personnages, au coin de la cheminée, attaquaient ou défendaient le rapport du secrétaire perpétuel de l'Académie française; des gens d'affaires, dans l'embrasure d'une croisée, arrangeaient une spéculation sur la dépréciation du *rouble*, tandis qu'un petit groupe d'amateurs de musique, qui faisaient plus de bruit que tous les autres ensemble (celui du *diable* compris), se disputaient, à s'arracher les yeux, à propos de *Don Juan*, du *Mariage secret* et de *Jean de Paris*.

Maintenant, exige-t-on que je tire une conclusion des observations que j'ai faites? je dirai que chaque classe de la société a son public; que ces différents publics ont néanmoins des caractères qui leur sont communs et dont se compose la physionomie du public en général; que son opinion *ondoyante*, se détermine trop souvent par le motif le plus frivole, ou la partialité la plus révoltante; qu'il s'engoue pour les objets les plus futiles, et qu'il oublie les services les plus importants; qu'il accorde tout à l'intrigue orgueilleuse, et dédaigne le mérite modeste; que sa faveur s'ob-

[1] Sorte de toupie creuse, suspendue et composée de deux boules trouées, que l'on agite au moyen d'une corde qui la soutient et la fait rouler. Nous donnons ces renseignements positifs aux curieux des temps à venir, qui seraient bien aises de savoir comment s'amusaient leurs aïeules.

tient sans titre et se perd sans raison ; et qu'enfin c'est à tort qu'on affecte de le confondre, comme juge, avec la postérité, qui casse presque toujours ses arrêts.

N° LIII. [8 MAI 1812]

LES CABALES.

> ... . D'où viennent tant d'intrigues,
> Tant de petits partis, de cabales, de brigues?
> VOLTAIRE, *Cabales*.

On a fait l'histoire de presque toutes les folies, de presque toutes les misères humaines: je suis étonné que personne ne se soit encore avisé de faire une histoire des *Cabales*. Que de matériaux l'auteur d'un pareil ouvrage trouverait sous sa main, dans ses souvenirs et dans les livres! Quelle source intarissable d'événements, d'observations, de caractères! Que de bonnes vérités à dire parmi beaucoup d'autres qu'il suffirait de laisser entrevoir!

Sous la plume de Montesquieu, l'histoire des cabales pourrait devenir celle du genre humain. Voltaire a fait sur ce sujet une pièce de vers où il y a plus de raison, d'esprit, et de gaieté, qu'on n'en trouverait dans toutes les diatribes dont ce colosse du monde littéraire est l'objet depuis quinze ans; mais, dans une satire d'une centaine de vers, il n'a pu qu'indiquer çà et là quelques traits d'un tableau dont l'entière exécution aurait eu besoin du pinceau de ce maître. Pour éviter le reproche assez commun d'un trop grand luxe d'érudition, on pourrait se contenter de remonter à la cabale de Zoïle contre Homère, que Ptolémée vengea peut-être un peu trop royalement (quoi qu'en dise madame Dacier) en faisant mettre en croix son détracteur. Dans cet intervalle de trois mille ans, combien de cabales sérieuses, comiques, atroces, bouffonnes et toujours ridicules! Je ne prétends pas étendre ce mot au-delà de sa véritable acception, et l'appliquer aux querelles sanglantes des *Réalistes* et des *Nominaux*, des *Wighs* et des *Torys*, de la *Rose-Blanche* et de la *Rose-Rouge*, des *Guelfes* et des *Gibelins*: ce sont là des factions et non pas des cabales.

Je n'entends parler que de ces intrigues de coteries, de théâtres, de salons, et de boudoirs, qui ont pour but, et presque toujours pour résultat, de fourvoyer l'opinion publique aux dépens ou au profit de quelqu'un ou de quelque chose.

Elle était bien odieuse, la cabale d'Anytus et d'Aristophane, qui força le divin Socrate à boire la ciguë; elle était bien ingrate et bien ignorante, celle qui retenait en prison Christophe Colomb et Galilée; celle qui fit mourir Cortez dans l'indigence; elle était bien misérable, celle de l'hôtel de Rambouillet contre Racine et Molière.

Il est pénible à un Français de faire un pareil

aveu; mais il est vrai pourtant qu'en France, plus que par-tout ailleurs, les grandes découvertes, les grands talents, et les grands génies, ont presque toujours été victimes des cabales, dont le crédit et la puissance ont eu constamment pour objet d'assurer, dans tous les rangs, le triomphe de la sottise et des charlatans : c'est ainsi qu'on a vu, à des époques différentes, les cabales exalter Pradon et dénigrer Racine; s'élever contre l'antimoine et préconiser le système des Law; poursuivre Voltaire et canoniser le diacre Pâris : c'est ainsi qu'on a vu depuis quelques cabales d'énergumènes saper les fondements de tout l'ordre social, sous prétexte de déraciner les préjugés; et, plus récemment encore, la cabale de l'étranger livrer la guerre à nos arts, à nos usages, et même à nos modes.

La cabale, à Paris (il y en a toujours une dominante, et, pour l'ordinaire, c'est la moins nombreuse), y tient le sceptre de l'opinion, règle tout, dispose de tout et prononce sur tout. Elle loue sans restriction et blâme sans examen, ne reconnaît de mérite que celui qu'elle a signalé, et n'a besoin que d'être assez puissante pour persécuter ceux qui la bravent. La religion, la politique, la morale, les sciences, les arts, tout est du domaine de la cabale; mais le champ de la littérature est celui qu'elle cède le plus rarement, parcequ'elle y combat avec plus d'avantage, et qu'elle y triomphe avec plus d'éclat.

On a souvent avancé comme un axiome, « que les réputations littéraires sont entre elles comme ces liquides de nature et de pesanteur différentes, lesquels, après avoir été fortement agités dans le même vase, finissent par reprendre la place que leur assignent invariablement leurs qualités spécifiques. » Mais cela n'en est pas plus vrai pour avoir été souvent répété. Peut-être ne serait-il pas difficile de prouver, contre l'opinion générale, que de fort bons ouvrages ont succombé sous l'effort des cabales, et que plus d'un chef-d'œuvre n'a dû qu'à des circonstances fortuites le bonheur d'échapper à l'espèce d'anathème dont il avait été frappé à sa naissance. Je citerai pour exemple (et celui-là peut me tenir lieu de beaucoup d'autres) *Athalie*, le chef-d'œuvre de l'esprit humain, au jugement de Voltaire. Qui ne sait que cet immortel ouvrage fut accueilli par les huées d'une cabale puissante, qui le condamna, d'une commune voix, à l'oubli, dont il ne fut tiré que vingt-cinq ans après, par un caprice du Régent, et contre la volonté de l'auteur, énoncée dans son testament de la manière la plus formelle? Maintenant, que l'on me permette de supposer qu'*Athalie* ait été la troisième pièce de Racine, au lieu d'être la dernière; qu'elle ait été représentée à l'époque où parut *Andromaque*, et accueillie aussi défavorablement sur la scène qu'elle le fut dans la société: n'est-il pas vraisemblable que, découragé par une pareille injustice, Racine eût renoncé dès-lors à la carrière du théâtre; qu'il n'eût pas fait imprimer son ouvrage, et que la postérité, qui ne verrait en lui que l'auteur des *Frères Ennemis* et d'*Alexandre*, pourrait, sans injustice, ne pas le mettre beaucoup au-dessus de ce Pradon que la cabale contemporaine a donné pour rival à l'auteur de *Phédre* et d'*Iphigénie?*

On insiste, on repousse mon exemple, en m'objectant que la cabale qui était parvenue à faire croire, dans les salons, qu'*Athalie* était une mauvaise tragédie, n'aurait pu l'atteindre au théâtre; et l'on en revient à cette phrase banale: *Les cabales ne peuvent rien contre un bon ouvrage;* à quoi je réponds: Les cabales ont tué plus d'un bon ouvrage. A la preuve! me crie-t-on de toutes parts. Sans doute il est difficile de l'administrer dans toute son évidence; cependant je puis citer des faits sur la vérité desquels j'en appelle à la mémoire et à la bonne foi d'un grand nombre de témoins.

J'ai vu, il y a, je crois, dix ans, jouer à la Comédie-Française une comédie en cinq actes et en vers, intitulée *la Fausse Honte*, du même auteur que *le Séducteur Amoureux:* le plan était bien conçu, le but à-la-fois comique et moral; les caractères étaient vigoureusement tracés; l'observation habilement saisie dans nos mœurs, et le style remarquable par beaucoup d'élégance et de facilité. Il paraissait impossible qu'un pareil ouvrage n'obtînt pas au moins un succès d'estime; mais une cabale d'un genre odieux, à laquelle l'auteur était alors en proie,

> Avait vendu sa pièce aux sifflets aguerris
> De tous les étourneaux des cafés de Paris.

La chute fut complète; l'auteur n'appela pas de ce jugement inique; il ne fit pas imprimer son ouvrage; et nous avons perdu, je ne crains pas de l'affirmer, une des meilleures comédies qui aient été faites depuis long-temps. Je citerai avec la même assurance la comédie des *Capitulations de Conscience*, dont le sujet n'était peut-être pas aussi heureusement choisi, mais où se trouvaient des beautés d'un ordre supérieur.

Le troisième exemple qui s'offre à ma mémoire est celui d'un opéra comique dont le titre était, je crois, *la Petite Maison*. Le poëme était l'ouvrage de deux hommes d'esprit, connus, sur-tout au Vaudeville, par une association de succès: le cadre en était ingénieux, le dialogue vif, spirituel, et les situations étaient préparées de la manière la plus favorable à la musique. Le compositeur avait habilement profité de tous ces avantages; les chants étaient faciles et spirituels, les accompagnements pleins de grace, et les morceaux d'ensemble de la plus piquante originalité; mais ce jeune compositeur étranger était alors sans protection, sans intrigues, sans coteries : l'envie, qui voit de loin, avait découvert ou pressenti un talent nouveau ; elle avait rassemblé tous ses serpents au parterre : *la Petite Maison* s'écroula sous les sifflets les plus aigus que j'aie entendus de ma vie, et peu s'en fallut que notre scène lyrique ne perdît dans la personne de M. Spontini un des plus beaux talents qui l'aient honorée.

La plus dangereuse des cabales est celle des coteries : elle siége, pour l'ordinaire, dans les salons dorés; et je me souviens que, dans mon enfance, on parlait d'une cabale politico-littéraire à la tête de laquelle s'était mise la duchesse du Maine.

Presque à la même époque, madame de Tencin, échappée du cloître, organisa une cabale financière qui ne contribua pas médiocrement à mettre en vogue le fameux *système,* où elle eut du moins l'esprit de s'enrichir. Devenue plus prudente après la tragique aventure du conseiller de la Fresnaye, qui fut tué dans son appartement, comme chacun sait, elle se renferma dans la société de quelques gens d'esprit qu'elle appelait ses *bêtes,* et ne cabala plus que pour le succès de ses romans, dont son neveu, Pont-de-Vesle, pourrait bien être l'auteur.

La pire de toutes les coteries du dernier siècle fut celle de M. Forcalquier, dite du *salon vert :* on y tenait école de satire, de médisance, et de noirceur ; on y cabalait contre toute espèce de réputation et de mérite : hommes, femmes, grands et petits, personne n'était épargné. On a cependant une obligation à cette société: elle nous a valu *le Méchant.*

En cherchant bien, on trouverait encore à Paris plus d'un *salon vert;* mais les méchants dont ils se composent, sans être en général aussi spirituels que celui de Gresset, sont beaucoup plus adroits : leurs rangs sont plus serrés, plus inébranlables, et leur front moins découvert; c'est une vraie *phalange macédonienne,* laquelle a pour chef un sycophante qui ne nous *laissera pas même la république des lettres* [1]. Il n'est pas rare de trouver dans ces coteries des hommes qui se rapetissent pour y entrer, comme les diables de Milton *pour entrer dans le Pandemonium.* Cet art des cabales a fait, de nos jours, d'incroyables progrès ; il a ses principes, ses régles, et même ses professeurs.

J'ai lu quelque part que le Libyen Psaphon était parvenu à se faire passer pour une divinité, en lâchant dans les bois et sur les montagnes une grande quantité d'oiseaux auxquels il avait appris à répéter ces mots : *Psaphon est un dieu.* C'est là tout le secret des cabales. Est-on convenu de celui qu'on veut *porter* ou *étouffer,* on ne s'occupe plus que de lui

---

[1] On sait que Napoléon répondit un jour au grand-maître de l'université, qui déclamait avec beaucoup d'éloquence en faveur du pouvoir absolu. « M. de F***, laissez-nous du moins la république des lettres. »

seul : on le prône ou on le décrie par-tout; la Renommée a le mot pour emboucher l'une ou l'autre des deux trompettes que Voltaire lui donne; tous les journalistes sont circonvenus, quatre feuilletons suffisent à peine pour faire l'éloge ou la critique de son dernier quatrain; il est l'objet ou la victime de toutes les conversations; on a fait, pour ou contre lui, des impromptus, des bons mots, que l'on fait courir dans le monde sous le nom de telle femme d'esprit dont les jugements passent pour des oracles. L'impulsion est donnée, la phrase et apprise; tous les oiseaux, pour ne pas dire tous les oisons de Paris, l'ont répétée; et, pour quelques mois du moins, *Psaphon est un dieu*, ou *Psaphon n'est pas même un homme.*

N° LIV. [10 MAI 1812.]

LES TROIS VISITES.

> *Singula quæque locum teneant sortita decenter.*
> HOR., *Ars poet.*, v. 92.
> Mettons chacun et chaque chose à sa place.

En 1637, un grand-oncle de mon aïeul maternel acheta d'un procureur au Châtelet une maison dans la rue de la Ferronnerie, près du charnier des Innocents ; c'était précisément celle où Ravaillac était venu se cacher, vingt-sept ans auparavant, dans la fatale journée du 14 mai.

Mon grand-oncle, qui avait été officier dans le régiment des Gardes sous Louis XIII, fit démolir la maison que le monstre avait habitée pendant quelques heures, et fit construire deux boutiques sur le même emplacement. Dans l'une il établit, en qualité de marchande mercière, la fille aînée de sa nourrice, et plaça dans l'autre, à la tête d'un petit commerce d'épiceries, le fils d'un de ses métayers, qu'il eut le courage d'avouer pour son parent (ce qui fut cause, par parenthèse, qu'aucune de mes arrière-cousines ne put entrer dans les chapitres d'Allemagne). Les deux établissements prospérèrent de génération en génération. Le premier s'accrut progressivement, et passa sans faste de la mercerie à la passementerie.

Vers le milieu du dernier siècle, un des successeurs dans la descendance masculine de la fille de la nourrice, M. Bonnefoi, s'éleva jusqu'au commerce de bonneterie; et ses enfants, associés, tiennent aujourd'hui, dans le même endroit, un des magasins de bas et de bonnets les mieux assortis et les mieux achalandés de la capitale.

Le second de ces établissements devint pour son propriétaire la source d'une fortune plus brillante et plus rapide. De père en fils épicier, commis aux aides, employé aux vivres, sous-fermier, agioteur sur les billets de Law, associé de Pâris-Duverney, notre parent, M. Derville, se trouve en ce moment, dans la personne de son arrière-petit fils, un des financiers de Paris les plus riches et les plus estimés. Chose assez remarquable, ces deux familles ont conservé pour moi une sorte de reconnaissance héréditaire dont je m'honore également, et qui établit entre nous des relations que je cultive avec plaisir.

Douze ou quinze mille livres de rente, laborieusement acquises dans la profession qu'ont exercée ses pères, bien loin de faire naître dans l'esprit du bonnetier le desir trop commun de changer de domicile et de manière de vivre, n'ont servi qu'à lui rendre plus chers des lieux et des habitudes auxquels se rattachent de longs et d'heureux souvenirs. Le financier habite un hôtel charmant dans la rue Cérutti ; mais il a repris dernièrement la boutique paternelle, qu'il a transformée en un bureau de loterie, dont il a confié la direction à une très jolie veuve.

Le hasard a voulu que je reçusse, la semaine dernière, trois invitations pour le même jour : le bonnetier me priait *de lui faire l'amitié,* le financier *de lui faire le plaisir,* et M. le prince de W*** *de lui faire l'honneur* de venir passer la soirée chez lui. Je ne voulais pas refuser le premier ; je desirais aller chez le second, et je ne pouvais me dispenser de me rendre à l'invitation du troisième. Cette triple tâche me parut d'abord impossible à remplir ; mais en songeant que la soirée ne se compose pas des mêmes heures dans les différentes classes de la société, qu'en profitant de l'occasion qui m'était offerte je pourrais trouver celle d'examiner des contrastes, et de recueillir quelques observations nouvelles, je m'arrangeai pour faire face à mes trois engagements.

Le bonnetier, M. Bonnefoi, dîne à trois heures ; il a pris ce *mezzo termine* entre la mode et ses premières habitudes. A quatre heures, lorsque j'arrivai, on prenait le café dans une arrière-boutique un peu sombre, ornée d'un meuble en lampas flambé bleu et blanc, et qui sert alternativement de cabinet, de salle à manger, et de salon de compagnie. Ce jour-là le service du magasin était confié aux soins de deux commis, dont l'un paraît avoir toute la confiance de la maison. La famille de cet honnête marchand se compose de M. Bonnefoi aîné, héritier présomptif du magasin de bonneterie, de Matthieu Bonnefoi, second clerc chez un notaire de Paris, et de mademoiselle Victoire Bonnefoi, à peine âgée de seize ans, sur qui roulent déjà tous les détails du ménage. La maison entière est conduite par madame Bonnefoi, dont l'activité, l'intelligence, et l'humeur despotique, s'il faut tout dire, laissent peu de chose à faire à son mari. Deux ou trois voisins et autant de voisines complétaient la société.

J'interrompis, en entrant, une dissertation fort intéressante sur les bonnets de laine et de coton à mailles fixes, sur les bas de soie de Gange, et sur les chaussettes de fil écru de Moulins. Après quelques moments d'une conversation plus variée et plus générale, où il fut question des aventures du quartier, des embellissements de Paris, du prix des denrées à la Halle, et du danger des casseroles de cuivre, mademoiselle Victoire chanta (en s'accompagnant sur un clavecin à deux claviers, qui portait la date de 1733) quelques chansons nouvelles tirées de l'*Épicurien Français,* dont M. Charles, le plus jeune des garçons de boutique, a eu l'attention de lui composer un recueil.

Après ce petit concert, on couvrit la table d'un tapis de Bergame: à l'un des bouts, M. Bonnefoi commença une partie de dames avec M. Delbeuf, marchand drapier à la *Barbe-Bleue*, tandis qu'à l'autre la maîtresse du logis faisait un cent de piquet avec le premier chantre de Saint-Eustache, dont l'ancienne intimité dans la maison de M. Bonnefoi avait exercé pendant quelque temps la langue envenimée de la calomnie. Le reste de l'assemblée faisait cercle autour de M. Cocherel, employé émérite des messageries, lequel, pour avoir fait deux ou trois fois le voyage de Paris à Bordeaux, dans le cabriolet d'une diligence, se croit l'émule des Tavernier et des Humboldt.

Je sortis à neuf heures de chez M. Bonnefoi : en traversant la boutique, je crus m'apercevoir que le petit Charles parlait avec beaucoup d'émotion à mademoiselle Victoire, qui l'écoutait les yeux baissés sur son ouvrage. Elle rougit, en me voyant, de pudeur plus que de surprise, et je ne doutai pas que le garçon de boutique n'en devînt un jour le maître.

J'étais venu à pied chez M. Bonnefoi; par respect pour mes bas de soie blancs, je pris un fiacre pour me rendre chez M. Derville, où se trouvait rassemblée la société, non la plus brillante, mais la plus aimable de Paris; ce qui suppose qu'on y trouve de l'esprit sans prétention, du savoir sans pédanterie, de beaux noms sans orgueil, et de la gaieté sans tumulte. Madame Derville est en même temps l'ame et le modèle de cette société charmante, très variée dans ses éléments, mais où les oppositions ne sont pas cependant des contrastes ; elle possède à un très haut degré ce secret des ames délicates que Marmontel a défini l'*art de concilier les prédilections avec les bienséances.* Rien de plus gracieux que sa personne, rien de plus spirituel que sa conversation. On cite, on répète par-tout ses bons mots ; et, chose assez difficile à croire, ils n'ont jamais affligé personne.

C'est en considérant cette société, et presque toutes celles du même genre, qu'on peut se faire une idée du changement prodigieux qui s'est opéré depuis cent ans dans les mœurs et dans les habitudes de la classe financière. Turcaret n'est plus aujourd'hui qu'un portrait de fantaisie peint par un grand maître, et dont on serait embarrassé de trouver un seul modèle. Je ne parle ici que des manières, que des formes extérieures ; et je ne prétends pas affirmer que la métamorphose soit aussi complète qu'elle en a l'air.

A onze heures, on servit du punch et des glaces ; je pris ce moment pour me retirer, en faisant part à madame Derville de la visite de cérémonie que j'allais faire.... « Je ne veux pas, me dit-elle en riant, que vous arriviez en fiacre dans un palais ; ma voiture est prête, et je la mets à vos ordres. Elle ne se fera pas remarquer par ses armoiries, mais du moins elle entrera dans la cour d'honneur. Le domestique sans livrée ne passera pas la première antichambre ; mais vous le trouverez à la sortie pour vous donner votre redingote et faire avancer la voiture. » J'acceptai l'offre de madame Derville, et je me rendis d'abord chez moi pour y faire une autre toilette. Je sortis de mon armoire un habit de velours épinglé que j'avais fait faire en 1783 ; je m'armai d'une épée d'acier à pointes de diamant, dont la lame rouillée est désormais inséparable du fourreau ; je couvris mon front chauve d'un chapeau à plumet ; et, dans ce burlesque équipage, je me fis conduire au palais de W.... Je remarquai, avec plus de compassion que d'orgueil, plusieurs beaux messieurs en habit brodé qui descendaient de l'ignoble fiacre, au coin de la rue, et traversaient les cours sur la pointe du pied, en tâchant de n'être pas reconnus de ceux qui arrivaient en voiture.

Je descendis au pied du grand escalier, et j'arrivai, entre deux haies de laquais de toutes les dénominations, à la porte des appartements, dont un valet de chambre ouvrait et fermait les deux battants, tandis qu'un huissier, à voix de Stentor, annonçait les visites en écorchant les noms étrangers de la manière la plus burlesque, et en mesurant l'élévation de sa voix sur l'importance du titre de celui qui se présentait. Je me glissai, presque incognito, entre une *altesse* et une *excellence*, et je pénétrai, non sans quelque peine, dans le salon magnifique où se trouvait la princesse, entourée de femmes étincelantes de diamants, qui occupaient, selon leur rang, une place plus ou moins rapprochée d'elle. La princesse paraissait s'ennuyer beaucoup, et ces dames n'avaient pas l'air de s'amuser davantage; elles s'observaient mutuellement, causaient à voix basse avec leurs voisines; et quelques traits de critique ou de médisance faisaient de temps en temps diversion à l'ennui qui les accablait.

Le prince se promenait dans une galerie superbe avec quelques grands personnages, parmi lesquels on remarquait des généraux fameux par leurs exploits, des hommes d'état distingués par leur génie, et quelques magistrats recommandables par leurs vertus. Je ne savais dans quelle classe je devais ranger un petit homme en épée, mais sans chapeau et sans décoration, qui parcourait tous les appartements d'un air affairé, donnant des ordres aux valets de chambre, parlant à l'oreille du prince, et présentant les dames à la princesse: j'appris que c'était un des factotons d'apparat, de ces commensaux *honorifères* qui ont tout juste assez d'esprit pour régler le cérémonial et l'étiquette dans la maison d'un grand seigneur, et à qui le public suppose une faveur que le plus souvent le prince leur refuse.

Il était une heure lorsque je me retirai, sans être

sûr d'avoir été aperçu, très satisfait d'avoir rempli un devoir, et bien convaincu *que les grands ne font attention chez eux qu'à ceux qui n'y sont pas.*

En me rendant compte de ma soirée, je me dis, avec toute la bonne foi dont je fais profession, surtout avec moi-même, que la bonhomie et la cordialité m'attireraient plus souvent dans l'arrière-boutique de M. Bonnefoi, si la simplicité ne s'y trouvait pas aussi voisine du mauvais goût, et si les ridicules de la petite bourgeoisie n'étaient pas, à vrai dire, les plus insupportables de tous; que j'aime par-dessus tout la gaieté, l'esprit, l'aisance, qui régnent dans les salons de madame Derville, tout en y desirant une bienveillance plus générale, des principes de morale un peu plus solides, et peut-être un commerce plus sûr; qu'enfin il faut renoncer à trouver le plaisir par-tout où régnent la cérémonie, l'étiquette, et la contrainte.

N° LV. [15 mai 1812.]

LA PARTIE DE CAMPAGNE.

A migthy pomp, tho'made of little things
DRYDEN

Que cette pompe brillante est composée de petites choses!

Jamais le goût, disons mieux, jamais la manie de la campagne n'a été aussi généralement répandue qu'elle ne l'est aujourd'hui parmi les Parisiens. Une fièvre champêtre s'est emparée de toutes les classes de la société; on est presque honteux de se rencontrer à Paris; et, dans ce cas, on ne s'aborde qu'en déclarant qu'on arrive de la campagne, ou que l'on se dispose à s'y rendre. Les grands seigneurs vont prendre les eaux à Baréges, à Spa ou à Tœplitz; les gens riches se retirent dans leurs châteaux, à quelques lieues de la capitale; les bons bourgeois louent un pied-à-terre à Passy, à Chaillot ou à Boulogne, et les artisans passent leur dimanche aux prés Saint-Gervais ou au bois de Romainville. Ce n'est guère que dans la classe mitoyenne de la bourgeoisie que se font ces parties de campagne dont on s'occupe six mois d'avance, et pour l'exécution desquelles on met en réserve, pendant l'hiver, le produit du flambeau de la bouillotte à trente sous, qu'en dépit de la mode on continue à jouer tous les soirs dans certaines maisons de la Cité et du faubourg Saint-Jacques.

Le choix du lieu, le nombre des convives, le point de réunion, le moment du départ, les moyens de transport, l'espèce et la qualité des provisions qu'on emportera, tout est pesé, calculé, discuté, comme s'il s'agissait d'aller faire un établissement dans la Nouvelle-Hollande.

J'ai fait depuis long-temps la remarque qu'il fallait prendre le plaisir au passage, au lieu de lui assigner un rendez-vous où il manque presque toujours; et j'ai rarement vu que ces projets d'amusement, préparés de si loin, répondissent à l'idée qu'on s'en était faite. Entre beaucoup de petites aventures dont j'ai été témoin, et que je pourrais apporter en preuves, je citerai la plus récente.

M. Vaucels est un ancien commis du bureau des affaires étrangères, retiré dans sa maison du faubourg Saint-Jacques, où sa fortune lui permet de recevoir la meilleure compagnie de l'Estrapade et de la place Saint-Michel. Il jouit, dans son quartier, de toute la considération que lui donne une excellente réputation, une probité exemplaire, et le droit de citer à tout propos les noms du cardinal de Bernis, de M. de Vergennes, et le traité de 56, dont il a eu l'honneur de faire deux expéditions. Une maladie très grave de madame Vaucels avait donné à sa famille et à ses amis des inquiétudes assez vives, pour que sa convalescence devînt l'occasion d'une petite fête sur laquelle on avait délibéré pendant tout l'hiver : on en avait fixé l'époque au 10 mai, et le lieu de la scène sur les hauteurs de Chaville, à *la ferme ornée* de M. Durivage, gendre de M. Vaucels.

Le motif de cette réunion, et l'estime particulière que j'ai pour une famille avec laquelle je suis lié depuis long-temps, me firent un devoir de cette partie de campagne, dont je n'attendais pas grand plaisir. J'avais d'abord été chargé par la maîtresse de la maison d'en dresser le programme; mais son mari ne voulut pas se laisser enlever une attribution qui rentrait, disait-il, dans le domaine des affaires étrangères. Il assigna à chacun son emploi. M. Crochard, ancien procureur au Châtelet, et l'un des gourmands les plus experts de l'ancienne basoche, fut chargé de la partie des vivres, et M. Franc, négociant en épiceries de la rue des Fossés-Saint-Jacques, eut l'entreprise des charrois. Notre petite caravane se composait de dix-huit personnes : M. et madame Vaucels, M. Durivage, sa femme et leur fille Émilie, âgée de dix-sept ans, de la plus jolie figure du monde; cinq personnes de la famille Crochard, dont la plus intéressante, aux yeux d'Émilie sur-tout, était le jeune Auguste Crochard, premier clerc de l'étude de son père; M. Franc et sa sœur; madame Desnoyers, veuve entre deux âges, mais assez riche pour s'assurer dans le monde tous les avantages de la jeunesse; M. Frimont répétiteur dans un lycée, bel esprit du *Pays Latin*, renommé pour ses couplets de fêtes, ses chansons de table, et ses à-propos de société; enfin, un cousin de madame Vaucels, officier dans la garde de Paris; une demoiselle Binet, vieille fille unique d'un ancien greffier à la cour des aides, un docteur en médecine et moi.

Deux fiacres, une gondole allemande, et un char-à-bancs, étaient mis à la disposition des convives, qui devaient se trouver à six heures du matin au rendez-vous indiqué à la place Cambrai. M. Crochard s'y rendit à la pointe du jour pour emballer lui-même, sur le char-à-bancs, la marmite contenant la tête de veau du *Puits-Certain*, accommodée de la main de M. Varin lui-même, les pâtés, les pièces froides, et deux paniers de vins de différentes qualités; les caissons des autres voitures étaient garnis de café, de liqueurs, et de toutes les friandises du dessert.

Tout était prêt; personne n'arrivait encore : huit heures sonnent, à peine y avait-il assez de monde pour compléter une voiture. M. Crochard s'impatiente, les cochers jurent; les plus diligents, au nombre desquels je me trouvais, commencent à passer en revue les défauts et les ridicules de ceux qui se faisaient attendre; les domestiques courent d'une maison à l'autre pour hâter les apprêts de ces dames: elles arrivent enfin, mais l'une a oublié son ombrelle, celle-ci son sac à ouvrage, une autre les clefs de ses armoires. On ne veut pas leur permettre de retourner chez elles, et l'on monte en voiture avec humeur, après s'être disputé un quart d'heure à la portière, et le plus poliment du monde, à qui ne prendra pas les places du fond.

Il est près de dix heures; on va partir lorsqu'on s'aperçoit de l'absence de mademoiselle Binet, que le soin de ses oiseaux, de ses poissons rouges, de ses trois chats, et de son épagneul, a sans doute retardée: on envoie M. Frimont à sa rencontre; ils se croisent en chemin, et l'on se met en route sans prendre M. le répétiteur, lequel doit rejoindre les voitures à la barrière, avec son ami l'officier qui reste pour l'attendre.

Sans parler d'une foule de petites contrariétés qui retardèrent notre course en traversant Paris, j'arrive à une véritable catastrophe: madame Desnoyers était seule de femme sur le char-à-bancs où je me trouvais; notre mauvais génie lui suggéra l'idée de conduire un vieux cheval rétif dont notre frêle voiture était attelée. M. Crochard et moi nous lui adressâmes quelques observations qu'elle reçut assez mal, et auxquelles cette dame répondit en nous versant dans un petit fossé qui borde la route, en face du chemin d'Auteuil.

Le plus grand malheur qui résulta de notre culbute fut la perte d'une grande partie de nos meilleures provisions : la marmite à la tête de veau roula dans le fossé, laissant sur son passage une longue trace d'écrevisses et de champignons. Les bouteilles étaient brisées par le choc, et le vin coulait à grands flots sur le sable aux yeux de M. Crochard, dont le désespoir avait quelque chose de si comique, que le fou rire qui s'empara de moi m'ôta pendant quelques moments la force de me relever. Nous redressâmes avec beaucoup de peine notre voiture, et nous arrivâmes les derniers à Chaville, où notre mésaventure jeta l'alarme parmi des convives dont la route et le grand air avaient ouvert l'appétit.

Pendant que M. Crochard rassemblait les débris du festin, et s'aidait de toutes les ressources du lieu où nous nous trouvions pour improviser un dîner, M. Durivage eut la cruauté de s'emparer de moi et de quelques autres hommes, et de nous forcer à parcourir avec lui sa ferme et les trente-sept arpents de terres labourées dont elle se compose, sans nous faire grace d'un carré de luzerne. Les dames, restées dans une espèce de grange qui tenait lieu de salon, se plaignaient d'être fort mal à l'aise sur les chaises d'église que la fermière leur avait prêtées. La jeune Émilie boudait dans un coin contre M. Auguste, qui avait refusé de prendre place auprès d'elle dans la gondole, pour se donner le plaisir de caracoler à la portière sur un cheval de louage.

Comme nous rentrions de notre tournée, Frimont et l'officier, qui, toujours dans l'espoir de rattraper les voitures, avaient fait tout le chemin à pied, arrivaient en nage et d'une humeur épouvantable : ils se disputèrent avec tout le monde et donnèrent au diable mademoiselle Binet et sa ménagerie ; cependant, après avoir exhalé sa bile, le poète Frimont vint à penser qu'il avait promis des couplets sur la convalescence de madame Vaucels, et courut s'asseoir sous un vieux saule nouvellement ébranlé (seul abri qu'il y eût à un quart de lieue à la ronde) pour essayer d'ajuster à la circonstance quelques quatrains qu'il tient toujours en réserve.

Pendant ce temps on mettait le couvert; mais une réflexion pastorale du médecin donna l'idée de dîner au grand air, sur une pièce de gazon où l'herbe était ce qu'il y avait de plus rare. On y transporta quelques débris de pâté, une omelette au lard, une salade assaisonnée d'une huile de la ferme, qui sentait malheureusement son fruit, et quelques bouteilles d'un vin du cru, auprès duquel le vin de Surêne pourrait passer pour du nectar.

Notre appétit se serait arrangé de ce dîner frugal; malheureusement une pluie d'orage fondit tout-à-coup sur nos tables comme les Harpies sur celles d'Énée; et, quelque diligence que chacun de nous apportât pour mettre les mets à couvert, il fut impossible aux plus affamés d'en faire leur profit.

Frimont, qui avait fait à sa gloire le sacrifice de son dîner, ne voulut point en perdre le fruit: il chanta, sur l'air de *Femme sensible,* une romance qui n'eut aucun succès. Son amour-propre s'en irrita, il mit en jeu celui des autres; l'humeur gagnait tout le monde: pour y mettre un terme, on ne vit rien de mieux que de retourner promptement à Paris. Ce moment réconcilia tous les esprits, et l'on convint que sans les contre-temps de la journée la partie eût été charmante. Durivage parla même de prendre une revanche le mois suivant; mais, satisfait d'avoir donné à madame Vaucels une première preuve de l'intérêt que je prends à son rétablissement, je me promis bien de ne pas lui en offrir une seconde du même genre, de me défier à l'avenir des *fermes ornées,* de n'aller qu'aux maisons de campagne où les maîtres vous attendent, où votre dîner ne dépend pas d'un cheval qui bronche ou d'une ondée qui tombe; où la vanité du propriétaire est tempérée par sa politesse; en un mot, de n'aller à la campagne que pour y trouver de l'ombrage, du repos, de la liberté, et sur-tout l'oubli de toutes ces prétentions et de tous ces ridicules avec lesquels on transige par habitude à la ville, mais qui paraissent insupportables à la campagne, parcequ'on ne doit pas s'attendre à les y rencontrer.

N° LVI. [20 MAI 1812.]

LA BOUQUETIÈRE.

Non semper idem floribus est honos
Vernis
                    Hor., ode viii, liv. II.

Les fleurs du printemps ne brillent pas toujours.

Tel est le sens de ce vers d'Horace, qui pourrait se traduire encore de cette manière : *On n'attache pas toujours le même prix aux fleurs.* J'ai vu le temps où l'achat d'un bouquet était pour moi une affaire de la plus haute importance : j'y trouvais une source d'idées si riantes, de promesses si flatteuses, de récompenses si douces ! Je n'y vois plus qu'un témoignage d'amitié, et plus souvent encore un tribut aux convenances.

J'étais pour les bouquetières une excellente pratique pendant toute l'année ; elles ne me voient plus qu'à certains jours de fête, parmi lesquels je compte un jour de deuil. Je n'ai jamais aimé cette ancienne mode des bouquets de côté, dont le moindre inconvénient était de dépareiller, pour ainsi dire, un beau sein, et d'en voiler une moitié sous un amas de fleurs assemblées sans choix et disposées sans grace. Ces bouquets d'étiquette ne sont plus d'usage, même en grande parure, qu'aux trois solennités du mariage, du baptême, et de la quête à l'église. *Les fleurs coupées* ne se portent plus qu'à la main; il est de bon ton à la promenade, au spectacle, en voiture, de tenir par contenance un bouquet de roses, d'héliotrope, de violettes, ou d'œillets (seules fleurs dont le parfum *soit en harmonie* avec les nerfs de nos dames, lesquels deviennent de jour en jour plus délicats).

La fête de Saint-Claude m'avait conduit samedi dernier chez la marchande de fleurs du passage Feydeau; c'est une de mes plus anciennes connaissances. Elle n'avait pas plus de quinze ans lorsque je l'ai connue dans les couloirs du théâtre d'Audinot, où elle faisait son apprentissage de bouquetière: la petite Marie était alors aussi fraîche que ses fleurs. Quarante ans de plus opèrent de bien singuliers changements sur une figure humaine! Je ne revois jamais cette bonne madame Bernard sans m'entretenir avec elle du temps passé, et même du temps présent, qu'elle connaît, à quelques égards, beaucoup mieux que moi-même.

Lundi dernier, tout en causant, je remarquai l'attention particulière qu'elle mettait à composer un bouquet d'après une note qu'elle consultait à tous moments; je devinai qu'il était question d'un *hiéroglyphe végétal.* « De mon temps et du vôtre, me dit-elle, nous ne songions pas à faire parler les fleurs : une jacinthe, une rose, un œillet, ne voulaient rien dire, ou du moins disaient la même chose ; aujourd'hui chaque fleur est une lettre, une pensée, ou un sentiment ; et telle est l'énergie de ce langage, qu'en mettant cette *oreille-d'ours* à la place de ce *pied-d'alouette*, je serais certaine de faire évanouir la personne à laquelle ce bouquet est destiné. Je ne jugeai pas à propos d'entamer une dissertation savante avec madame Bernard, pour lui apprendre l'origine d'une langue qui a le grand inconvénient de ne pouvoir se parler que pendant une saison ; j'aimai mieux tirer parti de la bonne volonté qu'elle avait de m'instruire, en la questionnant sans affectation sur les personnes qui se présentèrent successivement à son riant comptoir.

Je remarquai d'abord trois enfants uniformément vêtus, et conduits par une gouvernante dont les soins avaient quelque chose de la tendresse d'une mère. Ils venaient se pourvoir d'un bouquet pour la fête de leur grand-papa. On leur remit à chacun un petit bouquet de *pensées* et d'*immortelles ;* c'est en vain que les marmots demandaient de plus belles fleurs : la gouvernante leur répondait que M. l'abbé (c'était probablement leur précepteur) avait bien recommandé qu'on n'en prît pas d'autres ; j'en devinai la raison en prêtant l'oreille au *compliment* que l'aîné marmottait à voix basse. J'appris de madame Bernard que ces enfants étaient fils et petits-fils de M. R***, notaire, et qu'ils appartenaient à une de ces familles plus nombreuses à Paris qu'on ne le croit généralement, où les mœurs et les vertus sont héréditaires, et dont les habitudes patriarcales se conservent avec un respect religieux de génération en génération.

Un moment après, je vis arriver une petite femme-de-chambre bien leste, bien accorte, dont j'examinai peut-être avec un peu trop de complaisance la grace et la gentillesse : elle était vêtue d'une robe à guimpe de mousseline rayée, recouverte d'un tablier à poches en perkale éblouissante de finesse et de blancheur. Il y avait beaucoup d'art et de coquetterie dans l'arrangement du bonnet de dentelle, surmonté d'un fichu de Madras, qui composait sa coiffure, et même dans le joli bas de coton à jour, dans le petit soulier de prunelle noire dont elle était chaussée. La fringante soubrette venait faire sa provision journalière de fleurs pour le boudoir de sa maîtresse. Je cherchais à deviner l'état de cette dernière, en écoutant sa femme-de-chambre faire à madame Bernard une description naive « de ce boudoir en glaces, la plus belle pièce du logement, dans lequel un double rideau de mousseline et de taffetas ne laissait pénétrer qu'un demi-jour, et où tout était sacrifié à l'effet ou à l'agrément d'un lit de repos en

lévantine bleu de ciel, garni de franges noires..... »
J'hésitais encore à prononcer, lorsque la jeune fille, après avoir entassé dans une grande corbeille des gerbes de roses, d'œillets, de fleurs d'orange, sortit en disant à la bouquetière, avec un sourire d'une expression maligne : « *Monsieur* passera chez vous. »

Madame Bernard commençait à me donner quelques détails sur la soubrette, sur la dame et sur le *Monsieur* qui avait un crédit si bien établi chez elle : nous fûmes interrompus par un beau jeune homme au regard mélancolique, qui se fit apporter la corbeille aux *fleurs mêlées*, en assembla quelques unes, et sortit en jetant une pièce d'argent sur le comptoir. « Tous les jours, me dit-elle après qu'il fut parti, et en prévenant la question que j'allais faire, ce jeune homme vient composer ici son courrier ; il me croit étrangère à son langage, et ne se doute pas qu'il me tient lui-même au courant de son intrigue : aujourd'hui, par exemple, son bouquet de *narcisses*, de *réséda*, et *d'anémones*, indique un violent accès de jalousie, et menace d'une rupture la dame de ses pensées, que je ne vous nomme pas parceque c'est une de mes meilleures pratiques ; celle-ci lui portera sa réponse ce soir, sur son chapeau de paille, dans la grande allée des Tuileries : il est probable qu'elle se disculpera par une touffe de *bluets*, à moins qu'en le prenant au mot sur le *réséda* elle ne se décide à rompre une liaison qui ne les rend heureux ni l'une ni l'autre. »

A ce jeune homme succéda un de ces vétérans de la galanterie dont Potier, dans le *Ci-devant Jeune homme*, nous offre en ce moment une copie si parfaite au théâtre des Variétés. Ce vieux beau conserve à cinquante-cinq ans les manières, les goûts, les habitudes, qu'on avait de la peine à lui passer à trente ; il emploie, ou plutôt il perd sa matinée entière à la toilette de quelques femmes dont il fait les commissions, sans se rendre compte du motif qui les détermine à l'admettre en tiers le soir dans leur loge, et à prendre de préférence sa main en sortant du spectacle. Madame Bernard en fait beaucoup de cas : c'est pour lui que fleurissent les premières violettes, que s'entr'ouvrent les premières roses ; il est vrai qu'elle lui fait chèrement payer les goûts de son éternelle jeunesse.

Tout occupé de ce Lovelace sexagénaire, je n'avais pas fait grande attention à un homme de moyen âge, d'un extérieur plus simple que négligé, qui était entré et sorti sans dire un mot, après avoir payé un bouquet d'héliotrope que madame Bernard lui avait remis sans qu'il le demandât. Elle me le fit remarquer. « Regardez bien cet homme, me dit-elle ; il est à peu près unique dans son espèce, non pas en qualité de peintre, quoiqu'il ait un talent très distingué, mais en qualité de mari. Il y a bientôt onze ans qu'il a perdu une femme qu'il adorait, et depuis ce temps, le 6 de chaque mois, jour de la mort de son épouse, il ne manque jamais de porter sur son tombeau un bouquet des fleurs qu'elle a le plus aimées. » J'ai eu besoin d'acquérir la preuve du fait que m'assurait madame Bernard ; car je crois plus facilement à l'excès de la douleur qu'à sa durée. J'ai vu des gens mourir de chagrin en quinze jours ; j'en ai bien peu vu pleurer le même objet dix ans après sa perte.

 Je me préparais à quitter madame Bernard, lorsque je vis arriver un jeune auteur : il venait commander des bouquets pour deux actrices qui jouaient le soir dans sa pièce nouvelle. A son air d'assurance, à la difficulté qu'il avait à trouver rien d'assez beau pour ces dames, je devinai sans peine qu'il était fort content de lui-même, et qu'il avait bien bonne opinion de son ouvrage. La bouquetière, qui le connaissait, lui demanda en riant s'il était nécessaire qu'elle préparât les bouquets que les garçons de théâtre sont dans l'usage d'aller offrir aux auteurs le lendemain d'un succès : il répondit modestement qu'on ne pouvait répondre de rien, et que sa pièce pouvait fort bien, comme le *Misanthrope*, tomber à une première représentation. Les journaux du lendemain m'ont appris que le chef-d'œuvre de ce modeste auteur avait effectivement subi le sort de celui de Molière ; il est à craindre qu'il ne se relève pas aussi victorieusement de sa chute.

N° LVII. [25 mai 1812]

LE PALAIS-ROYAL.

What an empty thoughtless tribe!
ADISSON.

Quelle foule insensée et frivole !

Je vois encore d'ici cet ancien jardin du Palais-Royal, planté sur les dessins du sieur Desgots, neveu du célèbre Le Nôtre ; ces deux pelouses symétriques bordées d'arbres en boule ; ce grand bassin en demi-lune qu'entourait un treillage à plusieurs niches, dans lesquelles on avait placé quelques statues assez médiocres de Guillaume Coustou et de Leremberg; ce quinconce de tilleuls ; cette magnifique allée en berceau, fermée sur les côtés par des charmilles taillées en portiques. Ce beau jardin, où mon grand-père avait vu le mentor de Louis XIII promener ses sombres rêveries et méditer avec la même gravité un plan de campagne et un plan de tragédie, le siège de La Rochelle et un couplet à Marion de Lorme; ce jardin, dans ma jeunesse, avait ses trois classes d'habitués très distinctes.

L'une se composait de ces spéculatifs, mieux désignés sous le nom de *gobe-mouches*, qui règlent *incognito* les intérêts de l'Europe; l'autre formait une espèce d'académie en plein vent, où l'on discutait, scène par scène, vers par vers, le mérite de *Zaïre* et de *Rhadamiste*, où l'on distribuait, en prenant une glace, les rangs dans la littérature et les fauteuils de l'Académie; la troisième, composée en grande partie de gens du monde et de littérateurs du second ordre, était bien la réunion la plus joyeuse et la plus maligne qu'il y eût au monde : on continuait à y distribuer les brevets du régiment de la Calotte; on y faisait justice en vaudevilles, en épigrammes, des sottises du temps, des détracteurs de l'Encyclopédie, du quinquina, et de l'inoculation. Tous les amateurs du théâtre se rassemblaient, avant l'heure du spectacle, au café de Foi (le seul qu'il y eût alors au Palais-Royal); ils en sortaient par groupes pour se rendre, les uns à l'Opéra, dans l'enceinte du Palais même, les autres aux Tuileries et dans la rue Mauconseil, où se trouvaient la Comédie-Française et la Comédie-Italienne, et revenaient au même lieu se rendre compte de la représentation à laquelle ils avaient assisté.

Tel était l'état des choses au Palais-Royal en 1762, lorsque je partis pour un voyage de long cours. A mon retour, tout était changé. D'immenses galeries, d'innombrables boutiques, avaient remplacé les allées de tilleuls et les portiques de feuillages; je crus être encore à la foire du Caire ou au grand marché d'Ispahan. On criait beaucoup contre un prince qui avait, disait-on, spéculé sur le déshonneur de son palais, et qui perdait en considération ce qu'il gagnait en revenu. Ces plaintes, élevées par les propriétaires des maisons voisines, qui ne trouvaient point leur compte à ces changements, étaient aussi injustes que ridicules; et l'opinion publique qui les adopta méritait peut-être, dans cette circonstance, le mépris que ce prince affectait trop généralement pour elle, et que depuis il expia si cruellement.

La physionomie des habitants du Palais-Royal a changé avec celle du lieu même: c'est maintenant une espèce de chambre obscure où l'on voit tout ce qui se passe dans la capitale, une sentine où se trouvent rassemblés toutes les folies, tous les vices, tous les ridicules, tous les plaisirs, et toutes les misères de l'humanité. Depuis un assez grand nombre d'années, je n'avais vu le Palais-Royal qu'en le traversant; sans aucun autre motif qu'une répugnance qui tenait à des souvenirs fâcheux, j'évitais de m'y arrêter. Cette vieille rancune céda au desir de remplir, dans toute son étendue, ma tâche d'observateur; et je pris la résolution de consacrer une journée entière à visiter ce grand bazar de l'Europe, et à étudier les mœurs de ses habitants.

J'y entrai mardi dernier à huit heures du matin,

après avoir été faire quelques emplettes dans la rue Saint-Denis. Le premier contraste dont je fus frappé, fut celui du mouvement qui régnait dans un quartier, et du repos qu'à la même heure je trouvais dans l'autre. Tous les marchands de la rue Saint-Denis étaient, depuis long-temps, à leurs comptoirs; tous les magasins du Palais-Royal, excepté ceux de comestibles, étaient encore fermés. J'allai m'établir sur une chaise auprès de la Rotonde, où je me procurai pour deux sous la lecture des journaux. C'était le surlendemain d'une pièce nouvelle; plusieurs curieux se les disputaient. De six journaux quotidiens, deux assuraient que la pièce était tombée; les quatre autres annonçaient qu'elle avait eu le succès le plus brillant; je remarquai avec un sentiment pénible que la plupart de mes compagnons de lecture témoignaient un empressement tout particulier pour les deux feuilles malévoles, et j'en conclus que l'Envie et la Haine se lèvent plus matin que la Justice et l'Amitié.

Le jardin commençait à se remplir de trois espèces de gens qu'on est presque toujours sûr de trouver ensemble, et qui cherchent à employer, ceux-ci leur temps, ceux-là leur argent, et les autres leur industrie. Les premiers sont faciles à reconnaître: d'un air aussi ennuyé qu'ennuyeux, ils traînent leurs pas d'une allée dans une galerie, d'un café à une chaise, et arrivent au soir sans pouvoir se rendre compte d'une seule action de la journée. Les seconds, sans être plus occupés, sont plus agissants : ils parcourent les magasins, se créent des fantaisies qu'ils appellent des besoins, et, constamment dupes d'eux-mêmes et des autres, finissent toujours, sans sortir du Palais-Royal, par trouver l'occasion de vider leur bourse. La troisième espèce est, de beaucoup, la plus nombreuse : vous reconnaissez les gens dont elle se compose, à leurs prévenances, à leurs civilités *obséquieuses*, à l'empressement qu'ils mettent à vous apprendre la nouvelle du jour, à vous arracher une réponse insignifiante qui leur donne le prétexte de lier conversation aujourd'hui, et de vous aborder le lendemain comme une ancienne connaissance

Il est dix heures; j'entre au café de *Chartres*, où j'ai vu jadis aux prises les cocardes *vertes* et les cocardes *blanches*, la *Montagne* et la *Gironde*; abandonné pendant long-temps aux paisibles joueurs de dames et de dominos, il est maintenant en grande faveur parmi les gourmands de profession. Le café *Hardi* a vu disparaître la gloire de ses *rognons* devant les *coquilles aux champignons* du café de *Chartres*, où déjeunent pour l'ordinaire ceux qui vont dîner au Rocher de Cancale.

Je demande du thé; un gros homme de la table voisine, qui dépeçait un poulet à la tartare, me regarde en pitié; les garçons ne se pressent point de me servir: l'humeur me prend; je sors, et vais au café *Lemblin*. Ce café, d'institution moderne, ne tardera pas à faire du bruit dans le monde, si l'on tient au projet d'en faire le centre de la faction musicale, ou plutôt anti-musicale, qui s'est proposé la noble tâche de décrier un établissement public dont la France s'honore. Déja quelques uns des affidés viennent y pérorer en faveur de la musique de M. Belloni, qu'ils n'ont point entendue, et contre la musique de M. Catel, qu'ils sont désespérés qu'on entende. « Point d'harmonie, point d'orchestre, point de bruit! s'écrient-ils de toute leur force; nous voulons du chant...... — Mais enfin, messieurs, la mélodie...... — Point de mélodie! nous voulons du chant, rien que du chant. » Quelle sotte et misérable querelle! Peut-être n'y aurait-il qu'un mot à dire pour la terminer; mais il y a tant de gens qu'elle amuse, tant d'autres qu'elle occupe, sans compter ceux qui en vivent, qu'on ne doit pas se presser de fermer la bouche aux professeurs du café *Lemblin*.

C'est à midi que le Palais-Royal brille de tout son éclat: les magasins se remplissent; les gens d'affaires parcourent les allées; les vieillards s'asseyent au soleil; les oisifs se promènent sous les galeries, s'arrêtent devant le vitrage des boutiques, ou s'amusent à lire les affiches dont les murs sont tapissés.

Tout en m'amusant moi-même à lire ces affiches, je vis entrer *au Bras-d'Or*, dans la boutique d'un marchand-tailleur, un grand jeune homme, qu'à son habit de silésie chiné, à ses boutons d'émail, à sa veste de satin couleur de feu à franges vertes, et à sa culotte de casimir serin, je ne balançai pas à prendre pour quelque honnête provincial, arrivé la veille par les pataches du Bourbonnais : il resta près d'une demi-heure dans ce magasin. Curieux de savoir ce qu'il pouvait y faire, j'eus la patience de l'attendre : je le vis ressortir, à mon grand étonnement, vêtu de neuf des pieds à la tête, et tellement changé dans son nouveau costume, qu'il aura pu se faire remarquer le soir, par son élégance, au balcon de l'Opéra.

Je laissai là mon provincial, et, sous prétexte de changer un verre à mes lunettes, j'entrai chez Haring l'opticien, en même temps qu'un jeune homme dont la figure m'aurait paru plus agréable, si sa démarche n'eût pas été aussi insolente : il fit l'emplette d'une paire de besicles en vermeil, d'un lorgnon en or, et d'une lunette de spectacle.

Interrogé par l'opticien sur le numéro des verres dont il faisait usage, il convint qu'il avait la vue excellente ; qu'il n'achetait un lorgnon que pour avoir occasion de le suspendre à son cou par une tresse de cheveux d'une couleur très *voyante;* qu'il ne se décidait à porter des besicles que pour n'être pas obligé de voir tous ceux qui le saluent, et qu'il ne se servait d'une lorgnette au balcon que pour se faire remarquer dans les loges.

En sortant de chez Haring, je m'arrêtai avec quelques badauds à la porte de Corcelet, le marchand de comestibles. Deux ou trois maîtres-d'hôtel s'y concertaient sur le choix de leurs provisions, et consentaient à débarrasser le marchand des objets dont il désespérait de se défaire. Si la probité de cette classe de gens n'était pas aussi généralement reconnue, je serais tenté de croire que ceux-ci n'ont pas joint le mémoire de Corcelet à celui qu'ils ont présenté à leurs maîtres.

A quelques pas de là, je remarquai, dans la boutique d'une modiste, une très jolie personne dont les traits ne m'étaient point inconnus. Ce ne fut pourtant qu'après de longs efforts de mémoire que je me rappelai certaine petite villageoise, fille d'un honnête fermier des environs de Bayeux, qui était venue à Paris pour être bonne d'enfants, et que l'on avait adressée à une dame de mes amies. A la recherche de sa parure, à l'aisance de ses manières, à l'espèce d'hommages qu'elle recevait, je devinai qu'elle n'avait point cédé à sa première vocation, et qu'elle avait pris un autre essor. Je crus inutile de répéter à une belle demoiselle coiffée à la grecque, en apprentissage dans un magasin de modes des galeries de bois, les leçons de morale que j'avais faites à une petite fille en cornette et en bavolet, arrivée à Paris de la veille; mais je me promis bien de consigner quelque jour dans un bulletin spécial les réflexions que cette rencontre me fit naître.

Vers quatre heures, la place de la Rotonde offre le tableau le plus piquant et le plus varié. Là, le marchand de Leipsick rencontre le négociant d'Amsterdam auquel il avait assigné ce rendez-vous six mois d'avance; là, se réunissent ces joueurs heureux qui n'avaient pas de quoi dîner la veille, et qui vont ce jour-là dépenser 40 francs aux *Frères Provençaux;* là, se retrouvent ces frères d'armes, compagnons inséparables de gloire et de plaisirs, concitoyens de Marseille, de Bordeaux, de Toulouse, que trahit leur accent méridional.

Dans la foule qui circule autour de moi, je remarque ce jeune étourdi qui poursuit un brocanteur pour lui donner à moitié prix la montre de Breguet qu'une série de *rouges* lui a fait acheter la veille, et qu'une *intermittence* le force à revendre le lendemain; j'écoute en riant ce que raconte à son compatriote ce gros bourgeois de Montfort-l'Amaury. « Il avait quelques emplettes à faire; il est entré sous les galeries dans un magasin de *nouveautés :* dix jeunes filles de boutique, charmantes, étaient rangées autour du comptoir; à chaque article qu'il demandait, une de ces demoiselles lui répondait avec un sourire : *Nous ne tenons pas cela;* et il est sorti sans deviner ce que tenaient ces demoiselles, et ce que l'on pouvait vendre dans une boutique où il n'y avait rien. »

L'heure du dîner était venue, j'entrai chez *Naudet;* et lorsque je redescendis pour continuer mes observations, je ne tardai pas à m'apercevoir que celles qui me restaient à faire au Palais-Royal n'étaient point de ma compétence, et qu'il y a dans certains tableaux une partie qu'il faut laisser dans l'ombre.

N° LVIII. [26 MAI 1812.]

LE CAFÉ TOUCHARD,

OU

LES COMÉDIENS DE PROVINCE.

> *Like wand'ring Arabs, shift from place to place,*
> *The strolling tribe ....*
> CHURCHILL, *the Apology.*
>
> Cette tribu errante, semblable à celle des Arabes vagabonds, va sans cesse courant de place en place.

Les mœurs des comédiens ambulants ont un caractère d'originalité qui m'a toujours paru digne d'une étude particulière. Leurs habitudes, leurs goûts, leur genre de vie, leur langage (car ils en ont un qui leur est propre) en font une classe à part, qui ne ressemble à rien de ce que nous voyons dans la société.

C'est à l'espèce d'isolement où les retient un préjugé plus absurde dans son principe qu'injuste dans ses conséquences, qu'ils sont redevables de cette physionomie particulière qui les distingue. Ce préjugé, que d'honorables exceptions ont fait en grande partie disparaître dans la capitale, existe en province dans toute sa force, et c'est là qu'il faut chercher les originaux des portraits des *Ragotin* et des *La Rancune*, tracés par Scarron, d'une manière si vraie et si comique, dans le seul de ses ouvrages qui jouisse encore de quelque estime parmi les honnêtes gens. Ceux qui veulent se faire une idée des usages, des réglements de cette corporation dramatique et des membres qui la composent, doivent se rendre au café *Touchard* pendant la quinzaine de Pâques.

J'entends d'ici presque tous mes lecteurs de province et même de Paris qui me demandent à-la-fois : « Qu'est-ce que c'est que le café Touchard? Où se trouve le café Touchard? » Ce café, situé autrefois et de temps immémorial rue des Boucheries, a changé depuis peu de maître, de nom, et de quartier, sans changer de destination; c'est maintenant rue de l'Arbre-Sec, tout près de la fontaine, que Thalie, ou plutôt Thespis, a établi le dépôt central des comédiens de province qui n'ont pas assez de talent ou de bonheur pour trouver des engagements à domicile; de ceux qu'un public brutal dispense d'achever l'engagement commencé; de ceux que leurs dettes obligent de quitter une ville où ils n'ont plus que leurs créanciers pour spectateurs; de ceux, enfin, que l'espoir d'un début amène à Paris.

Tous les genres, tous les emplois viennent se produire au café Touchard : les directeurs de troupes se rendent, de leur côté, dans ce bazar comique où les talents se mettent à l'enchère et sont pris au rabais. La fortune, en ce lieu, s'amuse à parodier ses propres caprices. Celui-ci, *valet* l'année dernière à Bordeaux, va débuter dans les *financiers* à La Rochelle ; l'*ingénue* du théâtre de Lille passe à l'emploi des *grandes coquettes* sur celui de Strasbourg : c'est une loterie de rangs comme dans la société, avec cette différence pourtant que les bonnes chances y sont assez généralement pour le mérite.

A moins d'avoir assisté à cette assemblée burlesque, on ne saurait s'en faire une idée. Depuis fort long-temps je suis dans l'usage d'aller, pendant la quinzaine où nous entrons, passer chaque jour une heure au café Touchard. Cette habitude m'a mis dans une sorte de relation avec tout ce que la province a d'artistes déclamants, chantants, et gesticulants. Grace ensuite à une réputation de générosité, faite et entretenue au prix modique de quelques verres de liqueur et de quelques écus que je ne redemande jamais, parceque je sais qu'on me les emprunte pour toujours, je me mets au courant de toutes les anecdotes de coulisse, de toutes les aventures comiques, tragiques, et burlesques, qui ont eu lieu pendant l'année théâtrale; aussi, depuis le *premier rôle* jusqu'au *dernier caractère*, depuis la *grande coquette* jusqu'à la plus petite *utilité,* je ne pense pas qu'il y ait en province un seul comédien dont je ne connaisse directement ou indirectement l'histoire, les talents, les succès, les revers, et, ce qu'on aura plus de peine à croire, la filiation.

Je n'avais garde d'oublier cette année de me rendre à mon poste; je m'y suis installé mercredi, et déja j'ai revu quelques unes de mes vieilles connaissances : deux ou trois directeurs venaient de faire l'ouverture de cette bourse de nouvelle espèce. L'un se disputait avec un *tyran* pour cinquante écus; celui-ci voulait obliger *Orosmane* à jouer *Mathieu Crochet* dans la petite pièce; cet autre, pour savoir par lui-même à quoi s'en tenir, écoutait un *Colin* qui détonnait une ariette de Monsigny; là, c'était une basse-taille qui s'essayait à donner le *fa* en buvant une bouteille de vin de Surène; ici, une duègne qui partageait avec son épagneul son petit pain et sa tasse de café au lait; plus loin, une *grande utilité* qui inscrivait sur une feuille de papier les noms des quatre cent soixante rôles qu'elle était prête à jouer : l'un stipulait une représentation à bénéfice, l'autre un congé de six semaines, tous demandaient des avances.

Le premier qui m'ait reconnu est un nommé Dorival, doyen des *jeunes premiers* de tous les théâtres de France. Depuis trente-six ans il est en possession de cet emploi, qu'il joue sans partage : son triomphe est le *Saint-Albin* du *Père de Famille;* et comme il se croit toujours de l'âge du personnage qu'il représente, il n'y a point de raison pour qu'il se décide jamais à prendre les *pères nobles.*

Cependant, à mesure que son talent se forme et que les années arrivent (je lui en connais pour le moins soixante-deux), son crédit, parmi les directeurs, diminue sensiblement: il ne change point d'emploi, mais il change de ville; il a fait dans sa jeunesse les délices de Lyon, de Bordeaux, de Nantes et de Marseille; il s'est fait applaudir vingt ans après à Orléans, à Tours, à La Rochelle; il arrive en ce moment d'Angoulême, et va s'engager pour le théâtre d'Évreux. A tout ce que j'ai pu lui dire pour lui prouver que sa vanité faisait un mauvais calcul, il s'est contenté de me répondre par le mot de César· « Qu'il valait mieux être le premier dans un village que le second dans Rome. »

« Je ne suis pas de cet avis (interrompit un gros garçon qui vint s'asseoir familièrement à notre table); il faut quelquefois savoir déroger pour vivre. » Celui qui nous parlait était un homme d'une cinquantaine d'années, dont l'accoutrement attira d'abord mon attention : il était vêtu d'un mauvais habit de velours noir, recouvert d'une espèce de doliman de bouracan bordé de petit-gris, dont il se servait dans les rôles turcs, et qui lui tenait lieu de vitchoura pendant l'hiver; il avait sur la tête une toque polonaise, et pour chaussure des bottes en cuir jaune, lacées par derrière.

« Vous voyez (ajouta-t-il en jetant un coup d'œil d'amateur sur le bol de punch que j'avais fait apporter); vous voyez, Messieurs, le meilleur et le plus pauvre *financier*, la plus belle et la plus triste *basse-taille* qui soient au monde. Vous me regardez, vous cherchez où vous m'avez vu ? Par-tout : à Bruxelles, par exemple, où l'on parle encore, après dix ans, de la manière dont je jouais le *Sylvain*. Caillot vous dira que, lorsque je me suis gargarisé le larynx avec une bouteille de vin de Bourgogne, personne ne chante comme moi : *Dans le sein d'un père...*

Il entonnait ce morceau de toute la force de ses poumons d'airain, lorsqu'un petit homme, en perruque à la Préville, après l'avoir examiné attentivement quelque temps, profita d'un point d'orgue pour lui redemander soixante-douze francs d'avances, reçus par lui Floridor, trois ans auparavant, pour un engagement au Havre, qu'il avait jugé à propos d'aller remplir à Perpignan.

L'explication, qui commença d'une manière assez plaisante, menaçait de finir d'autant plus chaudement, que le bol de punch touchait à sa fin, et que Floridor en avait bu la plus grande partie; mais j'apaisai le différend, et je parvins à tout concilier en proposant au directeur, comme un moyen de recouvrer ses trois louis, d'engager son débiteur dans la troupe qu'il formait.

Pendant qu'ils rédigeaient sur le bout de la table les conditions de ce nouveau contrat, une voix glapissante fixa l'attention de l'assemblée sur une veste de brocard qu'un *père noble*, dans le malheur, mettait à l'enchère pour payer son loyer, et que l'on faisait passer de table en table. La veste fut suivie de l'habit de livrée d'un *premier comique* qui changeait d'emploi, et successivement de différentes pièces de la garde-robe de Thalie et de Melpomène, dont les directeurs meublaient à peu de frais leurs magasins, en spéculant sur la pauvreté et sur l'inconduite de leurs pensionnaires.

L'encan fut interrompu par la dispute la plus singulière dont j'aie jamais été témoin. Le *tyran* d'une troupe d'acteurs de mélodrame venait de retrouver là sa femme, qui l'avait quitté depuis cinq ans, en lui laissant des enfants et des dettes. La dame, qui jouait les *grandes princesses*, avait abandonné le *tyran* à Châteaudun pour suivre la fortune d'un *Colin*, qui l'avait cédée à un *financier*, qui se l'était laissé enlever par un *second comique*, qui s'en était arrangé avec un *La Ruette*, qui l'avait remise aux mains d'un *grime*, que le mari voulait forcer à accepter les enfants et les dettes, tandis que celui-là prétendait, au contraire, que le *tyran* devait reprendre sa femme, laquelle ne voulait retourner avec son mari qu'à condition qu'il adopterait deux *jeunes princes* dont elle avait augmenté sa famille pendant leur séparation. La contestation se compliqua de tant de circonstances, de tant d'incidents divers, qu'il me fut impossible d'en suivre le fil et d'en présumer l'issue.

A la table auprès de la mienne se trouvait une *Dugazon-corset*, de quarante-cinq ans pour le moins, qui cherchait à prouver à un directeur qu'on lui offrait un ordre de début à Feydeau, sur la réputation qu'elle s'était acquise à Poitiers, dans l'opéra-comique, où elle n'avait débuté que depuis cinq ans. A côté de cette virtuose était une *ingénuité* d'un embonpoint visiblement accidentel, dont elle fixait le terme à un mois, par une clause expresse de son engagement.

Un *premier rôle* de tragédie, drapé dans son manteau de la manière la plus pittoresque, discutait, avec son directeur, sur une demi-représentation qu'il voulait ajouter à son traitement; son accent gascon et les lambeaux d'alexandrins dont il ornait ses discours leur donnaient une grace tout-à-fait originale.

« Ce directeur, me dit M. Dorival (en parlant de l'homme avec lequel s'entretenait le tragédien de Carcassonne), est un novice qui n'entend rien à son affaire : avant la fin de la quinzaine, il aura dépensé ici cent écus en rafraîchissements pour se composer une troupe du rebut de toutes les autres.

Il n'en est pas ainsi du vieux Berville, que vous voyez tout seul à cette table vis-à-vis de nous; il a été quarante ans comédien; il connaît tous les secrets, c'est-à-dire toutes les ruses du métier : aussi trouve-t-il toujours le moyen d'avoir les meilleurs sujets au meilleur marché possible.

La plus sévère discipline règne dans sa troupe, qu'il commande avec fermeté; chacun des comédiens qui la composent, joue, au besoin, tous les genres et tous les emplois. Avec lui, point de *doubles*, point de *remplaçants*, point de *chefs d'emploi* en titre d'office; Berville ne connaît que les plaisirs du public et l'intérêt de son administration. Tous les engagements qu'il passe sont autant de brevets de santé qui mettent les contractants à l'abri des migraines et des vapeurs dont l'atmosphère des théâtres est communément chargée. Il résulte de là que le public est satisfait, que la caisse se remplit, que les acteurs sont régulièrement payés, et que l'entreprise enrichit son directeur.

Après une petite digression sur la tactique théâtrale, Dorival me proposa de passer dans la *chambre des essais*. C'est un arrière-salon, dans le fond du café, où les comédiens dont la réputation n'est pas suffisamment établie donnent aux directeurs ou à leurs préposés un échantillon de leur talent. Je ne crois pas qu'on puisse rien imaginer de plus extravagant que ce tableau : la variété des figures et des attitudes, le contraste du costume et du langage, la cacophonie des voix, dont les unes chantent tandis que les autres récitent ou déclament, le sang-froid de ceux qui écoutent cet épouvantable charivari, tout porte à croire qu'on est dans une de ces maisons de fous où l'on s'est imaginé de faire jouer la comédie à ces insensés pour les guérir.

L'un débite une tirade de *Mithridate*, l'autre une scène de *Cadet-Roussel;* le monologue du *Métromane* est interrompu par la polonaise du *Calife;* Camille adresse ses imprécations à *Jocrisse* au désespoir, et l'ariette de *la Fausse Magie* est accompagnée par les castagnettes d'un danseur qui répéte un *bolero*.

C'est dans cette salle que les adresses se donnent, que les vacances se font, et que les engagements se signent. Le comédien engagé rentre dans le café en triomphateur, et regarde en pitié ceux de ses camarades qui sollicitent encore ce qu'il vient d'obtenir, sans songer qu'il lui reste à subir la plus rude des épreuves, celle de plaire au public devant lequel il doit paraître.

J'ai lu quelque part qu'un père, dans le dessein de corriger son fils d'un penchant dangereux, le conduisait dans les hôpitaux pour lui faire observer les suites des désordres auxquels il était enclin : peut-être, pour guérir tant de jeunes gens de cette frénésie du théâtre qui les possède, suffirait-il de les conduire de temps en temps au café *Touchard*.

N° LIX. [28 mai 1812.]

PARIS A DIFFÉRENTES HEURES.

> .. .. *Nil fuit unquàm*
> *Sic impar sibi.... ...*
> Hor , sat. iii, lib. I.
> Rien de plus variable et de plus bizarre.

Un de nos plus fameux peintres, qui joint au talent supérieur qu'exigent les grandes compositions un talent tout particulier pour ce genre de croquis que l'on a fort bien nommé *l'épigramme* du dessin, me parlait, y a quelques jours, du projet qu'il a formé de composer une suite de caricatures à la manière d'Hogarth; ayant pour objet le développement de quelque idée morale. Une première esquisse qu'il m'a communiquée m'a paru aussi piquante qu'ingénieuse: dans cette suite de petits tableaux, qu'on pourrait intituler *les Contrastes*, le peintre se propose de représenter les différentes classes de la société en opposition l'une avec l'autre, de manière à rapprocher celles qui, par leur position, leurs besoins, leurs goûts, et leurs plaisirs, forment entre elles l'antithèse la plus complète, et conséquemment la plus propre à mettre en évidence les habitudes, les ridicules, les défauts, et les qualités de chacune.

Je réfléchissais, en le quittant, au parti qu'un moraliste observateur pouvait tirer d'un semblable rapprochement envisagé d'une manière plus générale, et tracé sur de plus grandes proportions, et je mettais à profit, pour arranger cette idée dans ma tête, le trajet de la rue de Richelieu, que je parcourais dans toute sa longueur, à trois heures du matin. En se rappelant mon âge et l'époque de l'année où nous sommes, on me demandera peut-être par quelle circonstance je me trouvais si tard ou de si bonne heure, seul, à pied, dans les rues de Paris. Ma réponse est une histoire tout entière qui m'entraînerait trop loin de mon sujet; elle pourra trouver sa place ailleurs.

Arrivé au coin de la rue Neuve-des-Petits-Champs, je m'y trouvai arrêté un moment par le concours des charrettes des maraichers qui portaient des légumes à la Halle, et des carosses qui allaient au bal de l'Opéra ou qui en revenaient. Ce contraste du plaisir et du travail réunis par une activité commune dans la poursuite d'objets si différents, me donna l'idée du cadre où je pouvais renfermer les observations qui s'offraient à mon esprit, et me conduisit à considérer cette grande ville à la manière des astronomes, comme une planète qu'on ne peut bien connaître qu'en observant ses phases à différentes heures. Essayons d'en saisir les trois principaux aspects, au matin, à midi, et au soir.

A trois heures du matin, dans cette saison, Paris (les jours gras exceptés) est enseveli dans un calme profond; les rues désertes et silencieuses, qu'éclairent faiblement les réverbères qui brûlent encore, ressemblent aux longues galeries d'un monument funèbre : tout dort, excepté les amoureux et les voleurs, qui rôdent dans l'ombre, et se rencontrent quelquefois sur le même balcon.

Que fait là cette voiture à la porte d'un petit hôtel de la rue de Ménars? Examinons : à travers les rideaux de pourpre d'une fenêtre de l'appartement du premier, j'aperçois une faible lumière, et l'ombre qui se promène sur le rideau trahit la présence d'un homme éveillé.

Le cocher, qui attend son maître en se promenant à côté de sa voiture, enveloppé dans son vitchoura, a l'air d'en avoir pris l'habitude; mais les chevaux, serviteurs moins dociles, battent la terre d'un pied très impatient : la porte s'ouvre, un gros homme sort, soutenu sur les bras d'un laquais : je cherche à deviner qui ce peut être....

A peine la voiture a-t-elle tourné le coin de la rue, qu'un jeune homme, blotti dans l'angle d'une porte cochère en face, vient frapper trois coups à une fenêtre basse. La porte s'ouvre pour la seconde fois le jeune homme entre, et un moment après je vois deux ombres au lieu d'une sur le rideau délateur; je passe mon chemin, en priant Dieu, en bon chrétien, pour les fripons et pour les dupes.

A quelques pas de là, je me trouve devant un hôtel de belle apparence, éclairé comme pour une fête. Plusieurs voitures de maîtres sont rangées dans la cour; une file de fiacres attendent à la porte. J'examine ceux qui sortent: les uns se fâchent contre leurs gens, les autres leur parlent avec bonté; ceux-ci rient aux éclats en appelant un fiacre, ceux-là jurent entre leurs dents en s'en allant à pied: j'entends dire que la maîtresse de cette maison n'en fait pas également bien les honneurs; qu'elle est aveugle et capricieuse; je demande son nom, c'est la *Fortune :* j'ai reconnu son palais, c'est le *Cercle des Étrangers*. Pendant que ses favoris rentrent chez eux les poches remplies d'or, des malheureux, une lanterne et un crochet à la main, disputent des haillons aux tas de boue qui les couvrent, et cherchent quelques pièces de monnaie dans le ruisseau qui les entraîne.

Il est quatre heures; le jour ne s'annonce pas encore, et deux boutiques viennent de s'ouvrir, celles du boulanger et de l'épicier; dans cette dernière, un garçon, à moitié endormi, rallume la lampe du comptoir, et prépare les flacons de cassis et d'eau-de-vie qu'il va débiter par poisson aux cochers de fiacre, qui rentrent chez leurs bourgeois après avoir veillé pour le service des bals; aux ouvriers de la plus pénible et de la plus repoussante profession; à quelques ivrognes qui ont passé la nuit dans la rue, faute de pouvoir regagner leur gîte.

Au moment où s'ouvre la boutique de l'épicier, le bureau de loterie se ferme; c'est aujourd'hui le jour de clôture : une lanterne transparente en a prévenu toute la nuit les gens qui auraient pu oublier pendant le jour cette manière de placer, c'est-à-dire de perdre leur argent.

Le jour paraît, les petites charrettes des laitières, les mulets chargés de légumes, arrivent à la file, et croisent l'énorme diligence qui broie le pavé sous son poids. Les ouvriers vont au travail; l'activité renaît dans tous les ateliers, et le bruit de l'enclume poursuit jusqu'au fond de son palais le riche qui vient d'y rentrer, fatigué des plaisirs de la veille, et déjà en proie aux soucis du lendemain.

Tout ce mouvement, d'abord concentré dans les quartiers les plus populeux, ne se communique qu'au bout de quelques heures aux quartiers du Palais-Royal et de la Chaussée-d'Antin, et plus tard encore aux faubourgs Saint-Germain et Saint-Honoré; mais une fois mis en action, avec quelle prodigieuse activité les habitants industrieux de cette région du luxe et de la mollesse ne vont-ils pas réparer le temps perdu?

A huit heures, tout était en repos dans la rue Vivienne; à dix, une foule innombrable s'y agite, s'y presse dans tous les sens. Les courtiers vont prendre les ordres de leurs commettants; les garçons de caisse, l'énorme sacoche sur l'épaule, et le grand portefeuille à la boutonnière, se mettent en marche pour faire les recouvrements du jour. Tous les jockeys de la basoche sont en campagne, et font leur chemin à travers une nuée d'employés, de commis, qui se rendent lentement à leurs bureaux, avisant au moyen d'en sortir le plus tôt possible.

Pendant que les spéculations mercantiles occupent, à cette heure, les habitants éveillés de la rive droite de la Seine, les travaux scientifiques sont l'occupation principale des habitants de la rive gauche. Les élèves des lycées encombrent les rues de la Harpe et Saint-Jacques; les disciples d'Hippocrate, un Barthès ou un Richerand sous le bras, s'acheminent vers les hôpitaux pour y chercher des exemples à l'appui des préceptes; les gens de loi, en toque et en robe, gagnent à pas précipités l'antre de la chicane, en feuilletant un dossier, par maintien; enfin les savants écoliers du Collège de France vont achever d'éclairer leur esprit et de former leur goût à l'école des Tissot et des Cuvier.

Veut-on jouir d'un spectacle moins uniforme, et peut-être aussi moins édifiant, il faut se rapprocher du Palais-Royal : vers trois ou quatre heures, les cours sont remplies d'une classe particulière de négociants ou plutôt de spéculateurs, et la Rotonde est envahie par les *marrons* qui font ce qu'on appelle des *affaires,* c'est-à-dire qu'ils escomptent des effets à cinq pour cent par mois, ou qu'ils vendent à terme des marchandises qu'ils n'ont pas[1].

En repassant par la rue Vivenne ou par celle de Richelieu, vous trouverez la foule éclaircie; les piétons circulent le long des boutiques, et abandonnent le milieu du pavé à des voitures brillantes qui s'arrêtent à la porte des principaux magasins : de jeunes femmes en descendent pour faire des emplettes, et il ne tient qu'à vous de croire qu'elles sont très surprises de trouver là des jeunes gens de leur connaissance que le hasard y amène tout exprès.

Si quelque rayon de soleil égaye la matinée, cet essaim de mouches brillantes se répand aux Tuileries ou sur le chemin du bois de Boulogne, tandis que les élégants du second ordre, les célibataires, et les désœuvrés de la Chaussée-d'Antin, assis sur le boulevart de Coblentz, attendent patiemment l'heure du dîner en regardant danser ces enfants laborieux

> Qui de Savoie arrivent tous les ans,
> Et dont la main légèrement essuie
> Ces longs canaux engorgés par la suie.

[1] La Bourse, pour laquelle vient de s'achever le plus bel édifice de l'Europe moderne, se tenait alors au Palais-Royal.

Ils trouvaient jadis dans leur travail, non seulement un moyen d'existence, mais une source de petites économies qu'ils reportaient dans leur famille : depuis qu'une administration bienfaisante est parvenue, sinon à détruire la mendicité, du moins à atténuer beaucoup ce fléau, les petits ramoneurs se sont donné rendez-vous sur ce boulevart et dans toutes les promenades publiques, où ils perçoivent à leur profit l'impôt que les mendiants de profession avaient mis sur la charité publique.

L'heure du dîner rappelle les gens de bon ton à Paris; et tandis que le modeste artisan, harassé de fatigue, va retrouver sa famille et manger avec appétit la salade de pommes de terre ou le morceau de petit-lard apprêté par sa ménagère, les heureux du jour courent en voiture à ces dîners *priés*, où l'ennui corrompt tous les mets que l'art des plus habiles cuisiniers assaisonne : les parasites, en bas noirs, gagnent sur la pointe du pied la maison où ils se persuadent que leur couvert est mis; et plus d'un aventurier dont la bourse est à sec va rôder sous les galeries du Palais-Royal, pour y trouver un ami qui l'invite ou qui lui donne le moyen d'aller faire un de ces excellents dîners *à trente sous* par tête, dont il est quelquefois réduit à lire à jeun les nombreuses affiches qui tapissent les colonnes des galeries.

A ce moment d'activité succède un calme qu'interrompt de nouveau l'heure des spectacles : toutes les portes cochères s'ouvrent, les voitures se lancent; les théâtres et les cafés se remplissent.

Une heure après la sortie des spectacles, les boutiques se ferment; les artisans, les bourgeois, les gens occupés de toutes les classes, se retirent paisiblement chez eux, et abandonnent les rues de Paris à une population nocturne, dont les mœurs ne peuvent être observées que par ceux qui les surveillent, et qu'il faut laisser dans l'ombre où la crainte et la honte les retiennent.

N° LX. [30 mai 1812]

LES ÉPOQUES
DE LA GALANTERIE FRANÇAISE.

In amore hæc insunt omnia
Ter., *Eun.*, acte I, sc. 1
Toutes ces bizarreries appartiennent à l'amour.

Il y aurait un joli poëme à faire sur ce sujet; d'abord il serait court (ce qui n'est pas un petit avantage, aujourd'hui que la langue des dieux est à l'usage de si peu de mortels). Pour peu que l'auteur appartînt à l'école moderne, qu'il se complût à décrire, que d'occasions n'aurait-il pas de multiplier les descriptions de *tournois*, de *pèlerinages*, de *moutiers*, de *boudoirs*, de *clairs de lune?* Et s'il arrivait qu'il fût imbu de ce vieux principe que, pour être lu plus d'une fois, quelque chose qu'on écrive, il faut intéresser par l'action, par les caractères ou par les sentiments, de combien d'épisodes héroïques, satiriques, tragiques, et mélancoliques, un pareil sujet ne serait-il pas la source? Pour le plan, ne pourrait-on pas supposer qu'il s'est élevé un combat très vif dans les Champs-Élysées, entre Clotilde de Surville, madame de la Suse, la duchesse de Berri, et telle autre beauté de notre temps qui aurait quitté récemment la terre? Chacune de ces dames aurait la prétention d'établir que l'époque où elle a vécu était celle de la plus brillante et de la plus aimable galanterie; chacune apporterait ses exemples et ses preuves: l'Amour serait pris pour juge, et prononcerait, comme à son ordinaire, sans égard au bon droit, en faveur de celle dont la grace et la figure auraient le mieux défendu sa cause. Après avoir indiqué à la poésie ce sujet de tableau, essayons, en humble prose, d'en esquisser les principaux traits.

« Il n'y a plus de politesse, plus de galanterie; la révolution a détruit entièrement ces qualités aimables qui distinguaient notre nation entre tous les peuples de l'Europe. »

Tel est le reproche indirect que j'entends chaque jour adresser à nos jeunes gens; je ne prétends pas dire qu'il n'est pas fondé à quelques égards, mais je réponds du moins qu'il n'est pas nouveau. Lorsque j'entrai dans le monde, mon aïeul exaltait sans cesse, aux dépens des hommes de mon âge, les manières aisées, brillantes, des jeunes seigneurs de la cour du Régent; ma mère déclamait, de son côté, contre les formes gourmées que la dévotion avait introduites à la cour du dauphin. Quelque vingt ans après, les *talons rouges* de Versailles traitaient de palefreniers les jeunes anglomanes de la nouvelle cour.

Que faut-il conclure de ces plaintes périodiques? que la politesse et la galanterie sont sujettes à de fréquentes variations, et que soutenir qu'elles n'existent plus parcequ'elles se manifestent sous d'autres aspects, c'est ressembler à cet homme qui prétendait qu'on ne portait plus de vêtements parceque la mode avait changé.

En parcourant les annales de nos histoires, on sera surpris des formes diverses sous lesquelles la galanterie s'y présente, et des rôles différents qu'elle y joue. Aventureuse et chevaleresque sous les preux de la seconde race, elle devint triste et sévère sous les premiers rois de la troisième, qui n'avaient point encore de cour, et ne vivaient entourés que des officiers de leur maison.

L'époque des croisades ramène la galanterie aux formes héroïques et religieuses, en y joignant une teinte sentimentale qu'elle n'avait point encore connue. C'est dans la Palestine qu'un amant doit aller conquérir le cœur de *sa dame;* c'est par son ordre qu'il entreprend ce belliqueux pèlerinage. Il a reçu de ses mains une écharpe qu'il porte dans les combats, et que son écuyer doit rapporter, teinte de sang, aux pieds de sa maîtresse, si le galant chevalier vient à tomber sous le fer des infidèles.

On appelait alors l'amour *l'entrepreneur* de grandes choses. *Ah! si ma dame me voyait!* disait un sire de Fleurange en montant à l'assaut. Telles étaient les lois sévères de la galanterie, que tout chevalier convaincu d'avoir mal parlé des dames était exclu des assemblées et des tournois. La plus légère insulte faite à une femme, de quelque condition qu'elle fût, imprimait une tache ineffaçable. La discrétion était un des caractères de la galanterie de cette mémorable époque. Les amours de Thibault, comte de Champagne, et de la reine Blanche, en fournissent la preuve. Tel est le voile épais dont ils ont su les couvrir, qu'après tant de dissertations historiques et critiques dont ils ont été l'objet depuis cinq cents ans, la nature de leurs sentiments et de leur liaison reste encore un mystère. Il est digne de remarque que le témoignage le plus authentique que nous ayons de l'amour d'un prince, et, qui plus est, d'un poete, pour une jeune et belle reine, se trouve dans une vieille chronique, dont je citerai quelques lignes pour donner une idée du langage de la galanterie au treizième siècle.

« A cette besogne (c'est-à-dire à cette expédition) estoit la royne Blanche, laquelle dict au comte (Thibault) qu'il ne devoit prendre les armes contre le roy son fils, et se devoit soubvenir qu'il l'estoit allé secourir jusqu'en sa terre quand les barons le vinrent guerroyer. Le comte regarda la royne, qui tant estoit belle et sage, de sorte que, tout esbahi de sa grande beauté, il lui respondit : « Par ma foi, Madame, mon cœur, mon corps, et toute ma terre est à votre commandement ; ne m'est rien qui vous pust plaire que ne fisse volontiers : jamais, si Dieu plaît, contre vous ni les vostres n'irai. » D'illec se partit tout pensif, et lui venoit soubvent en remembrance le doux regard de la royne et sa contenance. »

Dans le siècle suivant, les troubadours donnèrent en chantant les leçons de la galanterie subtile, discrète, et réservée ; de là ces *tensons* où d'amoureux chevaliers soutenaient la cause de leur belle ; de là ces *cours d'amours* où les questions les plus compliquées de la métaphysique galante étaient sérieusement discutées ; où les accusations publiques d'inconstance, de félonie envers sa dame, étaient suivies d'arrêts quelquefois sanglants, publiés de la manière la plus solennelle, et exécutés dans toute leur rigueur.

La longue minorité de Charles VI, les malheurs de son règne, les déréglements d'Isabeau de Bavière, firent tout-à-coup succéder la licence la plus effrénée à la réserve la plus scrupuleuse. Bois-Bourbon paya de sa vie l'impudence de ses bonnes fortunes ; le duc d'Orléans eut le même sort : le duc de Bourgogne le fit assassiner au coin de la rue Barbette, en 1407, et cet événement fut le signal d'une guerre désastreuse où la France fut au moment de succomber.

Le règne de Charles VII est une des époques les plus célèbres de la galanterie française: deux femmes y décidèrent, en quelque sorte, du sort de la monarchie et du monarque. Charles, endormi dans les bras d'Agnès Sorel, se réveilla en sursaut à la vue de l'héroïne de Domremy; son courage se ralluma; et, prêt à suivre l'amazone sous les murs d'Orléans, il écrivit avec la pointe de son épée, sur le parquet de la chambre à coucher de la tendre Agnès, ces vers, aussi galants qu'héroïques :

>Gente Agnès, qui tant bien m'évance,
>Dans le mien cœur demeurera
>Plus que l'Anglois en notre France.

Tous les seigneurs de la cour de Charles VII, et principalement le bâtard d'Orléans, ce Dunois, *légitimé par la victoire,* comme dit Duclos, se firent remarquer par leur bravoure et leur galanterie. Je remarque, comme un fait particulier à notre histoire, que ces deux qualités se trouvent presque toujours réunies dans les personnages qu'elle cite avec le plus d'éclat. Cela doit s'expliquer par cet instinct de gloire qui fait partie du caractère des femmes françaises, et qui semble exclure les lâches du partage de leurs faveurs.

La politique ténébreuse de Louis XI, son caractère sombre, ses soupçons, ses cruautés, ses projets contre les grands vassaux, ne s'alliaient pas avec les mœurs aimables du règne précédent : cependant Marguerite d'Écosse, qui aimait la poésie et les lettres, dont l'esprit était cultivé, maintint quelque temps à la cour de son farouche époux cette urbanité dont elle était le modèle. C'est cette même princesse qui embrassa le poëte Alain Chartier, endormi dans une des salles du palais.

Vers la fin du règne de Louis XII, la galanterie reprit son empire. Le roi, à son troisième mariage, épousant une très jeune princesse, crut devoir plier ses habitudes et ses goûts à ceux de la jeune reine. Cette complaisance précipita sa fin.

« Le bon roy, dit un historien du temps, à cause de sa femme, avoit changé toute sa manière de vivre; car ou il souloit dîner à huit heures, il convenoit qu'il dînoit à midi; ou il souloit se coucher à six heures du soir, souvent se couchoit à minuit. »

Le duc d'Angoulême, depuis François Ier, devint amoureux de la reine, et cette première passion, en annonçant un goût trop violent pour les femmes, développa cette élégance de mœurs, cette politesse recherchée, ces manières de gentilhomme (comme il le disait lui-même) qui répandirent tant d'éclat sur le commencement de son règne.

En montant sur le trône, à vingt-un ans, François Ier s'occupa d'attirer le beau sexe à sa cour, et de l'y retenir par les charmes d'une galanterie chevaleresque que la nation entière s'empressa d'imiter. Les intrigues amoureuses, les tournois, les carrousels, marquèrent chaque jour d'un régne où brillèrent, au premier rang, les belles duchesses d'Étampes et de Valentinois; où l'amiral Bonnivet se distingua par ses bonnes fortunes; où le chevalier Sans-Peur, Bayard lui-même, ne dédaigna pas de consacrer aux belles quelques moments ravis à la gloire.

Après Henri II, qui avait hérité des goûts de son père, et qui mourut victime de sa passion pour les tournois, la galanterie se déguise, pendant un demi-siècle, sous des formes si bizarres, si honteuses, si peu françaises, qu'il est impossible de la reconnaître ou d'avouer qu'on l'a reconnue.

Elle reparaît avec Henri IV, moins modeste, moins polie, mais plus naive, plus énergique que sous François Ier. Ce billet du bon roi à la duchesse de Beaufort peindra les mœurs galantes de cette époque beaucoup mieux que je ne pourrais faire.

« Mes belles amours, deux heures après l'arrivée de ce porteur, vous verrez ce cavalier qui vous aime fort, qu'on appelle le roi de France et de Navarre, titres certainement honorables, mais bien pénibles; celui de votre amant est bien plus délicieux. Tous trois ensemble sont bons, à quelque sauce qu'on les mette, et je suis bien résolu à ne les céder à personne. »

La galanterie était un plaisir à la cour de Henri IV; elle devint une affaire à celle de Louis XIV. Écoutons madame de la Fayette :

« L'ambition et la galanterie étaient l'ame de cette cour, et occupaient également les hommes et les femmes : il y avait tant d'intérêts, tant de cabales différentes, et les dames y avaient tant de part, que l'amour était toujours mêlé aux affaires. Personne n'était tranquille ni indifférent; on songeait à s'élever, à plaire, à servir ou à nuire; on ne connaissait ni l'ennui, ni l'oisiveté, et l'on était toujours occupé de plaisirs ou d'intrigues. »

Il est bon de faire observer qu'à cette époque la galanterie se partagea entre la cour et la ville, qu'elle les réunit souvent, mais que plus d'une fois aussi, dans le cours du grand siècle, elle les opposa l'une à l'autre. Le Marais et la place Royale devinrent des points de réunion ou se rencontrèrent, pour la première fois, les beaux esprits et les grands seigneurs : les Grammont, les Villarceaux, les d'Effiat, y donnèrent rendez-vous, chez Marion de Lorme ou chez Ninon de l'Enclos, aux Segrais, aux Chapelle et aux Voiture. La galanterie de la cour était noble, décente, peut-être même un peu cérémonieuse; celle de la ville, dont Ninon tenait école, sans être d'une aussi grande réserve, n'était pourtant pas

exempte d'une sorte de recherche qui tendait à
alambiquer le sentiment et à mettre en crédit le
jargon précieux de *Clélie* et d'*Artamène*. Un des
plus beaux esprits du temps et des plus assidus
adorateurs de la moderne Aspasie, Saint-Évremont,
lui écrivait, pour la consoler d'une maladie qui lui
faisait craindre de perdre sa beauté :

> Si ce visage tant vanté
> Perdait ces appas qu'on encense,
> J'aimerais lors votre beauté
> Comme on vous aime en votre absence.

L'excessive politesse de Louis XIV, qui ne se permettait pas de garder son chapeau sur la tête en
présence d'une femme, de quelque condition qu'elle
fût, n'était pas le seul modèle que se proposassent
les courtisans : le brillant Lauzun se distinguait par
des manières entièrement opposées, et professait
dès-lors une insolence de bon ton que l'on perfectionna par la suite.

Les usages que la galanterie introduisait dans le
grand monde n'étaient pas à l'abri des caprices de
la mode : on se souvient que le marquis de Vardis,
célèbre par l'élégance de ses manières et par les
succès dont elles avaient été pour lui la source, en
reparaissant à la cour après dix-neuf ans d'exil, y
fut accueilli par un rire universel : il s'en plaignit
au roi avec autant d'esprit que de finesse: *Sire*, lui

dit-il, *je m'aperçois que lorsque l'on a le malheur d'être éloigné de Votre Majesté, on est plus que malheureux; on devient ridicule.*

Les réformes que madame de Maintenon introduisit à la cour, l'excessive retenue à laquelle le duc d'Orléans se vit contraint auprès d'un monarque livré aux pratiques les plus minutieuses de la dévotion, préparèrent ce débordement de licence, de scandale et de folie, qui conserva le nom de galanterie sous la régence.

Les malheurs et les fautes des dernières années du règne de Louis XIV, la fatalité qui pesait sur la famille royale, que la mort moissonna presque tout entière dans l'espace d'un an, avaient banni la galanterie d'une cour ou plutôt d'un monastère dont madame de Maintenon était l'abbesse. Le duc d'Orléans, incapable de s'assujettir à *la règle*, se dédommageait, au Palais-Royal, de la contrainte qu'il essayait de s'imposer à Versailles en présence de madame de Maintenon qui le haïssait à la mort, et du roi qui le craignait tout en lui rendant justice. *Mon neveu n'est qu'un fanfaron de crimes*, disait Louis XIV; et ce mot donne une idée plus juste du caractère du Régent que les *Philippiques* de ses ennemis et les louanges de ses courtisans.

Quand Auguste avait bu, la Pologne était ivre.

Cette observation du grand Frédéric est sur-tout

applicable à la France, où les mœurs du prince avaient jadis tant d'influence sur celles de la nation. A la mort de Louis XIV, la cour prit tout-à-coup une face nouvelle : madame de Maintenon ne fut pas plus tôt reléguée à Saint-Cyr, que les femmes, levant le masque de dévotion qu'elles avaient pris pour lui plaire, se montrèrent on ne peut mieux disposées en faveur des innovations galantes que le régent préparait. Cependant, la décence, que l'âge du roi semblait commander, la présence de l'évêque de Fréjus son précepteur, les formes cérémonieuses de l'ancienne cour, que le vieux maréchal de Villeroi, gouverneur de Louis XV, s'obstinait à suivre, maintenaient encore aux Tuileries un reste d'étiquette, auquel le régent cherchait tous les moyens de se soustraire. Ce fut dans cette intention qu'il autorisa l'établissement des bals masqués de l'Opéra, dont la première idée appartient à cet abbé libertin, depuis cardinal Dubois.

Le trésor public était épuisé : pour faire face à ses dépenses, à celles de ses favoris, qu'il appelait ses *roués*, au luxe de ses maîtresses, aux folies de sa fille la duchesse de Berri, le régent eut recours aux financiers. Afin d'en obtenir de l'argent, on leur facilita les moyens de s'en procurer ; ils n'étaient pas gens à perdre une si belle occasion. La fortune publique passa aux mains des traitants, et n'en sortit qu'à l'aide de cette galanterie mercenaire, de ce commerce honteux entre l'opulence et la beauté, dont Lesage, dans son *Turcaret*, nous a laissé une peinture si fidèle.

Au milieu de cette licence, de ce désordre, auquel le *système* vint mettre le comble, la politesse et les graces avaient trouvé deux refuges, *la cour de Sceaux* et *la société du Temple*. La première, que présidait la duchesse du Maine, après avoir renoncé aux intrigues politiques, réunissait ce que la France avait de plus illustre et de plus aimable : Fontenelle, Lamotte, Saint-Aulaire, en faisaient partie; Voltaire vint y perfectionner ce goût exquis, ce tact délicat et sûr, qui le distinguent entre tous les écrivains. La société du Temple, dont le grand-prieur de Vendôme était l'ame, n'était pas tout-à-fait aussi régulière : on y professait une morale un peu trop épicurienne; mais, en faveur des agréments de l'esprit, de la douceur des mœurs, des charmes d'une semblable réunion, la sagesse elle-même fermait les yeux sur ce qu'elle pouvait avoir de répréhensible.

Avant de passer à l'époque d'une galanterie nouvelle, qu'amena la mort du régent, je dois dire un mot d'un homme dont l'influence scandaleuse s'est fait sentir dans toute la durée de son siècle. Richelieu parut dans le monde avec un grand nom, une grande fortune, beaucoup d'esprit, de grace, et d'amabilité. Il dévoua sa vie entière au culte des femmes, et commença par en être l'idole. Ses premières bonnes fortunes attirèrent sur lui l'attention ; il eut le bonheur ou l'adresse de se trouver deux fois en concurrence avec le régent ; et ce prince, d'ailleurs assez peu susceptible, se fâcha de manière à augmenter la réputation de son jeune rival. L'engouement des femmes de la cour, quelques intrigues romanesques dans la bourgeoisie, une aventure odieuse avec une jeune marchande de la rue Saint-Antoine, une liaison soupçonnée avec une princesse du sang, une prétendue conspiration, la Bastille, et un mariage forcé, tout concourut à faire du duc de Richelieu l'homme à la mode par excellence, le héros de la galanterie du XVIIIe siècle. Assez heureux pour qu'on lui attribuât le gain de la bataille de Fontenoy, vainqueur à Mahon, distingué dans son ambassade de Vienne par un faste qu'il fit passer pour de la politique, ami de Voltaire (auquel il doit la plus belle partie de sa réputation), reçu avant lui à l'Académie française, il obtint à peu de frais tous les genres de gloire; et privé, sur la fin de sa vie, d'une faveur qu'il avait conservée si long-temps, il s'en consola en se faisant proclamer le *sultan des coulisses.*

Louis XV, marié très jeune avec une princesse dont il se montra d'abord assez épris pour lui trouver des charmes que les courtisans eux-mêmes n'apercevaient pas, perdit trop tôt cette heureuse illusion dont la comtesse de Mailly fut la première à le faire rougir.

Il n'entre point dans mon plan de suivre ce prince dans le cours de ses honteuses galanteries, qui n'eurent d'ailleurs qu'une influence très indirecte sur les mœurs publiques, sans que celles-ci en fussent pour cela meilleures. La galanterie, à cette époque, n'eut plus rien de commun avec l'amour, pas même le desir d'une possession à laquelle on attachait beaucoup moins de prix qu'au scandale qui pouvait en résulter : on se servit de ce mot *amour* pour exprimer un caprice de la vanité, un lien fragile, tissu d'une soie si légère qu'il se rompait quelquefois à l'insu de ceux qui l'avaient formé. Ce libertinage de l'esprit donna naissance à un jargon particulier, où les vices les plus honteux, les actions les plus dissolues, les aventures les plus scandaleuses, trouvèrent des expressions décentes, dont la bonne compagnie adopta l'usage. Gresset en a conservé quelques traces dans sa comédie du *Méchant;* mais c'est dans les romans de Crébillon fils et dans les chansons de Collé qu'il faut en chercher la lettre et en étudier l'esprit.

Le mérite d'un homme à la mode s'estimait alors, non pas même sur le nombre des femmes qu'il avait eues (pour parler le langage du temps), mais sur le nombre de celles qu'il avait déshonorées. Tout Paris a connu l'un des coryphées de cette misérable école, qui n'employa d'autres moyens, qui ne fit d'autres frais pour perdre vingt femmes de réputation, que d'envoyer à quatre heures du matin sa voiture à leur porte.

L'établissement du *Parc-aux-Cerfs* donna l'idée des *petites maisons*, asiles mystérieux et consacrés au plaisir, d'où les femmes de la cour finirent par chasser les courtisanes. Celles-ci rentrèrent dans tous leurs droits, lorsqu'après madame de Pompadour, qui tenait le milieu entre les unes et les autres, madame Dubarry vint si effrontément souiller le palais des rois.

Le règne suivant s'annonça par d'heureuses réformes: l'empire des courtisanes fut détruit à Versailles; mais son siège, transféré à *Luciennes*, conserva Paris dans sa dépendance, et l'y maintint jusqu'à la révolution. Le luxe des *Duthé*, des *Tevenin*, rivalisa plus d'une fois dans les fêtes publiques avec la pompe royale. Les femmes honnêtes prirent alors un parti auquel il serait à souhaiter qu'elles eussent plus souvent recours: elles se distinguèrent par un extérieur modeste et par la simplicité de leurs vêtements. Les hommes les prirent au mot, et, comme essai des manières anglaises qu'ils venaient d'adopter, les petits-maîtres de la cour et de la ville affichèrent pour les femmes le respect le plus impertinent; les salons, les boudoirs furent abandonnés pour la taverne, le jeu de paume, et les courses de chevaux.

Après avoir passé la matinée avec des *grooms* et des *jockeys*, nos élégants couraient le soir, en *chenille*, disputer à leurs valets de chambre des bonnes fortunes aux guinguettes ou aux théâtres des boulevards.

Il serait indécent d'associer le mot de *galanterie* aux désordres dont la révolution a rendu témoins ou victimes ceux qu'elle n'a pas faits complices; mais, en ne prenant de ce tableau que ce qui appartient à mon sujet, je ne puis m'empêcher de remarquer qu'à cette époque terrible les femmes, à Paris sur-tout, ont su conserver, en les ennoblissant, les plus beaux traits du caractère national. On peut les diviser en deux classes : les victimes et les héroïnes. Les premières, dans les prisons, y donnaient l'exemple du courage et de cette philosophie pratique qui fait une loi de bien employer des jours dont chaque instant menace la durée; les autres, vouées à des occupations plus nobles, et quoique libres encore dans une situation non moins périlleuse, consacraient leur existence entière à sauver, à conserver, ou à défendre les jours d'un père, d'un fils, d'un ami ou d'un époux, dont on les vit plus d'une fois partager volontairement l'honorable supplice. Dans ces temps de malheurs et d'opprobre, où la pitié s'appelait *révolte*, où la politesse était un crime capital, l'urbanité, la grace affectueuse, les égards mutuels, toutes les qualités aimables dont se compose le caractère français, s'étaient réfugiées dans les prisons, dont l'amour trouva souvent le moyen d'adoucir ou de dissiper l'horreur.

Le 9 thermidor arrive : à des jours de deuil succèdent tout-à-coup des jours de fête ; un siècle d'oubli s'amasse en un moment sur des malheurs de la veille : on a soif de plaisir ; les soirées de l'hôtel Thélusson, du pavillon d'Hanovre, les bals de Richelieu, de Frascati, rassemblent tous ceux qui survivent, et dont le premier besoin paraît être de danser sur des ruines. Les *victimes* ont leur bal, où ces mêmes femmes, dont on admirait l'héroïsme quelques semaines auparavant, ne se distinguent plus que par la bizarrerie de leur parure et l'inconcevable légèreté de leur conduite.

Le rétablissement du pouvoir monarchique a mis fin à ces saturnales ; et la France, rendue à ses vieilles institutions, a recouvré, comme par enchantement, ses mœurs, ses usages, et quelque chose de cette antique galanterie dont on croyait la tradition perdue. J'entends bien, de temps à autre, quelques censeurs chagrins se plaindre que la jeunesse française apporte aujourd'hui dans la société des formes un peu cavalières, une confiance trop voisine de la présomption ; mais peut-on, sans injustice, exiger que des jeunes gens dont l'éducation actuelle fait si promptement des hommes ; qui, pour la plupart, à vingt ans, ont le droit de citer leurs services et d'associer leurs noms à quelques victoires; peut-on, dis-je, exiger que nos jeunes contemporains, grandis sous les drapeaux, se présentent dans un cercle avec cette élégance de manières, cette recherche de politesse et de galanterie, qui ne s'acquièrent que dans le commerce habituel des femmes, et que l'on regarde avec raison, en France, comme le complément de l'éducation? Cette dernière partie de la tâche des femmes est bien douce à remplir, et ces aimables instituteurs aiment trop la gloire pour ne pas s'associer à celle de leurs élèves.

N° LXI. [JUIN 1812.]

LA JOURNÉE D'UN FIACRE.

> *Lætus sorte tuâ vives sapienter*
> HORACE, ep. XI.
>
> La sagesse est de vivre heureux dans son état

« Il est bien singulier (me disait, il y a quelques jours, un étranger, homme de beaucoup d'esprit) qu'il y ait dans votre langue des mots auxquels on attache, dans la conversation, un sens tout-à-fait différent de celui qu'ils ont dans le dictionnaire! Comment voulez-vous qu'un homme qui n'est pas né sur les bords de la Seine ou de la Loire devine que ces phrases : *C'est un homme du monde, qui a vu le monde, qui connaît le monde*, signifient, dans leur acception nouvelle : « C'est un homme de tel quartier, qui n'est jamais sorti du petit cercle où l'usage le confine, et qui ne connaît qu'une partie de la classe la moins nombreuse de la société?» L'étranger avait raison; mais je l'étonnai bien davantage en lui apprenant que la plupart de ceux qui font usage de cette métonymie donnent aux mots leur valeur littérale, et croient en effet qu'il n'y a pas d'autre monde que celui au milieu duquel ils vivent, et dont ils font partie. Essayez de leur prouver que la société se compose de plusieurs classes, qui toutes, jusqu'aux plus infimes, ont leurs mœurs, leurs usages, leur physionomie particulière, dont l'examen n'est dénué ni d'intérêt, ni d'instruction; ils vous écouteront avec un profond dédain, et pourront fort bien en conclure que vous n'allez pas dans le *monde*.

Il y a long-temps que je me suis mis à cet égard au-dessus de tous les préjugés du bon ton, et que, pour bien connaître tous les habitants d'une maison, j'ai pris le parti de les observer à tous les étages. La prétention de tout ennoblir, d'éloigner les contrastes en ramenant tous les objets à des formes de convention, commence à se faire remarquer jusque dans les arts et dans les lettres. On craint de dégrader son burin, sa plume ou son pinceau, en descendant à la peinture des scènes populaires; et abusant du principe que les arts ne doivent se proposer que l'imitation d'une nature choisie, on s'expose à retomber dans l'afféterie et dans le maniéré. Le bon goût applaudit en même temps aux beautés si différentes de Raphaël et de Teniers, aux douleurs d'*Iphigénie* et aux facéties de *Petit-Jean*. L'artiste qui ne se borne pas à peindre des arabesques doit meubler son *album* de figures prises dans toutes les conditions; et puisqu'il en est plusieurs dont il ne peut trouver les modèles que dans des greniers, sur les ports, ou dans les cabarets, c'est là, quoi qu'on en puisse dire *dans le monde,* qu'il doit aller esquisser leurs portraits.

J'ai souvent entendu dire à Préville qu'il avait pris dans un cabaret de la Courtille son personnage si comique de *La Rissole.* Taconet, à la même école, avait si bien étudié les allures des savetiers, que le grand acteur dont je parlais à l'instant *ne le trouvait déjà plus à sa place dans un rôle de cordonnier.* Si le peintre et l'acteur ont souvent besoin d'aller chercher des modèles au cabaret, le poëte dramatique, le moraliste, le romancier, doivent quelquefois y prendre des notes.

Ce petit préambule était nécessaire pour excuser aux yeux des gens *du monde* l'aventure qui me reste à raconter. Lundi dernier, j'étais allé me promener au Jardin des Plantes, et j'avais fait assez lestement une course un peu longue pour mon âge. En revenant, je m'aperçois que la promenade m'a un peu fatigué; j'étais encore loin de chez moi; je me décide à prendre une voiture : on m'indique une place de fiacres dans la rue des Filles-du-Calvaire; j'y trouve effectivement les voitures rangées sur le côté gauche de la rue, et les chevaux, abandonnés à *eux-mêmes,* cherchant au fond du sac qui leur pendait au cou quelques grains d'avoine, reste du picotin de la journée. Mais j'ai beau parcourir la file de la tête à la queue, je ne vois point de cochers.

Du fond de son échoppe, une marchande de vieux linge s'aperçut de mon embarras, et me dit obligeamment, en m'indiquant de la main un cabaret de la plus chétive apparence, « Les cochers que Monsieur cherche sont à dîner chez la mère Henri. » J'entre, et, déterminé sur-le-champ par la nouveauté des observations que ce lieu me présente, au lieu d'un cocher, je demande un couvert. Bien que vêtu très modestement, j'attirai l'attention de la mère Henri, qui me fit répéter deux fois avant de m'inviter à passer dans la *salle*, où me conduisit une petite fille armée d'une énorme cuiller à pot en cuivre étamé, pleine d'une eau grasse que l'on appelait emphatiquement du bouillon. Je trouvai dans la salle, c'est-à-dire dans une enceinte de quatre murailles charbonnées du haut en bas, une douzaine de cochers de fiacre, rangés en file aux deux côtés d'une table très longue et très étroite, à l'extrémité de laquelle je pris place.

Après avoir trempé la soupe de mes voisins, la fille, que j'entendis appeler Manette, vint placer devant moi un litre de vin, un gobelet de fer-blanc, une cuiller d'étain et une fourchette de fer; les couteaux à l'usage des habitués de la maison étaient attachés à la table par une petite chaîne de laiton.

En me servant un repas très frugal, mais moins mauvais que je ne m'y serais attendu, Manette me demanda « si j'avais apporté mon pain; » et ma réponse négative parut ajouter à la haute opinion qu'elle avait déja conçue de moi. Le dîner n'était qu'un prétexte; j'étais resté là pour voir et pour écouter: je n'ai pas perdu mon temps. Dans les premiers moments, la conversation n'était pas générale; chacun s'entretenait avec son voisin: celui-ci se plaignait de son bourgeois; celui-là s'applaudissait de l'arrangement qu'il avait fait avec le sien; cet autre, mis à la journée, ne se tirait d'affaire que sur la nourriture de ses chevaux; un autre racontait toutes les petites ruses qu'il mettait en usage pour multiplier ses courses et pour augmenter ses *pour-boire*.

Je liai conversation avec le cocher qui se trouvait le plus près de moi. C'était un gros garçon de quarante-cinq ans, d'humeur assez joviale. Une bouteille de vin que je fis venir, et dont je lui versai quelques verres, m'attira toute sa confiance: en moins d'un quart d'heure il me mit au fait de sa vie entière. J'appris qu'il avait été tour-à-tour cocher d'une femme entretenue, de chez laquelle on l'avait renvoyé pour une légère indiscrétion; palefrenier chez un jeune homme dont les créanciers avaient saisi les chevaux; courrier d'une maison de banque pour laquelle il avait fait vingt-sept fois le voyage de Hambourg. Fatigué de tant de courses, il s'était reposé deux ans au service d'un vieux médecin dont il conduisait la demi-fortune, et qui avait fini par aller rejoindre ses malades. Emporté par un mouvement d'ambition, il avait pris les rênes du carrosse d'un ministre qu'il avait eu le malheur de verser quelques jours après sur la route de Saint-Cloud. Perdu de réputation dans toutes les écuries par ce dernier échec, il avait pris le parti de se mettre sur la place, où il se trouvait si bien qu'il ne troquerait pas sa mauvaise houpelande contre la plus belle livrée de Paris. Tous les jours n'étaient cependant pas également heureux, mais l'un allait pour l'autre; et, à tout prendre, une journée comme celle de samedi dernier consolait de beaucoup d'autres. Je desirais connaître en détail cette journée si heureuse; une seconde bouteille de vin à quinze, que je fis apporter, lui donna autant d'envie de parler que j'en avais de l'entendre.

« Samedi, me dit-il, en sortant à sept heures du matin de chez mon bourgeois, qui demeure dans la rue de Buffaut, *Petit-gris*, mon cheval *hors la main*, détacha deux ruades. Bon ça! me dis-je à part moi, les aubaines seront bonnes aujourd'hui: ce présage-là ne m'a jamais trompé. En effet, comme je tournais le coin de la rue, deux hommes, dont l'un portait sous son bras une boîte carrée, m'arrêtent, montent dans ma voiture, et m'ordonnent de les conduire du côté des carrières de Montmartre : arrivés à la barrière, où se trouvent deux jeunes gens qui me font signe d'arrêter, ceux que je conduisais descendent de voiture, et s'éloignent avec les autres; je les suis au pas : ils quittent la grande route; et, du haut de mon siège, je les vis descendre dans une espèce de ravin. A peine les avais-je perdus de vue, que j'entends un bruit d'armes à feu. Quelques minutes après, un des jeunes gens que j'avais conduits accourt, me met 12 francs dans la main, et disparaît en me recommandant d'attendre les autres. Les deux hommes que j'avais rencontrés à la barrière, et dont l'un était blessé, montèrent dans ma voiture, et je les ramenai de toute la vitesse de mes chevaux aux bains de Tivoli. Cette course me valut six francs. C'est un des duels les plus lucratifs que j'aie encore eus.

« Comme je regagnais gaiement le boulevard, j'accrochai, sans le faire tout-à-fait exprès, le cabriolet d'un auditeur, qui voulut me faire mettre en fourrière. Le commissaire de police prononça en ma faveur, et le maître du cabriolet fut obligé de me payer double le temps qu'il m'avait fait perdre. Avant d'arriver sur la place, je fus pris par un monsieur qu'à ses bas de soie et son habit habillé (à onze heures du matin) je reconnus pour un candidat au Corps-législatif. Je le conduisis chez tous les sénateurs de la Chaussée-d'Antin et du faubourg Saint-Honoré; il ne fut reçu nulle part, et ne m'aurait payé le temps que nous passâmes ensemble qu'aux termes de l'ordonnance, si ma montre, qui allait juste avec la sienne quand nous partîmes, n'eût avancé d'une heure quand nous arrivâmes.

A peine avais-je déposé mon candidat à sa porte, rue Froidmanteau, qu'une femme-de-chambre me fait signe de la suivre, et me place au coin de la rue Saint-Thomas-du-Louvre. Après avoir examiné s'il y avait des stores à ma voiture, elle prend mon numéro par écrit, me remet une pièce de 5 fr., et me dit d'attendre une dame qui ne tardera pas à venir, et que je reconnaîtrai à son manchon.

C'était une bonne occasion pour faire déjeuner mes chevaux et pour déjeuner moi-même : je tire du caisson de la voiture mon sac à avoine; je fais la part à mes pauvres bêtes, et je donne, comme de raison, la meilleure au *petit-gris* en faveur du présage. J'allais entrer au cabaret voisin; je vois arriver la dame au manchon, qui tournait autour de ma voiture en soulevant son voile pour lire le numéro. « C'est ici, » lui dis-je en ouvrant la portière. Elle monte en s'appuyant sur mon bras et en regardant autour d'elle avec inquiétude; je demande où nous allons : « Aux bains Saint-Joseph, » me répondit-elle à demi-voix. Je monte sur mon siége, et nous y voilà.

Avant de descendre, la dame, sans me demander si l'on m'a payé ma course, tire un napoléon du coin de son mouchoir, où il était lié, et me dit de prendre bien vite un écu; elle était pressée, je le voyais; en conséquence, je mis beaucoup de temps à dénouer ma bourse de cuir; je me plaignis de n'avoir à rendre que des gros sous; la petite dame était au supplice: j'offris d'aller changer dans une boutique; elle perdit patience comme je l'espérais; descendit de voiture, et dit en s'échappant: « *Gardez tout*. — Grand merci, notre bourgeoise, et qu'un autre vous rende tout le plaisir que vous me faites. »

Il était deux heures; je vais prendre la file et achever mon déjeuner au bout de la rue Montmartre. En revenant à la tête de mes chevaux, je trouve deux jeunes filles dans ma voiture, qui, d'un air délibéré, me disent de les conduire chez Charrier, sur le boulevard du Temple; arrivées là, elles m'envoient au jeu de paume demander M. Prosper; celui-ci, qui jouait une partie très importante, et qui venait de perdre *trois chasses* de suite, m'envoya promener en termes de joueur malheureux, et, par réflexion pourtant, me dit de prévenir ces dames qu'il les rejoindrait dans un moment au Jardin Turc: je les y déposai, et cette course me fut encore très généreusement payée.

« Debout derrière mon siége, et m'en allant au pas le long du boulevard, j'additionnais sur mes doigts ce que j'avais déja gagné : on m'appelle par mon nom du fond de la boutique d'un épicier. L'épicière était accouchée de la veille, il s'agissait d'un baptême ; le fiacre qu'on avait fait venir ne suffisait pas pour tous les invités, et mon camarade m'appelait à son secours ; ma voiture était la plus belle ; j'eus l'honneur de transporter à l'église la garde, l'enfant, la nourrice, le parrain, la marraine, le mari, et la mère de l'accouchée. Les témoins montèrent dans l'autre voiture. Cette course, dont je partageai le bénéfice avec mon camarade, me rapporta six francs pour ma part, et de plus un verre de cassis que l'épicier nous fit servir sur le bout du comptoir.

« L'heure du spectacle était arrivée : en attendant la sortie de l'Ambigu-Comique, j'entrai chez un marchand de vin avec quelques autres cochers de fiacres ; nous jouâmes notre dîner à la triomphe ; j'étais *en bonheur*, je gagnai mon écot ; j'avais fait venir deux bouteilles de vin dont je voulais régaler mes camarades ; avant qu'elles fussent bues un petit garçon vint m'avertir qu'un monsieur et une dame, sortis du spectacle avant la fin, m'attendaient dans ma voiture. J'y cours ; une voix d'homme, répondant d'avance aux questions d'usage, me crie par la portière : « *A l'heure, au pas, où tu voudras.* —

J'entends, notre bourgeois. » Et me voilà roulant vers la Madeleine. En face du pâté des Italiens, je me sens tirer par ma redingote; j'arrête, le monsieur descend, me donne un écu et me charge de reconduire la dame, qu'il laisse dans la voiture, rue Gaillon, n°......

« Ce fut là que je terminai mes courses: il n'était encore que dix heures, mais ma bourse était remplie, et mes chevaux étaient fatigués. Je retournai chez mon bourgeois, en visitant ma voiture, j'y trouvai une montre d'homme, une collerette, et une paire de gants de femme: je les déposai le lendemain à la Préfecture de police; mais, par suite de mon bonheur, personne ne les a réclamés. »

Quand mon homme eut achevé son histoire et bu le dernier verre de vin à ma santé, il me proposa de me reconduire *gratis* jusque chez moi; et j'y consentis à condition qu'il accepterait *pour boire* le double du prix de sa course.

N° LXII. [5 juin 1812.]

LECTURES
ET SUCCÈS DES SALONS.

>Faites-vous des amis prompts à vous censurer ;
>Qu'ils soient de vos écrits les confidents sincères,
>Et de tous vos défauts les zélés adversaires ;
>Dépouillez devant eux l'arrogance d'auteur,
>Mais sachez de l'ami distinguer le flatteur.
>Tel vous semble applaudir, qui vous raille et vous joue·
>Aimez qu'on vous conseille, et non pas qu'on vous loue.
>BOILEAU, *Art poét.*, chant I.

J'ai connu dans ma jeunesse un enseigne de vaisseau nommé le chevalier de Rumigny, que l'on citait, à Paris, comme l'espoir de la marine française : nous nous embarquâmes ensemble ; et, pendant six mois que nous passâmes à bord du vaisseau, je me fis une occupation particulière d'observer ce prétendu phénomène, sans pouvoir rien trouver en lui qui justifiât les magnifiques espérances dont il était l'objet. Dans les discussions qui s'élevaient à table, il gardait pour l'ordinaire un imperturbable silence, et si par quelques questions directes on le forçait à répondre, il s'exprimait d'une manière si vague et si laconique tout à-la-fois, qu'on avait plus tôt fait de lui supposer une opinion que de deviner la sienne.

Cette extrême réserve, dont on faisait honneur à sa modestie, passait aussi pour de la profondeur. Pendant tout le temps de son quart, il affectait de ne parler à personne, et se promenait à grands pas sur le gaillard d'arrière avec l'air de méditer profondément sur quelque point de la science nautique. Le docte chevalier, presque toujours enfermé dans sa chambre, était supposé, le compas à la main, travailler à comparer *le Neptune* de Bouyer avec celui de Roberston, l'*Atlas céleste* d'Hevelius avec celui de Flamsteed; personne ne doutait qu'il ne s'occupât d'un travail très important.

Une fluxion de poitrine enleva subitement ce jeune homme le jour même où nous entrâmes dans la baie d'Antongil, à Madagascar. Dès le lendemain de sa mort, le capitaine, suivant l'usage, fit dresser l'inventaire de ses effets et de ses papiers. Qu'on juge de notre surprise, en ouvrant son secrétaire et ses portefeuilles, d'y trouver, pour tout manuscrit, une douzaine de paquets de lettres de femmes, bien et dûment étiquetés, avec le portrait de l'auteur en tête de chacun; des liasses de recettes pour faire le cirage anglais, l'encre de la Chine, le marasquin, la cole à bouche et le vin de quinquina;

plus, deux gros registres écrits de la main du chevalier, et remplis d'énigmes, de charades, de logogriphes, extraits du *Mercure*.

Ses camarades, honteux d'avoir été si long-temps sa dupe, s'empressaient de revenir sur les éloges qu'ils lui avaient prodigués de son vivant, et moi je me promettais bien de ne jamais jurer sur la parole des autres, et de me méfier de ces réputations improvisées dans les salons, auxquelles il est quelquefois si difficile de trouver même un prétexte. Dans quelque carrière que ce soit, dès qu'il est question de gloire, je demande des titres, et je n'admets les espérances qu'autant qu'elles sont fondées sur un premier succès. Vous prétendez à un nom dans la littérature : où sont vos œuvres? dans votre portefeuille? le public ne tient compte que des ouvrages imprimés : combien n'en pourrais-je pas citer qui n'ont pu franchir ce passage difficile ! Pour ne parler que des plus notables, les poésies de Bernis, *l'Art d'aimer* de Bernard, tant vantés avant de paraître, du moment où ils ont vu le jour ont été *degringolando*, comme dit madame de Sévigné; le poëme des *Jeux de mains*, de Rulhières, n'a joui que d'une réputation inédite.

Quelque temps avant la révolution, à défaut de temple on élevait de tous côtés des petites chapelles à la gloire, où chaque société nichait son idole et l'enivrait d'encens. Au nombre des réputations littéraires que j'ai vues se former par ce moyen, quelques unes ont acquis une sorte de consistance dont on peut se rendre compte en remarquant que ceux qui en ont joui, ou qui même en jouissent encore, ont eu assez d'empire sur leur amour-propre pour résister à la voix de la louange, et ne pas rompre avec le public ce *silence prudent* dont Conrard leur avait donné l'exemple. Pour quelques élus, combien cet engouement de société n'a-t-il pas fait de dupes et de victimes? Que de manuscrits livrés à l'impression sur la foi des éloges qu'ils avaient reçus à la lecture, et dont le libraire ne traitera jamais qu'avec l'épicier! Que de comédies, de tragédies, prônées, vantées, applaudies dans les salons, à l'égal des chefs-d'œuvre de la scène, sont venues, sur le théâtre, mourir au bruit des sifflets!

Je serais fâché qu'on se méprît sur ce que j'ai dit et sur ce qui me reste à dire, au point de croire que je veuille ici confondre ce que l'usage a de véritablement utile avec ce que l'abus a de ridicule et de dangereux. Loin de blâmer le commerce des gens de lettres avec les gens du monde, je le crois également avantageux pour les uns et pour les autres, et c'est de leur réunion que la société me paraît tirer son plus grand charme: les premiers y portent le savoir et les lumières; les autres cette politesse, cette urbanité que le mérite même a besoin d'acquérir. En se rapprochant, les gens du monde deviennent plus éclairés, et les gens de lettres plus aimables. Une lecture en présence de vrais amis, de véritables connaisseurs, que l'on rassemble avec l'intention de profiter de leurs conseils, d'épier leurs impressions, de rapprocher leurs sentiments, est, pour le mérite, je ne dis pas seulement un moyen, mais un garant de succès. Il est fâcheux (et c'est sur cela que porte ma critique) qu'il soit si difficile de composer un aréopage dans les véritables intérêts de l'art, de l'auteur, et de la justice.

C'est du beau siècle de Louis XIV que datent, à Paris, le goût et même la manie des lectures. Depuis ce temps, on a toujours cité dans cette ville plusieurs maisons et quelques palais où ce noble plaisir a été mis au nombre des plus douces habitudes.

Ce berceau des auteurs naissants a souvent été l'asile des auteurs persécutés. *Tartufe*, en dépit du premier président, *qui ne voulait pas qu'on le jouât*, avait été accueilli avec enthousiasme dans la petite maison de la rue des Tournelles, avant qu'il lui fût permis de paraître à l'hôtel de Bourgogne. *Le connétable de Bourbon*, à qui mademoiselle Lespinasse avait fait une si belle réputation, la conserverait peut-être encore s'il n'avait, en quelque sorte, forcé es portes du théâtre, que l'autorité s'obstinait à lui fermer. L'intrigant *Figaro* eut à lutter contre les mêmes écueils, et trouva dans la société les mêmes ressources, la même protection: il les fit mieux valoir en public.

Il y a quelques années, dans un temps où l'on faisait argent de tout, les agioteurs du Parnasse spéculèrent sur ce goût de lectures qui s'était emparé de presque toutes les classes. Certains établissements publics eurent des lecteurs à gages qui venaient débiter, entre une leçon d'anatomie et une sonate de harpe, des scènes de tragédies dont le plan n'était pas fait; des épisodes de poëmes dont le sujet n'était point trouvé; des épîtres, des contes et des madrigaux de toutes les dimensions, jusques et compris le distique. Le ridicule a fait justice de ces lectures d'apparat, où l'on vit les successeurs de MM. Maribarou, Braquet et Briquet, s'asseoir gravement au fauteuil de MM. Delille, La Harpe, et Chénier. Je reviens aux lectures de salons, où l'on est revenu, et j'examine comment les choses s'y passent aujourd'hui.

La maîtresse de la maison et l'auteur ont fait ensemble leur liste : un certain nombre de personnes, que le hasard décuple presque toujours, sont appelées pour écouter et trouver bon l'ouvrage qu'on va leur lire. Il est neuf heures, on n'attend plus que madame la duchesse de ***. Chacun témoigne une impatience dont l'auteur ne saisit pas toujours le véritable motif. C'est pourtant là son quart d'heure de modestie. Il faut voir comme il court avec grace au-devant des plaisanteries qu'on pourrait lui faire sur le genre de son ouvrage, sur la grosseur de son manuscrit; comme il invoque la critique; comme il s'engage à suivre vos conseils, dont il a toujours fait tant de cas; comme il intéresse votre goût et votre amour-propre à son succès, en vous prévenant que *cet ouvrage est tout-à-fait dans votre genre ou dans vos principes!*

Madame la duchesse arrive ; la porte est défendue : les bougies, le verre d'eau sucrée, sont placés sur le guéridon ; la maîtresse de la maison donne le signal, et chacun se place. Dans ce mouvement de chaises, de fauteuils, je remarque que les vieux habitués de ces sortes de fêtes, ceux qui en connaissent toutes les conséquences, s'emparent des angles du salon, et se retirent, autant qu'ils peuvent, derrière le lecteur, tandis que les novices et les provinciaux, bravant un péril qu'ils ignorent, se portent sous le feu même de ses regards.

La lecture commence, et les plus âgés ne tarderont pas à s'apercevoir du danger de leur position. En vain ont-ils recours à leur tabatière, qu'ils ouvrent à petit bruit; en vain s'efforcent-ils de donner à l'assoupissement l'air de réflexion : la paupière se ferme, la tête tombe, se relève, et retombe sur la poitrine; trop heureux si la respiration gênée ne trahit pas tout haut l'incongruité de leur sommeil! Mais enfin la lecture finit, les dormeurs s'éveillent au bruit des applaudissements, et ne manquent jamais de prendre part à la discussion qui s'ouvre sur ce qu'ils n'ont pas entendu.

Ce moment est celui où l'amour-propre de l'auteur reprend son empire : tout à l'heure il invoquait la critique, maintenant il repousse jusqu'aux conseils, et s'irrite de la moindre objection; il vous suppliait de prononcer franchement sur l'ouvrage entier; il ne vous permet plus d'en censurer un seul hémistiche. Il a toujours quelque autorité à citer en faveur de la scène, du vers, de l'expression qui vous a déplu: Racine, Voltaire en offrent vingt exemples. Cette situation vous a paru froide, il faut la juger à la scène; cette autre, forcée, invraisemblable, c'est une heureuse innovation qui doit assurer le succès de l'ouvrage. Hâtez-vous de détruire par des louanges outrées le mauvais effet de vos observations critiques, si vous ne voulez passer aux yeux de l'auteur et de ses amis pour un pédant insupportable, ou pour un homme envieux et jaloux de tout mérite.

Il faut pourtant convenir que l'on rencontre quelquefois des auteurs modestes, dociles, plus avides de conseils que d'éloges; mais, par une fatalité assez singulière, ces auteurs timides ont presque toujours affaire à des auditoires malévoles.

Tout récemment encore, Destival m'a fourni l'occasion de confirmer cette remarque. J'aime sa personne, son caractère et son talent. Il me fit inviter, la semaine dernière, à passer la soirée chez une de ses parentes, où il devait lire une comédie qu'il destine au Théâtre-Français. Je m'y rendis : la société, assez nombreuse, n'était composée, en très grande partie, que de gens de lettres. Dès lors je vis qu'il s'agissait moins d'une consultation que d'une sentence, et je commençai à craindre que l'accusé ne perdît son procès; car lorsque vos rivaux ne sont pas vos amis (ce qui arrive quelquefois), il est rare que vous trouviez en eux des juges indulgents.

Je faisais cette réflexion, en écoutant deux membres de ce jury littéraire, lesquels, après avoir félicité tout haut leur confrère Destival d'avoir choisi pour sujet de sa pièce un caractère neuf, cherchaient à se prouver mutuellement tout bas que son talent était fort au-dessous d'une pareille entreprise.

Le silence que l'on garda pendant les entr'actes ne fut interrompu que par quelques mots obligeants de la maîtresse de la maison; et par un chuchotement dont le pauvre lecteur paraissait fort embarrassé.

La pièce finie, je m'expliquai très hautement et

très franchement sur le plaisir qu'elle m'avait fait, sur le beau talent dont elle était la preuve; mais le suffrage d'un vieil ami est toujours un peu suspect. Destival s'empressa de recueillir des opinions plus désintéressées: Melcourt, vieil oracle de l'Opéra-Comique, décida que l'exposition était beaucoup trop longue, et voulait qu'on la mît en action. Le rocailleux Mélis releva des négligences de style, et disserta, en assez mauvais français, sur les avantages et la nécessité de la correction J'admirai dans Serval une vivacité d'imagination qui le dispense de tous égards, de toute politesse: avant de dire son avis sur l'ouvrage qu'il venait d'entendre, il commença par en refaire le plan d'un bout à l'autre, ce qui l'obligea d'indiquer à l'auteur de nouvelles combinaisons, et de supposer de nouveaux caractères. A cela près, tous nos aristarques se réunirent pour louer avec exagération telle ou telle tirade, tel ou tel vers, sur lesquels il ne pouvait pas y avoir deux avis. « Applaudir plus vivement que personne aux choses d'une beauté indisputable, est un des secrets de l'envie. »

Mon pauvre ami Destival, très peu satisfait de sa lecture, sortit convaincu qu'il avait fait une très mauvaise comédie, et j'eus besoin, pour empêcher de jeter au feu le produit de quatre ans de travail, d'étude, et de méditation, de lui prouver, en les résumant l'une après l'autre, que les opinions qu'il venait de recueillir étaient presque toutes contradictoires; qu'elles se détruisaient mutuellement, et qu'il y avait aussi par trop de naiveté à consulter exclusivement des potiers sur la forme et la beauté d'un vase.

N° LXIII. [10 JUIN 1812.]

LE CHAPITRE
DES CONSIDÉRATIONS.

> Je n'aurais pas de peine à prouver que le respect des vaines considérations est la source la plus féconde des maux qui inondent la société.
> Ducros, *Confess. du comte de* ***.

Je voudrais bien ne pas me brouiller avec tant de faiseurs de poétiques, de dissertations didactiques, de critiques de journaux, qui ne jurent que par le saint nom d'Aristote; mais je voudrais pourtant qu'il me fût permis d'avouer que j'ai ri ou pleuré à la lecture, à la représentation de tel ou tel ouvrage, sans encourir l'indignation des inquisiteurs *pour* la saine doctrine: car enfin j'ai beau faire, j'ai beau meubler mon esprit de toutes les belles choses que ces messieurs débitent, j'ai beau lire et relire les quatre poétiques de Le Batteux, je me surprends toujours à éprouver des sensations avant de m'en être rendu compte, et je suis tout prêt à entrer en accommodement sur certaines régles avec l'écrivain qui m'a procuré quelque plaisir ; c'est ainsi que, bien informé des défauts nombreux de cette mauvaise comédie du *Mariage de Figaro*, je l'ai vue *tomber* quinze ou vingt fois pour ma part. A travers le verbiage, le mauvais goût dont le monologue du cinquième acte est infecté, j'ai cru remarquer dans cette scène plus de calcul, plus de naturel, plus de choses observées que dans telle comédie nouvelle, que dans tel roman moderne en cinq ou six volumes. Qu'il a quelquefois d'esprit et de bon sens, ce maraud de barbier ! *Je sollicite un emploi* (dit-il) ; *j'avais tout ce qu'il fallait pour réussir : il fallait un calculateur, ce fut un danseur qui l'obtint.*

Cet abus, presque toujours la suite du *chapitre des considérations*, est un de ceux qui m'ont le plus frappé dans le cours de ma vie, et sur lequel j'ai rassemblé le plus d'exemples et d'observations. Destiné dès l'enfance à la profession des armes, toutes mes études, tous mes exercices avaient été dirigés vers cet objet ; mon goût ou plutôt ma passion pour les chevaux, mes succès à l'école d'équitation, indiquaient en moi une vocation toute particulière pour l'arme de la cavalerie ; malheureusement un ami de ma famille, major dans un régiment d'infanterie, lequel se croyait le plus grand tacticien de l'Europe parcequ'il savait faire l'exercice à la prussienne, détermina mon père à me faire entrer *cadet* dans son corps, où j'appris, comme secret du métier, à faire manœuvrer un bataillon *à l'homme d'aile*, et à tirer cinq coups de fusil à la minute.

Je fis mes premières armes sous le maréchal de Richelieu, en 1756. En relisant mon journal, qui date de cette époque de ma vie, j'y trouve les notes suivantes : « A la suite d'une brillante affaire d'avant-garde qui précéda la journée de Closter-Scheven, le roi envoya au maréchal trois croix de Saint-Louis, pour être distribuées à ceux des jeunes officiers du régiment de Picardie qui s'étaient plus particulièrement distingués dans cette action. Un de mes amis, le chevalier de Constantin, était du nombre, et son nom avait d'abord été porté sur cette liste honorable; mais le secrétaire du maréchal lui ayant fait observer que monsieur d'Argenson avait, dans le régiment, un neveu resté au dépôt pour cause de maladie, le général, qui sollicitait alors un régiment pour son fils, se vit contraint d'effacer le nom du pauvre chevalier pour y substituer celui du neveu du ministre. »

Quand je rentrai en France, une de mes tantes venait de mourir, et m'avait laissé par testament un legs considérable, en me chargeant d'une fondation de cinquante messes par an pour le repos de son ame; le légataire universel plaida contre l'exécution de cette clause. Je devais croire le gain de mon procès infaillible, Gerbier s'était chargé de ma cause, et j'avais pour moi la coutume et le droit romain : malheureusement, ni Gerbier, ni la coutume, ni le droit romain n'avaient prévu que monsieur le président de la chambre des vacations aurait une maîtresse dont le cousin se trouverait précisément dans le cas contraire; que sa cause serait jugée quelques jours avant la mienne, et que l'arrêt porté en sa faveur serait invoqué contre moi.

Privé de mon legs, je n'en fondai pas moins les messes, et je m'embarquai sur un des vaisseaux de l'escadre destinée à parcourir les mers du Nord, sous le commandement de Thurot, qui passait pour une créature du maréchal de Belle-Isle. Monsieur de Flobert, qui commandait les troupes de débarquement, et qui croyait avoir à se plaindre du maréchal, fit de son mieux pour faire manquer l'expédition. Thurot et son conseil avaient décidé qu'il fallait opérer une descente à Belfast (en Irlande); mais Flobert, qui avait demeuré deux ans à Carrick-Fergus, chez une jeune veuve anglaise dont il avait conservé un tendre souvenir, voulut à toute force effectuer le débarquement sur ce point, et cette *considération* fut cause, en grande partie, des désastres de cette campagne.

Quelques années après, pendant un assez long séjour que je fis à Paris, je me liai avec plusieurs gens de lettres; nous nous réunissions presque tous les soirs chez madame Doublet, femme d'un payeur de rentes, dont la maison était, si je puis m'exprimer ainsi, l'entrepôt général des nouvelles politiques, littéraires et scandaleuses de la capitale. On ne s'y contentait pas du fait matériel, on voulait en connaître les circonstances, en démêler la cause, et presque toujours on la trouvait au *chapitre des considérations*.

Je me rappelle avoir entendu lire dans cette maison, il n'y a pas moins de quarante-cinq ans, une comédie sur ce sujet, d'un auteur provençal, nommé Duteil : depuis, je n'ai plus entendu parler ni de la pièce ni de l'auteur ; mais je me souviens que, dans un séjour de quelques mois qu'il fit à Paris, on ne le laissa pas manquer de matériaux pour ajouter à sa comédie de nouvelles scènes.

Entre plusieurs autres ouvrages que ce jeune homme avait en portefeuille, et dont il nous fit lecture, se trouvait une tragédie étincelante de beautés, et que, d'une commune voix, nous jugeâmes digne de la scène française. Il en fit lecture aux comédiens, qui n'en jugèrent pas moins favorablement; mais Colardeau les avait fait prévenir qu'il traitait le même sujet : sa pièce était attendue, et cette *considération* ne leur permettait pas d'en recevoir une autre.

Pour ne pas perdre entièrement le fruit de ses travaux, notre auteur dénatura son plan, plaça l'action en Égypte, perdit quelques belles situations, relut son ouvrage et le fit recevoir; mais dans l'intervalle de temps qui s'écoula jusqu'au moment où il fut question de la mise en scène de sa tragédie, mademoiselle Clairon avait joué un rôle égyptien, et s'était aperçue que ce costume ne lui était pas favorable; en conséquence, elle exigea que l'auteur transportât la scène aux Indes : nous lui conseillâmes de n'en rien faire; mais une autre distribution des rôles était impossible; de dépit, il brisa ses alexandrins, chevilla des rimes à la césure, et, de sa tragédie, fit un opéra qu'il avait l'intention de confier, pour la musique, à un compositeur italien de grande réputation.

Le poëme fut reçu avec acclamations; mais le directeur Francœur venait d'être parrain du dernier enfant de Mondonville, et cette *considération*, présentée dans toute sa force à l'élève de Quinault, fut cause qu'il se décida par compère et par commère; que son opéra, mis en musique par Mondonville, après avoir fait bâiller Paris pendant quelques mois, céda la place aux *fragments* que le mauvais goût du temps avait mis à la mode : notre poete provençal, dégoûté, dès les premiers pas, de la carrière des lettres, qu'il eût sans doute honorée par ses talents, retourna dans sa province, et fit à son repos le sacrifice de sa gloire.

Si quelqu'un entreprend jamais de faire un livre

sur le *chapitre des considérations*, quelle moisson d'anecdotes le champ de l'histoire ne lui fournira-t-il pas? A quelle autre cause attribuer les malheurs des dernières années du règne de Louis XIV, quand on voit ce prince s'obstiner à maintenir Villeroi au commandement de l'armée, malgré son incapacité reconnue, sa présomption, et ses revers?

N'est-ce pas encore au *chapitre des considérations* qu'il faut inscrire le mariage de Louis XV avec la fille d'un roi détrôné, à une époque où la France avait le besoin et le pouvoir de former une alliance infiniment plus avantageuse? Il est fâcheux que l'intérêt de l'état ne se soit pas accordé avec celui de la marquise de Prie, maîtresse du premier ministre, qui voulait s'assurer la reconnaissance d'une reine qu'elle aurait placée sur le trône.

On sait à quelles *considérations* M. de Marigny fut redevable de la surintendance des bâtiments; c'était un homme sans naissance, sans instruction, sans goût....; mais il était frère de mademoiselle Poisson-Pompadour.

Voltaire n'avait pas moins de cinquante-deux ans lorsqu'il fut reçu à l'Académie française; à trente il avait fait *OEdipe*, *Brutus* et *la Henriade*. On pourrait croire qu'il fallut du moins de bien fortes *considérations* pour éloigner si long-temps du fauteuil académique le plus beau génie dont s'honore l'espèce humaine; presque toutes ces *considérations* étaient de la nature de la dernière, qui retarda de cinq ans son élection. Il était protégé par madame de Châteauroux; la favorite, à cette époque, était mal avec M. de Maurepas; et ce ministre, qui avait de plus une petite vengeance à exercer contre les philosophes, dont Voltaire était regardé comme le chef, trouva plaisant d'écarter le grand homme du fauteuil, pour y placer un cardinal.

C'est sur-tout au bureau d'un journal qu'il faut aller étudier le *chapitre des considérations*. Tel livre vient d'être publié; il est composé tout entier sur le plan d'un autre ouvrage justement célébre; le peu d'idées neuves qu'il renferme se réduisent à quelques paradoxes; l'esprit y brille quelquefois, mais toujours aux dépens du bon sens et du bon goût: on rend compte de ce livre dans un journal accrédité; l'auteur de l'article est un homme d'honneur, plein de talent et d'instruction; nul doute que justice ne soit faite. Je lis, et, à ma grande surprise, au lieu d'une critique bien saine, bien raisonnée, à laquelle je devais m'attendre, je trouve un éloge qui n'échappe au ridicule qu'à force d'exagération. Je veux connaître le motif secret d'un jugement aussi étrange : l'auteur du livre est sur les rangs pour l'Institut, et le journaliste prévoit qu'un jour il pourrait bien s'y mettre.

J'étais, il y a quelques jours, chez madame Dormeuil, où se rassemble, sinon la meilleure, du moins la plus brillante société de Paris. On annonce M. de Saint-Alphonse. Ce nom me fait faire un mouvement de surprise qui n'échappe pas à la maîtresse de cette maison, avec laquelle je m'entretenais de la tragédie nouvelle. « Je conçois votre étonnement, me dit-elle en faisant une légère inclination à la personne qu'on venait d'annoncer, et qui se perdit au même instant dans la foule; je connais la réputation de cet homme, je le reçois à regret; mais vous savez bien qu'il n'y a que les ridicules, l'ennui ou la sottise qui soient maintenant à Paris des titres d'exclusion. Cet homme est spirituel et méchant : il ne ménage que les gens chez lesquels il dîne; vous sentez bien qu'il a son couvert mis chez moi.—Vos amis mangent donc à l'office? » lui répondis-je avec beaucoup d'humeur.

Je continuais à m'élever de toutes mes forces contre ces hautes *considérations;* madame Dormeuil se leva pour aller au-devant d'un grand homme sec et chauve qui venait d'entrer dans le salon; et, revenant ensuite auprès de moi : « Vous allez encore me gronder, dit-elle; mais en attendant, je viens de terminer une affaire que j'avais à cœur, et qui intéresse notre ami Berville. Vous savez qu'il s'occupe depuis cinq ans d'un poème de *Suzanne :* son ouvrage est au moment de paraître; mais un auteur plus diligent a publié depuis trois semaines un poëme sur le même sujet; je viens de m'assurer qu'aucun journal n'en parlerait, même pour l'annoncer, jusqu'à ce que celui de Berville ait été mis au jour. »

Je me récriai de nouveau contre de pareilles menées, que je qualifiai de tous les noms qu'elles méritent. « Tenez, mon vieil ermite, continua-t-elle, prêchez tant qu'il vous plaira; je ne connais ni raison ni justice quand il est question de mes amis; malheur à qui se trouve sur leur chemin ! »

Je ne fais qu'indiquer aujourd'hui un sujet fécond, sur lequel je me propose de revenir, mais que je n'épuiserai pas, car le *chapitre des considérations* tient une bien grande place dans le livre de la vie.

N° LXIV. [20 JUIN 1812.]

LA PRISON POUR DETTES.

> *Happiness, though often crossed by misfortune,
> is more frequently destroyed by misconduct*
> PRIOR
>
> Le bonheur, quoique assez souvent détruit par
> la mauvaise fortune, l'est plus souvent encore par
> la mauvaise conduite

L'emprisonnement pour dettes est une suite nécessaire des progrès et peut-être des abus de la civilisation. En France, sous les deux premières races, et même au commencement de la troisième, les créanciers n'avaient de prise que sur les biens immeubles. Le président Hénault cite en preuve Bouchard de Montmorency, lequel devait une somme considérable à Adam, abbé de Saint-Denis. « On ne l'arrêta pas, dit l'abbé Suger, parce que ce n'était pas l'usage alors; mais on alla, par l'ordre du roi, ravager ses terres jusqu'à ce qu'il eût payé. »

Dans ces temps de barbarie, la loi frappait de ridicule celui qui contractait des dettes qu'il ne pouvait pas payer (les choses ont bien changé depuis!). La cession des biens à laquelle il se voyait contraint était accompagnée d'une singulière cérémonie. Le débiteur, gentilhomme ou roturier, était obligé de frapper trois fois sur la terre avec son derrière (*nudis clunibus*), en criant : *Je cède mes biens!* Saint-Foix ajoute que l'on voit encore à Padoue la pierre du blâme (*lapis vituperii*) où s'infligeait cette punition. Je ne serais pas éloigné de croire que c'est là l'origine d'une pénitence toute semblable que l'on impose, au petit jeu des *gages touchés*, à celui qui ne peut payer autrement sa dette.

Je ne sais pas s'il faut, sur la seule autorité de l'auteur des *Essais sur Paris*, admettre, comme prouvé, qu'antérieurement au règne de Louis-le-Jeune on pouvait se dispenser de payer ses dettes en se battant avec ses créanciers; en pareil cas, Saint-Foix était homme à confondre son histoire particulière avec celle des mœurs de nos ancêtres : comme il payait fort mal et se battait souvent, il était intéressé à faire croire que l'un pouvait aller pour l'autre.

Quoi qu'il en soit, je me souviens d'un temps (si voisin de nous que rien n'empêche de supposer que nous y sommes encore) où il était du bon ton d'avoir des dettes; où des créanciers dans une antichambre étaient plus honorables que des laquais. Ce travers de quelques jeunes gens de la cour avait insensiblement gagné toutes les classes; mais il était réservé à l'anglais Bielfeld d'en faire un principe du droit politique, de faire un livre tout exprès pour prouver que les dettes nationales sont une preuve certaine de la prospérité des états, et d'en conclure, sans contestation, que l'Angleterre est infiniment plus riche que la France.

Je n'ai jamais senti le sel et encore moins la morale des plaisanteries sur les dettes. Il me semble que ce sont des engagements comme les autres, et qu'il n'y a pas plus d'esprit que d'honneur à y manquer. Je sais bien que, par une des circonstances dont il serait facile de trouver dans nos mœurs beaucoup d'autres exemples, la loi condamne, sur ce point, ce que la société permet; je sais que, pendant que les tribunaux frappent les débiteurs, les théâtres se moquent des créanciers, et qu'on est convenu, dans le monde et sur la scène, de rire des tours qu'on leur joue. Mais ceux-ci, fatigués de courses inutiles, ennuyés de remises éternelles, finissent enfin, à force de persévérance, par obtenir un *arrêté de compte* que le débiteur, pour obtenir un crédit nouveau, solde au moins en partie, avec le secours des usuriers. Ces messieurs, toujours au fait des besoins et des ressources des jeunes gens, connaissent mieux que personne la valeur d'une acceptation sur papier timbré. L'étourdi qui tombe entre leurs mains a beau répéter:

Des billets tant qu'on veut; point de lettres de change!

ce n'est qu'à ce prix qu'il obtient l'argent qu'il emprunte à gros intérêts, et qu'on lui compte en écus rognés. Les jours s'écoulent, l'échéance arrive, la lettre de change est protestée, la sentence obtenue, et dès le lendemain, à son retour du *bois,* en entrant au café Tortoni, un de nos élégants, sans respect pour la mode, est invité, par sentence du tribunal de commerce, à se rendre *rue de la Clef,* pour y séjourner entre quatre murailles jusqu'à ce qu'un père complaisant, une maîtresse compatissante ou un ami généreux le rende à ses douces habitudes, et lui donne, en payant ses dettes, le moyen d'en contracter de nouvelles.

Il faut convenir cependant qu'il devient chaque jour plus difficile à Paris de se faire, comme autrefois, un revenu de ses dettes; les marchands sont moins crédules, les ouvriers moins patients, les usuriers moins nombreux, les tribunaux plus sévères.

Je n'ai jamais fait un billet de ma vie; la seule vue d'un papier timbré me donne le frisson, et je ne me fais pas d'idée plus effrayante que celle d'un huissier ou d'un procureur, bien que je les tienne pour les plus honnêtes gens du monde (et je prends acte de cette déclaration); je n'ai donc (révolution à part) jamais eu l'occasion de voir des prisons et des prisonniers, ce qui ne m'a pas empêché de lire avec un vif intérêt l'ouvrage du philanthrope Howards. Arrivé à mon âge sans avoir franchi le seuil d'un guichet, je me flattais de n'être jamais dans le cas de visiter ces tristes demeures. Je n'avais pas encore reçu la lettre suivante :

De la prison de Sainte-Pélagie, le . . . .

« Je ne vous écrirais pas, monsieur, si ma détention avait une cause dont je dusse rougir; un créancier de mauvaise humeur a jugé à propos d'abuser d'une lettre de change que je lui avais faite de confiance, et que je n'ai pas pu payer, pour obtenir et mettre à exécution une contrainte par corps en vertu de laquelle je suis confiné, jusqu'à ce qu'il plaise à mon père de faire honneur à ma signature. Je compte sur votre amitié pour obtenir de lui qu'il abrège la leçon qu'il pourra bien être tenté de me donner, et dont je vous promets de profiter comme si elle avait été plus longue; venez me voir, je vous en prie.

Eugène de M***. »

Cette lettre m'affligea plus qu'elle ne me surprit. Eugène est fils d'un de mes parents éloignés; son père, passionné pour l'agriculture, ne quitte plus sa terre, et laisse à son fils la liberté de vivre à Paris avec une pension de 500 francs par mois, qu'il lui paie régulièrement, mais qui ne suffit pas, comme on peut croire, à un jeune homme qui a la manie des chevaux, et quelque autre plus dispendieuse encore..... J'ai hasardé quelques réprimandes; elles ont été mal reçues: on m'a boudé; et, depuis six mois, cette missive est la première nouvelle que j'aie reçue de mon petit parent. Je ne balançai pas à lui porter moi-même ma réponse; je fis venir un fiacre, et dis au cocher de me conduire à Sainte-Pélagie. « Peut-être que monsieur y va voir quelqu'un? — Oui, mon ami. Tu sais où est cette prison? — Je le crois bien, j'ai été employé pendant un an, et presque tous les jours, par un garde du commerce. — Et que fait-il, ce garde du commerce? — Not' maître, il conduit les gens en prison. — J'entends: c'est une espèce d'huissier chargé des arrestations? — C'est ça: j'en ai vu de toutes les couleurs.... et si je vous contais.... — Ce sera pour une autre fois, mon ami, car je suis pressé. — C'est dit, not' bourgeois; je vas vous mener bon train: vous avez votre permission? — La voici. — Ça ne suffit pas; il faut que vous alliez la changer à la préfecture de police. — Allons à la préfecture. »

Me voilà en route: ma permission est en règle; nous arrivons. Le cocher s'arrête devant un bâtiment dont l'architecture sévère, les murailles élevées, les portes basses et le grand nombre de factionnaires annoncent suffisamment la destination. La sentinelle m'indique, comme entrée principale, une porte de quatre pieds de haut; je frappe:

le bruit des verrous et d'une triple serrure se fait entendre; on ouvre: j'entre, et cinq ou six guichetiers, qui buvaient et fumaient, me demandent, de ce ton aimable qu'on leur connaît, *ce qu'il y a pour mon service.* J'exhibe ma permission, et aussitôt je suis introduit.

Je traverse plusieurs cours, et j'arrive, à travers des couloirs obscurs dont les portes, toujours plus basses, s'ouvrent et se referment avec fracas, dans le greffe, où je dépose mon signalement, et où l'on me donne l'adresse de mon prisonnier. Sous la conduite d'un porte-clef, je monte un escalier rapide, où viennent aboutir de longs corridors, aux deux côtés desquels sont pratiquées de nombreuses cellules qui donnent à ce lieu l'aspect d'un cloître immense.

La chambre d'Eugène était au troisième; les meubles n'en étaient point fastueux; mais, avec un grand fonds de mépris pour le superflu, on pouvait se vanter d'avoir le nécessaire. Le lit excepté, que le concierge est tenu de fournir à prix fixe, tout le mobilier (lequel consistait en deux chaises, un poêle, une table, une cruche, et quelques petits ustensiles) appartenait au *cochambriste* de mon jeune étourdi, « qui avait trouvé, nous dit-il, plus commode et sur-tout plus économique, depuis vingt-un mois qu'il était là, de se mettre dans ses meubles que de rester en garni. »

Les deux prisonniers déjeunaient au moment où

j'arrivai; ils exigèrent que je me misse à table avec eux; comme je leur témoignai ma surprise sur la recherche d'un plat qu'on nous servit, ils m'apprirent qu'un excellent cuisinier, qui s'était ruiné dans son établissement de la rue de Cléry, n'avait trouvé d'autre moyen de rétablir ses affaires que de se faire mettre en prison, où il exerce son état à l'abri des crédits et des mauvaises pratiques, sans payer ni loyer ni patente, et certain de gagner, en quelques années, assez d'argent pour aller de nouveau se ruiner au Palais-Royal.

Nous étions encore à table, lorsqu'une très jolie dame vint rendre visite au compagnon d'Eugène; bien qu'elle me parût plus habituée aux boudoirs qu'aux prisons, elle n'avait pas l'air très dépaysée dans celle-ci. Ce fut elle qui m'apprit qu'une cloche qui se faisait entendre annonçait l'heure où les prisonniers peuvent descendre au jardin : peut-être la jeune dame avait-elle quelque confidence à faire à son ami; j'avais moi-même à parler en particulier au mien : je profitai de cette circonstance pour sortir avec lui. Nous avions déja fait quelques tours dans un jardin assez spacieux, et nous étions convenus des moyens à employer pour tirer mon jeune homme de prison, lorsqu'un petit jockey l'aborda et lui remit une lettre.... C'était une invitation à dîner pour ce jour-là même; je crus d'abord qu'on se moquait de lui, mais il me mit au fait en peu de mots. Celui dont il venait d'accepter l'invitation était un receveur de deniers publics, qu'un arriéré de quelques millions avait conduit dans ce lieu de sûreté, jusqu'à ce qu'un inspecteur du trésor eût apuré ses comptes. En attendant, notre philosophe trouvait le moyen, en y dépensant une partie de ses revenus, de charmer et même de peupler délicieusement sa solitude. Eugène, qui s'aperçut que je n'ajoutais pas une foi entière à ses discours, proposa de me présenter à cet Aristippe des prisons; je le pris au mot, et nous allâmes faire une visite à M. O***.

Il occupe, au premier étage, un logement composé de deux pièces : des meubles du meilleur goût ornent ce petit réduit, et des draperies, jetées avec beaucoup de grace et d'adresse autour des fenêtres, dissimulent ces vilains barreaux qui pourraient seuls réveiller l'idée d'une prison. Nous trouvâmes, dans la première chambre, quelques artistes connus par les talents les plus aimables, deux femmes charmantes, et plusieurs de ces vrais amis qui ne vous abandonnent pas, même dans le malheur, quand vous conservez une bonne table.

Le dîner (auquel je fus invité avec instance et politesse) est un des plus agréables que je me souvienne d'avoir faits. Au nombre des convives se trouvaient des prisonniers de très bonne compagnie, presque tous gens d'esprit, dont les créanciers sont probablement des sots (ce qui doit réconcilier beaucoup de monde avec la sottise).

Je suis fâché que l'espace me manque pour esquisser plusieurs caractères originaux dont j'ai eu le temps de saisir quelques traits, et parmi lesquels j'ai particulièrement remarqué un débiteur prisonnier par prévoyance, qui venait passer un lustre en prison pour s'assurer la jouissance paisible de vingt mille livres de rente que ses créanciers, aux termes de la loi, ne pourront plus lui disputer à sa sortie.

Après le dîner, on fit de la musique jusqu'au moment où la cloche donna aux étrangers le signal de la retraite.

Eugène vint me conduire jusqu'au guichet, où se renouvellent chaque soir les scènes d'adieux dont je fus témoin. La femme qui était venue passer la journée avec son mari, la maîtresse qui était venue consacrer une heure à son amant; le procureur qui était venu dîner avec son client pour aviser avec lui au moyen de faire capituler ses créanciers, tout le monde parlait à-la-fois, et l'on n'entendait distinctement que ces mots répétés en chœur : *A demain! Je vous attends! Vous reviendrez! Comptez sur moi!*

Tout en écoutant les dernières observations que me faisait mon jeune homme, j'observais un malheureux vieillard qui venait chercher les vingt-un sous, montant de la pension alimentaire que son créancier était obligé de lui faire pour le tenir en prison. Ce pauvre ouvrier, dont Eugène me raconta l'histoire, était détenu pour une somme de 240 fr. dont il avait répondu pour un de ses amis, maintenant en état de faillite. Après avoir vendu ses meubles, il se voyait privé de toute autre ressource par le ridicule entêtement d'un avide et sot créancier, qui aimait mieux payer pour le retenir en prison que de lui fournir les moyens de s'acquitter par son travail.

Enfin les verrous s'ouvrirent; chacun des étrangers, son signalement en main, vint se faire reconnaître; les prisonniers rentrèrent; nous sortîmes, et les portes se fermèrent avec bruit sur eux et sur nous.

O

N° LXV. [25 juin 1812.]

QUELQUES RIDICULES.

> *Si quis nunc quærat, Quò res hæc pertinet? illuc:*
> *Dùm vitant stulti vitia, in contraria currunt.*
> Hor, sat. II, liv I.
>
> A quoi tend ce discours? le voici : Quand les sots veulent éviter un travers ou un défaut, ils tombent dans un autre

Madame de Chat... disait à son fils, qui partait pour faire son tour de l'Europe après avoir achevé ses études : « Défiez-vous de l'inquisition à Madrid, de la canaille à Londres, et du ridicule à Paris. » Elle avait raison, principalement sur le dernier point. Le ridicule en France est une tache presque indélébile; les plus grandes vertus, les plus brillantes actions ne parviennent pas toujours à l'effacer. Voltaire, l'homme du monde qui s'entendait le mieux à découvrir, à donner, à éviter le ridicule, a dit avec autant de concision que de vérité :

Ridicule une fois, on vous le croit toujours.

Rien de plus affligeant pour la morale, mais en

même temps rien de mieux prouvé dans nos mœurs que cette assertion du lord Chesterfield: *A Paris, un ridicule est plus à craindre qu'un vice.*

Si l'on cherche une excuse à cette déviation de principes, on la trouve dans une sorte de mépris dont le ridicule est toujours accompagné, et que repousse, avant tout, le caractère national. *Je consens qu'on me haisse*, disait Chamfort, *mais je suis bien décidé à demander raison à qui me méprisera.*

Cette distinction d'une ame élevée, la nation entière l'a faite en plusieurs circonstances. L'ancien parlement était, depuis quelque temps, l'objet de la haine publique; il fut exilé par le roi: le parlement Maupeou lui succéda; le ridicule l'atteignit à sa naissance, et toute la France se souleva contre lui: Beaumarchais, en le livrant à la risée publique, fit en quelques mois ce qu'un siècle n'aurait peut-être pas achevé.

Un ministre dont l'histoire et la postérité accroissent chaque jour la réputation, M. de Choiseul, avait pour maxime de ne point admettre aux emplois supérieurs des hommes ridicules (répugnance mieux fondée, pour le dire en passant, que celle du cardinal Mazarin, qui ne voulait pas employer les gens malheureux; car le malheur ajoute quelquefois à la considération, et presque toujours le ridicule la fait perdre). On sait que M. de L*** manqua le contrôle-général parcequ'il disait son bénédicité en se mettant à table; ce n'était pourtant là qu'un défaut de convenance; et ce qui l'empêcha, sous Louis XV, d'arriver au ministère, aurait fort bien pu le lui faire obtenir sous Louis XIV.

Le ridicule, selon Duclos, *consiste à choquer la mode et l'opinion:* cette définition suffit pour en faire sentir l'importance. Choquer ici la mode et l'opinion! mieux vaut cent fois offenser les lois et les mœurs. Tous les vices sont odieux; il n'y en a qu'un de ridicule, c'est l'*avarice*, par la raison qu'il exclut toute idée de gloire: il y a d'illustres scélérats; il ne peut y avoir d'illustres avares.

Certains esprits peuvent être regardés comme les fléaux du ridicule; ils le découvrent sous quelque forme qu'il se cache, et l'immolent impitoyablement avec l'arme de l'ironie. Cicéron, à cet égard, paraît avoir été le Voltaire de Rome ancienne; il excellait dans ce genre d'escrime, où Marc Antoine, son rival d'éloquence, ne trouva d'autre moyen de le vaincre que de le faire assassiner. Un fanfaron se vantait devant Cicéron d'avoir été blessé au visage dans la dernière bataille où il s'était trouvé: « Voilà ce que c'est, lui répondit l'orateur romain, que de regarder derrière soi en fuyant. » — « Mon ami, disait-il à un très petit homme qui portait une longue épée, pourquoi vous a-t-on attaché à une épée de cette longueur? » Ces mots piquants sont tout-à-fait dans le genre français.

J'ai connu dans ma jeunesse un brave officier qu'un habit de bouracan a forcé de mettre l'épée à la main quatre ou cinq fois dans sa vie. Fils d'un bon gentilhomme du Perche, qui n'avait jamais perdu de vue les tourelles de son château, sa garde-robe, lorsqu'il vint à Paris pour y achever ses études, se composait des débris de celle de son père. Je le vois encore arrivant au collège des Grassins, vers la fin du mois de novembre, avec un malheureux habit de bouracan vert-pistache, dont la forme ne nous égaya pas moins que l'étoffe et la couleur. L'écolier manceau n'était pas endurant; chaque jour il donnait ou recevait maints horions à la suite des plaisanteries dont l'habit vert-pistache devint bientôt la source intarissable. Plusieurs prix remportés dans ses classes ne lui firent pas perdre le surnom de *Bouracan*, que ses camarades lui avaient donné, et qui le suivit dans le régiment où il entra en sortant du collège. L'humeur que lui donnait ce sobriquet était telle, qu'il ne pouvait plus entendre prononcer ce mot sans le prendre pour une injure, et sans en demander raison: les *affaires* qu'il se fit ne servirent qu'à donner plus d'importance et d'éclat à un ridicule dont l'influence se fit sentir dans tout le cours de sa vie.

Je racontais, il y a quelques jours, cette anecdote à M. de Vallière, mon voisin de campagne, qui vient se fixer à Paris avec une fortune considérable, et qui me consultait sur les moyens d'y réussir. Je résumai mes conseils dans ce peu de mots : « A l'époque actuelle, pour réussir promptement dans ce pays, faites votre cour aux femmes de quarante ans, écoutez les vieillards de quatre-vingts, et ne donnez point de prise au ridicule. » Sur ce dernier article, mon jeune voisin me soutenait, avec plus de bon sens que de connaissance du monde, « qu'on n'a de ridicules que ceux qu'on accepte; qu'avec un peu d'esprit on peut les éviter; qu'on les transforme en qualités avec de l'argent, et qu'on les repousse avec du courage. » Les exemples persuadent mieux et plus vite que les raisonnements. Nous étions l'un et l'autre invités à dîner chez madame de Morville, où je comptais bien trouver l'occasion d'appuyer ma théorie de toute la force de l'expérience.

La baronne, avec une grande fortune et quelques titres littéraires, s'est crue appelée à faire revivre la société des *bêtes* de madame de Tencin, et du moins, au choix qu'elle a fait, ne peut-on pas lui contester la justesse de cette dénomination. Cette dame a fondé un dîner d'artistes, de littérateurs, de savants émérites; leur exactitude à s'y rendre fait du moins l'éloge de leur sobriété. Dans cette maison, l'ostentation et l'avarice se livrent un combat perpétuel. On y fait trop d'esprit et pas assez de feu; on y court après les bons mots, et l'on y boit de très mauvais vins. Rien de plus amusant à observer que ces trois grands laquais galonnés sur toutes les coutures, ce valet de chambre, ce chasseur, ce maître-d'hôtel en habit habillé, autour d'une table couverte d'un brillant surtout, mais où l'on sert, pour tout mets, à de nombreux convives, une épaule de mouton, un civet de lapin de clapier, et deux ou trois plats de légumes. Ce mélange de luxe et de parcimonie constitue un véritable ridicule, et tout l'esprit de madame de Morville (car elle en a beaucoup) n'a pas suffi pour l'en garantir: un coup d'œil de M. de Vallière, qui se trouvait placé à table à quelque distance de moi, m'avertit qu'il avait déja fait la même observation.

J'avais remarqué à l'autre bout de la table un certain M. Desfossés, sur lequel je comptais beaucoup pour donner à mon provincial la preuve que la fortune la plus considérable ne met pas à l'abri du ridicule. Cet épais Crésus est, sans aucune espèce de comparaison, l'homme le plus étranger aux convenances et le plus malheureux en à-propos; il ne lui était encore échappé aucune impertinence; mais j'espérais toujours, car il n'avait encore rien dit.

Vers la fin du dîner, madame de Morville cherchait à rendre la conversation générale, et à interrompre un fatigant monologue du chevalier d'Arcis, en donnant l'exemple de ne pas l'écouter. On fait taire les grands parleurs en ne les écoutant pas, comme un violon arrête les danseurs en cessant de jouer. On vint à parler de l'esprit, de ses avantages, de ses inconvénients, et plusieurs convives en firent un éloge tout-à-fait désintéressé. Mons Desfossés ne perdit pas une si belle occasion de faire briller le sien, et, sans se douter de la modestie dont il faisait preuve en soutenant une pareille thèse, il se mit à déclamer contre l'esprit en présence de gens dont la plupart ne pouvaient pas avoir d'autres prétentions : il soutint qu'il est presque impossible que ce don du ciel s'allie avec un bon cœur; qu'il est la source de tous les vices qui inondent la société, de tous les maux politiques qui affligent les états; enfin, que l'esprit a tout perdu en France. « Ah ! monsieur, s'il est ainsi, lui répondit madame Leg***, que ne sauvez-vous la chose publique ! » L'éclat de rire général qu'excita cette saillie, loin de déconcerter un athlète qui combattait sur son terrain, lui donna le courage de mettre en évidence les ridicules dont il est abondamment pourvu.

En sortant de table, M. de Vallière se rapprocha de moi, et nous nous communiquâmes mutuellement nos observations. Le hasard l'avait placé à table auprès d'un homme qui l'avait ennuyé le plus spirituellement du monde; il m'en demandait la raison : « Vous étiez, lui dis-je, à côté d'un bel esprit, auprès de qui Marivaux n'est rien en fait de jargon et de subtilités; on l'a surnommé le Mathanasius du sentiment: c'est un homme qui passe ses idées au laminoir, si j'ose m'exprimer ainsi, et qui dévide en vingt pages une pensée qui pourrait s'exprimer en quelques mots. Cet académicien de province a le ridicule de l'observation; il ne regarde pas les objets avec des lunettes, mais avec un microscope: aussi la jolie comtesse S.-J. D. A. qu'il regardait un jour avec beaucoup d'attention, lui dit-elle en riant: « Je parie, monsieur, que vous voyez des écailles sur ma peau. »

« Je pourrais, continuai-je, vous montrer ici des modèles de presque tous les genres de ridicules; mais je me contente de vous en indiquer quelques uns, et je vous laisse le soin d'en faire l'application. Avec un peu d'attention, vous remarquerez bientôt une petite dame qui a le ridicule de s'occuper d'elle exclusivement, et de ne pas concevoir qu'on puisse s'entretenir d'autre chose que de sa personne, de ses talents, de ses chagrins, et de ses plaisirs.

« Un ridicule plus intolérable, puisqu'il n'est racheté par aucun agrément, est celui de ce *ci-devant jeune homme* que vous trouverez ici, par la raison qu'on le trouve par-tout. Ce vétéran de la fatuité va de boudoir en boudoir promener d'insipides hommages que plusieurs jeunes femmes écoutent encore par respect pour la mémoire de leurs grand'mères, qui les ont jadis accueillis. Si vous voulez avoir une idée du rôle le plus ridicule qu'un homme, après cinquante ans, puisse jouer auprès des femmes, vous l'observerez folâtrant autour d'elles avec toute la grace d'une chenille qui se traîne sur des roses, et vous écouterez toutes les vieilles impertinences qu'il débite à ces dames en passant ses doigts dans les cheveux d'emprunt qui couvrent sa tête chauve. Au ridicule d'une galanterie surannée, vous ne tarderez pas à vous apercevoir qu'il joint celui de la méchanceté sans esprit; vous l'entendrez dénigrer tous les talents, contester tous les succès, affaiblir tous les éloges, et renchérir sur toutes les critiques...... » Comme je parlais, on annonça M. d'Épilly; mon voisin le reconnut au premier coup d'œil pour celui dont je venais de lui esquisser le portrait.

N° LXVI. [28 juin 1812.]

LES RESTAURATEURS.

Nullos his mallem ludos spectasse....
HOR., sat. VIII, liv. II.

Je ne connais pas de comédie qui vaille un tel repas.

Je me souviens que dans ma première jeunesse je dînais assez habituellement *à la Croix de Malte*, dans la rue des Boucheries, chez un de ces traiteurs-rôtisseurs qui tenaient alors ce qu'on appelait improprement une table d'hôte (puisque l'hôte ne mangeait point à cette table). *La Croix de Malte* n'était pas citée pour la magnificence de ses salons, pour la profusion de la vaisselle plate, pour la grace et l'élégance de la dame du comptoir; mais on y faisait, à bon marché, une chère saine et abondante. Trois tables de bois de noyer, recouvertes d'une nappe en toile d'Alençon, formaient un fer à cheval dans une vaste salle dont la voûte en ogives supportait, au lieu de lustres de Thomire ou de Ravrio, deux énormes lampes en cuivre jaune, dont les trois becs éclairaient assez mal ceux qui venaient souper dans cette maison (car on soupait alors).

De midi à trois heures, la salle ne désemplissait pas, et l'on y trouvait, pour l'ordinaire, assez bonne compagnie. Le vieux Boindin, *avec son fausset aigre,* venait y disputer contre Marmontel, en faveur de J.-B. Rousseau, et sortait de là pour aller prêcher l'athéisme dans un coin du café Procope. Piron et Crébillon fils s'y donnaient rendez-vous tous les samedis, et y faisaient assaut de plaisanterie et d'épigrammes. Saint-Foix était de la partie, quand par hasard il n'avait pas reçu quelque coup d'épée dans la semaine : enfin Patu et Portellance s'y étaient liés d'une amitié très étroite, et formaient là, trois fois par semaine, le noyau des habitués du parterre de la Comédie-Française, composé à cette époque tout différemment de ce qu'il est aujourd'hui.

Un bon dîner, dans un temps où la science gastronomique était encore au berceau, ne supposait guère que de bons vins et d'aimables convives. Les uns et les autres se trouvaient *à la Croix de Malte.* On y était servi, je ne l'ai point oublié, par une belle fille, bourguignonne, nommée Catherine; je n'ai vu de ma vie un exemple aussi extraordinaire d'activité, de mémoire et de présence d'esprit : elle trouvait le moyen de servir et de contenter à-la-fois trente personnes, différentes de volonté, de goût et d'humeur; aussi M. Mercier, qui a eu ses moments lucides, disait-il, quelques années après, qu'il n'avait connu en France que deux têtes fortement organisées : *la servante de la rue des Boucheries et M. Turgot.*

On n'arrive à la perfection en tout genre qu'à force d'essais et de tâtonnements. Vers l'année 1772 aux tables d'hôtes régulières, servies à des heures fixes, succédèrent, chez différents traiteurs, des tables de douze et de six couverts, qui se renouvelaient autant de fois qu'il se trouvait un nombre suffisant de convives. *L'hôtel d'York*, rue Jacob, où l'on payait cent sous par tête, était le rendez-vous des personnes les plus opulentes : venait ensuite *l'hôtel Bourbon*, rue Croix-des-Petits-Champs; les négociants s'y rassemblaient de préférence, et le prix était de moitié moindre qu'à l'hôtel d'York. On dînait au même prix à l'hôtel du *Nom de Jésus*, dans le cloître Saint-Jacques-de-l'Hôpital : cet hôtel, particulièrement renommé pour le poisson, ne suffisait pas à la foule des consommateurs qui s'y portaient les jours *maigres* et pendant toute la durée du carême.

Ce fut à la fin de l'année 1774 que s'établirent les premiers *restaurateurs*. Je suis fâché de ne pouvoir rappeler à la mémoire des modernes gastronomes le nom du fondateur des *dîners à la carte;* je me souviens néanmoins que les bases de cette grande institution furent posées dans la rue des Prêcheurs, et qu'on lisait sur l'enseigne de ce père du *restaurant* cette inscription en latin de cuisine :

O vos qui stomacho laboratis, accurrite;
Et ego vos restaurabo.

Sous Louis XIV, les gens de qualité dînaient assez souvent au *cabaret;* dans la première moitié du dix-huitième siècle, les gens de lettres mirent en vogue les dîners chez *le traiteur;* depuis lors, c'est chez *le restaurateur* que dînent les hommes de toutes les classes qui n'ont point de maison montée. Si l'on y trouve quelquefois mauvaise compagnie, c'est du moins dans de beaux appartements : n'en peut-on pas dire autant de quelques salons dorés qui ne sont pas tout-à-fait publics ?

La vie du restaurateur est ennuyeuse pour qui s'en fait un besoin; elle n'est pas sans agrément pour celui qui n'en a pas l'habitude : l'aisance qu'on y trouve délasse de l'étiquette des invitations, et le dîner qu'on fait chez le restaurateur n'est jamais perdu pour un observateur attentif.

Allez-vous *à la Galiote* ou au *Cadran-Bleu ?* les garçons, étonnés de vous voir arriver seul, vous demanderont d'abord si vous attendez *quelqu'un.* Sur votre réponse négative, l'un deux vous indiquera, sans vous y conduire, une salle de cent couverts, où vous trouverez deux ou trois personnes.

LES RESTAURATEURS. 257

Vous y serez mal chauffé, mal éclairé, mal servi;
croyez-moi, demandez *un cabinet*.

Quelle activité ! toutes les sonnettes sont en mouvement; les garçons parcourent les corridors vingt fois dans une minute, chargés des mets les plus recherchés, des vins les plus exquis; mais ce qui n'est pas sur la carte est encore ce qu'on paie le plus cher. A la seule inspection de ces petits appartements, on devine qu'il n'est pas d'usage d'aller dîner seul chez les restaurateurs du boulevard du Temple.

S'agit-il d'un dîner d'étrangers ou de provinciaux à qui l'on veut donner une haute idée de la capitale, dont on se croit obligé de leur faire les honneurs: c'est aux Tuileries, chez Véry, qu'il faut les conduire. Comme on jouit de leur étonnement à la vue de ces brillants salons où tout semble arrangé pour le plaisir des yeux! Ces tables de granit, ces candélabres en bronze doré, ces vases de fleurs que multiplient en les réfléchissant les panneaux de glace dont les murs sont couverts, commencent un enchantement que l'art du cuisinier soutient pendant tout le repas, mais que détruit, pour l'ordinaire, le moment où l'on apporte *la carte payante*[1].

Veut-on se faire une idée de la manière dont vi-

---

[1] On est quelquefois obligé de se servir d'une locution barbare quand elle est consacrée par l'usage.

vent, à Paris, avec moins de douze cents francs par an, cette foule de rentiers modestes, de jeunes étudiants dans l'art des Gallien, des Beaumé, des Alciat? c'est chez un restaurateur de la rue de la Harpe ou de la place Saint-Michel qu'il faut se rendre avant cinq heures. Vous ne trouverez sur la carte ni *potages à la Camerani*, ni *suprêmes au coulis de perdreaux*, ni *karis à l'indienne;* mais une soupe abondante, toutes les combinaisons possibles de bœuf rôti, bouilli, fricassé; l'inépuisable haricot de mouton, et l'éternel fricandeau. La Bourgogne, le Médoc, n'ont jamais versé le produit de leurs riches vendanges dans les caves des restaurateurs du Pays-Latin; mais, en revanche, la Brie et l'Orléanais y font pleuvoir les flots d'un petit vin léger dont la santé et la raison n'ont jamais à se plaindre : à tout prendre, il y a beaucoup moins de différence entre la qualité des mets et des vins, chez le plus célèbre ou chez le plus modeste restaurateur, qu'entre les prix portés sur la *carte* de l'un et de l'autre.

Les salles des différents restaurateurs dont j'ai parlé jusqu'ici, fréquentées chacune par une classe particulière de la société, n'offrent par cela même que des observations partielles. Pour en faire de générales, c'est au Palais-Royal, et particulièrement chez les *Frères-Provençaux*, que je vais de temps en temps braquer en dînant ma lunette.

Il n'est point d'étranger, de femme galante, pas

même de bourgeois de la Place-Royale, qui ne connaisse ces trois enfants de la Durance, arrivés à Paris sans autre ressource que le secret des *brandades de morue*, dont ils ont fini par rendre tributaire toute l'Europe civilisée, de l'embouchure du Tage aux bords de la Newa. Il est plus d'un étranger, plus d'un Parisien même, qui serait plus embarrassé de dire à quel ordre d'architecture appartient la colonnade du Louvre, que de décrire, dans les moindres détails, les salons des Frères-Provençaux.

Quoi qu'il en soit, c'est là que l'on peut à loisir observer la physionomie mobile de cette grande capitale, et qu'avec un peu d'attention, une oreille fine, et quelques jours d'assiduité, on parvient à se mettre au fait des anecdotes du jour, des aventures galantes de la bonne compagnie, des querelles de coulisses, du tarif de la roulette et des mouvements de la Bourse. Le pauvre, assis depuis quinze ans sur la première marche de l'escalier de cette maison, indique à tout venant le chemin des salons où il n'est jamais entré; une remarque que j'ai faite, et dont je n'ai pas encore cherché à me rendre compte, c'est que ce mendiant ne reçoit du secours que de ceux qui montent, et presque jamais de ceux qui descendent; ce qui semble prouver que les hommes, contre l'habitude des autres animaux carnassiers, sont moins généreux quand ils sont repus que lorsqu'ils sont à jeun. Sur le repos de l'escalier, vous rencontrez les avant-postes des écaillères, qui vous offrent, d'un ton qui leur est tout particulier, les coquillages de Cancale et d'Etretat.

En traversant le premier corridor, vous pouvez jeter un coup d'œil sur la cuisine, où vingt marmitons, haletant de fatigue, s'agitent, la casserole en main, dans un tourbillon de fumée, et semblent se multiplier pour répondre aux demandes réitérées des garçons. L'homme qui connaît la carte du pays n'entre jamais dans le premier salon à droite, où s'arrêtent les provinciaux, et que les premiers garçons font servir par leurs doubles; il laisse à sa gauche un second salon d'un aspect assez triste, traverse le troisième, qui n'est guère qu'un endroit de passage, et parvient enfin dans le sanctuaire de ce temple *du goût*.

Je m'y trouvais un jour de la semaine dernière; assis près de la cheminée, les pieds sur les chenets; après m'être bien orienté, je fis mettre mon couvert à la table qui me parut la mieux placée et la plus commode pour un homme qui aime à savoir ce qui se dit et ce qui se passe autour de lui.

La scène est disposée de la manière suivante : j'ai à ma droite une table de quatre militaires, dont l'un arrive d'Espagne et les trois autres de la Grande-Armée; ils mangent peu, boivent beaucoup, rient aux éclats, et jouissent bien franchement du plaisir inespéré de se retrouver ensemble.

A ma gauche, dans l'angle d'une croisée, j'aperçois une jeune femme d'une figure charmante (nous saurons bientôt par quel motif elle cherche à dérober ses traits à l'ombre d'une vaste capote qu'elle abaisse à tout moment sur ses yeux); en face d'elle est un jeune homme passablement ridicule, qui fait tout son possible pour trahir l'incognito que sa dame paraît avoir intérêt à conserver.

Je ne sais pas encore bien positivement quelles sont les personnes dont la table est derrière la mienne; mais les mots d'*apurement de compte de l'an* 5, de *débet*, de *quittance finale*, qui reviennent sans cesse dans leur conversation, me mettent du moins sur la voie.

Tout vis-à-vis de moi se trouvent trois hommes de moyen âge, auxquels je ne suppose pas d'état bien décidé : si mon premier coup d'œil ne me trompe pas, ils appartiennent à cette classe de gens qui n'ont d'autres revenus que leurs dettes, d'autre recommandation que leur impudence, et d'autre ressource que leur industrie. A la même table qu'eux, sans être cependant au même écot, je remarque deux joueurs du N° 73, qui mettent à profit le gain du jour pour se refaire de la diète que leur a sans doute imposée la perte de la veille.

Bien établi au centre de mes communications, l'œil et l'oreille aux aguets, je m'arrange, tout en mangeant le potage *à la Julienne* et le quart de *cha-*

pon au riz (dont se composerait mon dîner, si, par l'effet d'une vanité puérile, je ne me croyais pas obligé de demander deux plats de plus, auxquels je ne touche jamais, pour donner une plus haute idée de moi au garçon qui me sert); je m'arrange, dis-je, pour ne rien perdre de ce qui se dit autour de moi, persuadé, comme *Figaro*, qu'il n'y a rien de mieux, pour bien entendre, que de bien écouter.

La conversation de nos militaires roulait sur quelques aventures du quartier-général; il était aisé de voir qu'ils comptaient plus de victoires que de bonnes fortunes; car ils s'exprimaient sur les affaires les plus brillantes où ils s'étaient trouvés avec l'indifférence de gens accoutumés à vaincre, et ne tarissaient pas sur leurs conquêtes galantes. L'un d'eux parlait avec enthousiasme de la veuve d'un garde-magasin qu'il avait connue à Grodno, et l'autre s'extasiait sur les charmes de la femme de l'alcade de Lérida, qui paraissait l'avoir traité plus en allié qu'en vainqueur. Le vin de Pomard échauffait l'entretien, et il n'est pas aisé de prévoir où se fussent arrêtées les confidences que ces compagnons d'armes étaient en train de se faire, si l'arrivée d'un nouveau convive qui vint s'asseoir à leur table n'eût fait prendre un tour plus sérieux à la conversation: on parla de promotions, de changements d'armes; on passa en revue les officiers de plusieurs régiments; on disputa sur le mérite d'un commandant de dépôt, sur les abus qui se glissent dans les conseils d'administration : ces objets ne sont plus de ma compétence; je dirigeai ailleurs mon attention.

« Garçon...... ce vin est détestable; je vous ai demandé du *Clos-Vougeot.* — Je vous assure, monsieur, qu'il n'y en a pas de meilleur à Paris. — Vous verrez que ce drôle-là s'y connaît mieux que moi? — Parlez donc plus bas, tout le monde nous regarde; en vérité, mon cher Gustave, je me repens bien de l'imprudence que vous m'avez fait commettre. — Eh! quelle imprudence, madame? — Comment! avec les ménagements que j'ai à garder, me montrer avec vous dans un salon de restaurateur! S'*il* venait à le savoir?.... (J'ai été long-temps à deviner à qui pouvait se rapporter ce pronom personnel; et comme je n'ai pas encore la certitude d'avoir rencontré juste, j'abandonne cette question à la sagacité de mes lecteurs.) — Comment voulez-vous qu'on vous reconnaisse, enterrée comme vous l'êtes sous un grand chapeau qui ne vous embellit pas, je vous en préviens? — Je conçois que votre vanité s'accommoderait mieux de me voir ici à figure découverte, au risque d'entendre dire demain au café Tortoni : *Savez-vous que Gustave était hier en partie fine avec....?* — Allons, vous allez prendre de l'humeur? — On en aurait à moins : nous pouvons disposer, par hasard, de quelques heures pendant *son* absence; je vous laisse le soin d'arranger notre

soirée, et vous ne trouvez rien de mieux que de
m'emmener dîner chez un restaurateur, au milieu
de deux cents personnes! Je vous ai chargé de louer
une loge à Feydeau : mais, pour plus de mystère,
vous êtes homme à me conduire au balcon! car,
Dieu merci...... »

La dame continuait à parler, mais en baissant
toujours la voix. Il y aurait eu de l'indiscrétion à
l'écouter plus long-temps; et, d'ailleurs, quelques
mots d'une conversation très animée entre les trois
hommes qui se trouvaient vis-à-vis de moi m'a-
vaient déja fait pencher l'oreille de leur côté. « Vous
aurez beau dire, mademoiselle Mars ne peut pas
cumuler deux emplois. — Pourquoi pas, si le public, qui l'adore dans *les ingénuités*, desire aussi la
voir dans *les coquettes*? — A la place de mademoiselle Émilie, j'exigerais qu'elle jouât madame Évrard
du *Vieux Célibataire*, la tante du *Philosophe sans
le savoir*, et madame de Nozan de *la Mère Ja-
louse*. — D'abord, on pourrait vous répondre que
ces trois rôles, marqués plus particulièrement du
souvenir désespérant de mademoiselle Contat, n'appartiennent pas à l'emploi des coquettes; que mademoiselle Mars pourrait, par conséquent, refuser
de les jouer; mais, qu'en supposant qu'elle s'en
chargeât, il est probable qu'elle y paraîtrait moins
déplacée que mademoiselle Leverd ne le serait
dans les rôles de Victorine, de la Pupille, de Betty

et autres semblables.—Mademoiselle Émilie a pour elle le nouveau réglement, trois ans d'exercice et de succès, et la faveur que certain journaliste accorde à sa rivale. — Mademoiselle Mars a pour elle l'engagement contracté par mademoiselle Leverd avec la comédie, un talent adoré du public ; en un mot, des droits tellement incontestables, que son défenseur même ne parviendra pas à les affaiblir. — Pour peu que vous l'aidiez, je réponds du contraire. — *A propos* de mesdemoiselles Mars et Leverd, dit un des trois interlocuteurs qui n'avait pas encore parlé, que dites-vous de *Tippô-Saëb*[1] ? Détestable ! n'est-il pas vrai ? Point d'action, des incidents sans fin : un vrai mélodrame, tissu d'invraisemblances ! A-t-on jamais rien imaginé de plus absurde que cette conception sur laquelle roule la pièce entière ? Un général en chef qui abandonne son armée, pour venir en ambassade près d'un chef de Marattes, véritable bête féroce, qu'il a plu à l'auteur de décorer du nom de *sultan*, comme si l'on ne savait pas que ce titre n'appartient qu'au Grand-Turc ! Tout cela n'a pas le sens commun pour ceux qui, comme moi, ont le malheur de savoir un peu d'histoire. (Je ne fus pas le maître d'étouffer un éclat de rire qui attira sur moi les yeux de mes voisins.) — Je parie le prix du dîner (dit l'admira-

---

[1] Tragédie de l'auteur de l'Ermite, et que l'on jouait alors

teur de mademoiselle Mars à celui que je venais d'interrompre) que c'est de toi que ce vieux monsieur rit de si bon cœur. N'est-il pas vrai (continua-t-il en m'adressant la parole)? — Pas tout-à-fait, monsieur, lui répondis-je; je riais de la source où votre ami a puisé ses connaissances géographiques. J'ai *mes* raisons pour croire qu'il juge très mal la tragédie nouvelle; mais j'en ai de bien meilleures pour vous assurer qu'il est à l'abri du malheur dont il se plaint, de connaître trop bien l'histoire. Qu'il se borne à ce mot si commode dont M. *Beaufils* a le bon esprit de ne sortir jamais : *la pièce est détestable!* cela répond à tout, n'engage à rien, et vous donne dans le monde une attitude dénigrante qui n'est pas sans avantage; mais s'il s'avise, en cherchant à motiver son arrêt, de dire, comme il vient de le faire, « que le titre de sultan n'appartient qu'au Grand-Turc ; que Tippô-Saeb était chef des Marattes (ce qui, par parenthèse, n'est pas moins ridicule que s'il disait que le schérif de la Mecque est landamman de Suisse), il est à craindre que des bévues de cette nature ne multiplient beaucoup les rieurs sans les mettre de son côté. »

Le malheureux historien avait quelque envie de se fâcher; mais ses amis l'apaisèrent en lui offrant l'occasion de convenir qu'il achetait ses opinions toutes faites, et qu'il n'était jamais personnellement responsable des sottises qu'il pouvait débiter.

J'avais repris mon rôle d'observateur, en me reprochant le mouvement d'impatience et de vanité qui m'en avait fait sortir, et j'écoutais ce qui se disait à ma gauche. « Treize *rouges* de suite ! Sans toi, je faisais sauter la banque. — Je craignais un *refait ;* songe que tu avais 200 napoléons à *rouge*. — Si je trouvais quelqu'un qui voulût mettre avec moi 15,000 francs, nous aurions cent mille écus au bout du mois ; cette *martingale* est infaillible. — Tu *sauterais* une fois dans vingt-deux *tailles ;* j'en ai fait l'essai, et Saint-Charles en a fait l'épreuve : il y a perdu 80,000 francs. — Qui ? le petit Saint-Charles, le *tailleur* du n° 27 ?—Lui-même. Il n'a pas été plutôt ruiné au jeu, que *l'administration* lui a donné une place qui lui vaut douze francs par jour ; elle en agit fort noblement, et se fait un devoir d'employer tous ceux qu'elle ruine : je connais plusieurs de ses membres, et quand ta martingale t'aura mis à sec, je me fais fort de te faire avoir un *bout de table*. — Tu me rassures ; car on ne sait pas ce qui peut arriver, et il est bon d'avoir en perspective une ressource honorable. »

Je me lassai bientôt de ce dialogue en termes d'argot ; et renonçant à apprendre tous les secrets des maisons de jeu, je suivis des yeux et de l'oreille deux jeunes gens qui sortaient de table et venaient causer au coin du feu en attendant la *carte payante* et des cure-dents. Parlez-moi de cette conversationlà! Autant de chapitres que de phrases; autant de choses que de mots. En moins d'un quart d'heure, il fut question d'une partie de chasse de la veille, d'un concert du soir, d'une bonne fortune de trois jours, d'une aventure au dernier bal de l'Opéra : on passa en revue plusieurs salons ; on compromit à haute voix une douzaine de femmes, et l'on fit l'éloge ou la critique de toutes les nouveautés du jour. Les deux interlocuteurs parlaient l'un après l'autre, sans jamais se répondre. Celui-ci débitait mille contes sur la retraite d'Elleviou, sur la succession de Vestris, sur la disgrace de quelques gens en place. L'autre ripostait par je ne sais combien d'anecdotes tout aussi vraies sur le procès de M. Murville, sur la rentrée de madame Festa, sur les mariages de M. Willaume, et terminait par une sortie contre les pastiches, à propos du *Laboureur Chinois*[1].

Celui de nos deux étourdis qui tenait le dé s'interrompit tout-à-coup à la vue d'un petit homme maigre et pâle, décoré d'un ordre étranger, qui entrait dans le salon en promenant sur toutes les personnes qui s'y trouvaient le binocle en nacre dont ses yeux étaient armés.

Le jeune homme, après avoir dit un mot à l'oreille de son ami, qui courut au-devant de l'étranger,

---

[1] Grand opéra.

s'approcha de la dame mystérieuse dont j'ai parlé plus haut, et lui dit sans s'arrêter : « C'est *lui*; sauve qui peut! » A ces mots, dont un coup d'œil acheva de lui donner l'explication, la petite dame étouffa un cri de frayeur, jeta précipitamment son schall sur ses épaules, et serait sortie sans être aperçue du chevalier, que les deux jeunes gens occupaient de leur mieux, si le maudit lorgnon, braqué sur un cachemire d'un dessin très rare, et probablement très connu du lorgneur, n'eût éveillé dans son esprit un soupçon qu'il s'empressa d'éclaircir. Je ne pus résister au desir de savoir comment se passerait la reconnaissance, et je suivis mon jaloux de très près. La dame n'avait que quelques pas devant lui ; il était impossible qu'il ne la rencontrât pas sur l'escalier; par quel miracle de ruse et d'adresse échappa-t-elle à sa poursuite?..... Il descendait un étage pour l'attraper ; elle l'attrapait en montant l'autre.

N° LXVII. [5 juillet 1812.]

LA MAISON DES FOUS.

> Chacun suit dans le monde une route incertaine,
> Selon que son erreur le joue et le promène ;
> Et tel y fait l'habile et nous traite de fous,
> Qui, sous le nom de sage, est le plus fou de tous
> BOILEAU, sat IV.

S'il est vrai, comme le dit Éraste, que dans chacun des systèmes planétaires il y ait un Monde exclusivement réservé pour les fous, je serais assez porté à croire que nous habitons les *Petites Maisons* de notre univers :

> Tous les hommes sont fous, et, malgré tous leurs soins,
> Ne diffèrent entre eux que du plus ou du moins.

Mais puisqu'on est convenu de ne donner ce nom qu'à ceux dont la folie ne s'accorde pas avec celle des autres hommes, et ne peut entrer dans le commerce de la vie, je me conformerai à l'usage, et il ne sera question dans ce discours que des fous de cette dernière espèce : c'est dans l'histoire et dans la société qu'il faut étudier les autres.

Certains physiologistes ont prétendu que la folie était un des priviléges de la nature humaine; que l'instinct des animaux, plus sûr que notre raison, était aussi plus solide, et que leur cerveau n'était point sujet à se détraquer. A cela, je réponds par l'anecdote du perroquet de M. de Bougainville, qui fut atteint et convaincu de folie, ni plus ni moins qu'un habitant de Bedlam ou de Charenton. Cet oiseau, moins remarquable par son plumage que par son babil, était, depuis deux ans, à bord du vaisseau de ce célèbre navigateur, élevé plus cavalièrement, mais non moins gâté par l'état-major et par l'équipage, que son compatriote *Vert-Vert* ne l'avait été par les Visitandines de Nevers. Après un engagement assez vif avec un vaisseau ennemi, pendant lequel le bruit du canon s'était fait entendre de très près, on chercha *Kokoly* (c'était le nom du perroquet marin), il avait disparu; on le crut mort au champ d'honneur, du vent, sinon du coup de quelque boulet; mais, à la grande surprise de tout l'équipage, on le voit sortir, au bout de deux jours, d'un rouleau de câbles où il s'était blotti : on s'empresse, on le fête, on lui prodigue les amandes et les carresses; Kokoly se montre insensible à toutes ces prévenances; et, promenant autour de lui des regards hébétés, il ne répond à toutes les questions qu'on lui fait que par une imitation du bruit qui l'a tant effrayé : *Poum!..... poum!..... poum!.....*

sont les seuls mots qu'il fasse entendre et qu'il puisse désormais proférer. J'ai vu ce perroquet, vingt ans après son combat naval, perché sur son bâton, dans une antichambre : il y répétait sa canonnade éternelle, en l'accompagnant d'un tremblement des ailes et de la tête, où se peignait encore sa frayeur.

Je pourrais, en parlant de ce fait avéré, entamer une discussion plus ou moins orthodoxe, et plaider contre Descartes en faveur de l'ame des bêtes ; mais je doute que mes lecteurs soient bien curieux de savoir ce que je pense à cet égard, et je ne veux pas m'exposer à m'entendre dire de la part de Phèdre :

Sibi non cavere et aliis consilium dare
Stultum est.

(C'est être fou que de donner des conseils aux autres et de ne savoir pas les prendre pour soi). Je résiste donc à l'envie que j'aurais d'approfondir cette question métaphysique de l'ame des bêtes, à laquelle tant d'humains sont intéressés, et je pars pour faire une visite à des fous renfermés, sans m'arrêter en route avec ceux qui mériteraient de l'être.

On témoigne, en général, beaucoup de répugnance pour un genre de maladie dont il ne faudrait pourtant pas confondre les différentes espèces : je conçois qu'à l'aspect d'un maniaque enchaîné sur la dalle de pierre qui lui sert de lit, à moitié couvert de haillons qu'il déchire, en proie aux accès d'une rage frénétique qui ne trouve de relâche que dans l'épuisement de ses forces; je conçois, dis-je, qu'on détourne en gémissant ses yeux d'un pareil spectacle; mais, avec un cœur aussi sensible qu'un autre, je ne vois pas, je dois l'avouer, un grand motif de tristesse dans l'image de cette folie commune qui n'atteste, sans aucune apparence de douleur physique, qu'un dérangement dans l'organisation morale. On ne s'apitoie pas sur le malheur d'un sot: pourquoi gémirait-on sur le malheur d'un fou?

Cet homme qui se croit le *Père Éternel* est-il plus malade que tel autre qui se croit un Voltaire? Le premier occupe une loge aux Petites-Maisons, et amuse quelquefois ceux qui l'écoutent disserter sur ses visions mystiques; l'autre pérore dans un salon, dans une académie, où il ennuie son monde avec impunité, par cela seul qu'il n'a pas encore été juridiquement interdit: j'aperçois bien une différence essentielle dans la manière dont la société les traite et les envisage; mais je ne m'explique pas sur quoi cette différence se fonde. Si je montre pour les fous un peu moins de pitié, en revanche j'ai pour eux plus de respect qu'on ne leur en accorde. La folie n'est pas à l'usage de tout le monde; car elle suppose l'existence antérieure de la faculté qu'on a perdue. Il est beaucoup de gens dont on pourrait, avec un peu de soin, faire des imbéciles; très peu sont d'étoffe à faire des fous.

Ces réflexions que je faisais, il y a quelques jours, sur la route de Charenton, où j'allais visiter la maison des insensés, et qui paraîtront peut-être à mes lecteurs très dignes de ceux qui l'habitent, me remirent en mémoire l'aventure d'un fakir, rapportée dans le *Malomâat*, ou recueil d'*Échantillons* du philosophe Saadi.

Un fakir, nommé *Mélick*, se présente à la cour de *Nouschirvan-Scha*, où il avait été précédé par la réputation qu'il s'était acquise de reconnaître au premier coup d'œil et de guérir les insensés. Le monarque voulut que la première expérience se fît sous ses yeux, et donna ordre que le lendemain on amenât au palais un certain nombre de fous choisis parmi ceux dont l'état était le plus désespéré. Mélick se rendit au divan à l'heure indiquée, et fut introduit, en attendant l'audience du prince, dans une salle spacieuse où plusieurs personnes étaient déjà rassemblées : il les examina l'une après l'autre avec beaucoup d'attention, les questionna, prit note de leurs réponses; et lorsque le sultan parut, il s'approcha de son trône, frappa trois fois la terre de son front, et parla en ces termes : « Soleil d'équité, le peu de moments que je viens de passer avec les fous qui m'ont été amenés par ton ordre m'a suffisamment éclairé sur la nature et la cause de leur mal, et je suis prêt à faire sur ces gens-là (continua-t-il en montrant ceux avec lesquels il s'était entretenu) l'expérience d'un traitement dont leur guérison doit être l'infaillible résultat. »

Nouschirvan ne put se défendre d'un mouvement de colère dont le fakir faillit être victime, en voyant que celui-ci prenait pour des fous plusieurs de ses courtisans, de ses ministres, et des principaux officiers de son palais; mais le pieux solitaire, sans paraître plus étonné de sa méprise que de la fureur du monarque, répondit en s'inclinant avec respect: « Prince, souviens-toi de ce précepte de Zoroastre: *L'homme qui agit sans discernement est comparable à la brute, et n'aura jamais place au champ de lumière.* Daigne m'écouter, et vois si je suis cet homme que Zoroastre condamne.

« Je suis mandé dans ton palais pour examiner et guérir des insensés: la première personne qui se présente est ce vieux seigneur qui occupe en ce moment une place derrière ton trône; brisé par l'âge et les infirmités, sa main tremblante soutient avec peine le glaive dont elle est armée pour ta défense: il y a vingt ans que l'heure de la retraite a sonné pour lui; possesseur d'une fortune immense, d'un palais délicieux sur les bords de l'Euphrate, il pourrait y trouver le repos, seul bonheur de la vieillesse, et laisser à son fils l'honorable emploi qu'il occupe sans le remplir; mais, de son propre aveu, il sacrifie ses goûts, ses besoins, l'intérêt de son prince, et l'estime publique, à de misérables considérations dictées par une vanité puérile, à de vaines apparences d'un crédit qu'il n'a pas. Cet homme est fou, et je ne crains pas de confirmer mon premier jugement.

« Cet autre (continua le fakir en désignant un personnage dont le teint pâle et la vue débile annonçaient un homme fatigué par l'étude); cet autre, je le sais, est un des savants les plus renommés de tes états; des connaissances immenses dans les sciences physiques sont pour lui le résultat de trente ans de travaux assidus; il reçoit de ta munificence mille bourses par an pour appliquer le fruit de ses études à des expériences utiles: peut-être supposes-tu, magnifique sultan, qu'il cherche, dans l'application de nouveaux procédés chimiques, des moyens pour faire prospérer tes manufactures; dans l'étude de l'anatomie, de la botanique, des découvertes applicables à l'art de guérir, qui n'est pas la même chose que la médecine; dans l'astronomie, des méthodes pour régulariser les calculs nautiques, pour assurer la navigation et perfectionner la marine? Non; ses travaux ont un but tout différent: il te dira dans quel ordre sont rangées les couches de terre dont se composent les montagnes du Caucase; de quel métal était revêtu le fourreau du sabre du conquérant *Scander* (Alexandre); quels étaient les animaux qui peuplaient l'île de Taprobane avant le déluge universel; combien l'Océan contient de tonnes d'eau salée; et beaucoup d'autres vérités de cette importance : maintenant, seigneur, c'est à toi de juger si j'ai eu tort de mettre au rang des fous un homme qui fait un pareil usage de son temps, de son génie, et de tes bienfaits.

« Que voulais-tu, grand roi, que je pensasse de cet *Houka-Berdar* [1], qui se croit dans l'état un personnage de la plus haute importance, parceque sa famille jouit, depuis quatre siècles, du privilége honorable d'allumer des pipes; qui ne m'a parlé que de la requête qu'il doit te présenter incessamment, à l'effet de prendre rang au *dorbar* [2] et dans les fêtes publiques avant les généraux qui commandent tes armées, et avant les premiers magistrats, organes de ta justice?

« N'aurait-il pas fallu que j'eusse renoncé à ma raison, pour ne pas voir combien a souffert celle de ce gros homme imberbe à qui ta *sublimité* confie la garde de son harem, et qui se ruine à s'en composer un pour lui-même? Dans son état, tout autre qu'un fou m'aurait-il parlé de *ses femmes*, de ses *eunuques*, de ce pavillon *mystérieux* qu'il fait construire au milieu de ses jardins?

[1] Porteur de la pipe que l'on nomme *houka*.
[2] La cour des monarques persans et indiens.

« Quant au chef des mages, qui m'a entretenu si cavalièrement de ses courses, de sa table, de ses chevaux, et des intrigues de cour au milieu desquelles il se soutient à force de souplesse et d'impudence, c'est uniquement par respect pour le caractère dont il est revêtu que je le range dans la classe des insensés; et c'est aussi le seul dont je ne me charge pas d'entreprendre la guérison : le siége du mal est dans le cœur, et je n'y connais point de remède [1]. »

Nouschirvan ne jugea pas à propos de pousser plus loin la justification du fakir : il l'avait écouté avec beaucoup d'attention; et, loin de s'offenser d'une satire ingénieuse dont il reconnaissait la vérité, il voulut le retenir près de lui, et l'élever aux honneurs dont il paraissait digne. Le médecin des fous, plein de reconnaissance, mais exempt d'ambition, n'accepta pas les bienfaits d'un monarque qu'il proclama, en le quittant, le plus sage des hommes et le plus grand roi de son siècle. L'histoire a confirmé ce jugement, à l'appui duquel on peut citer le testament authentique de ce prince, que l'abbé Fourmont a traduit d'un manuscrit turc. En voici les dernières lignes, que Nouschirvan adresse à son fils Hormizdas :

« Mon fils, vous allez régner. Voulez-vous être

---

[1] L'auteur aurait-il voulu parler du cardinal M***?

digne du trône que je vous laisse? faites justice, réprimez l'insolence, soulagez le pauvre, aimez les lettres, protégez les sciences, écoutez les vieillards, employez les jeunes gens, et n'en croyez que vos yeux pour chercher le mérite. Si vous observez exactement cette règle, le ciel vous exaucera, vos ennemis vous craindront, vos amis vous seront fidèles, vous ferez le bonheur de vos sujets; ils feront votre félicité. »

Tout en devisant avec mes lecteurs, et de digression en digression, j'ai fait, sans m'en apercevoir, la route de Paris à Charenton, et me voila arrivé à la porte en même temps que le docteur Montègre [1], ami particulier du directeur de la maison, et l'un des hommes qui honorent le plus une profession dont il ne fait pas un métier, comme la plupart de ses confrères. Après une reconnaissance égayée par quelques plaisanteries locales, le docteur m'a présenté, sous mon nom d'*Ermite*, à M. C****, dont la taille pourrait être mieux prise, mais dont l'esprit ne saurait être mieux fait.

Avant de commencer notre visite, et tout en déjeunant, le docteur a entamé une petite dissertation sur *la folie*, dont il ne croit pas, contre toute raison, selon moi, que le siége soit dans le cerveau,

[1] Cet habile médecin, cet excellent homme, mourut l'année suivante à Saint-Domingue, où le conduisit le seul desir d'être utile à l'humanité.

mais qu'il définit très bien : *l'erreur de l'entendement qui juge mal durant la veille des choses sur lesquelles tout le monde pense de la même manière.* Une fois bien d'accord sur ce point, que cette maladie de l'esprit arrive on ne sait comment, provient on ne sait de quoi, et loge on ne sait où, il a été question des moyens curatifs, des traitements adoptés par les praticiens les plus habiles, et des expériences faites depuis quelque temps. « Je ne suis frappé que d'une chose, dis-je à ces messieurs après les avoir écoutés bien attentivement, c'est qu'on emploie pour guérir la folie des moyens dont l'application à des gens sensés suffirait pour les rendre fous. S'il m'est permis, en votre présence, d'avoir une opinion sur cet objet, je ne crains pas d'avancer que la contrainte qu'on exerce envers les insensés est le premier et le plus grand obstacle à leur guérison. » Il était naturel que l'on m'objectât l'intérêt général, qui fait une loi de leur réclusion ; mais j'avais pour moi l'autorité des faits, et je l'opposai avec avantage à tous leurs raisonnements.

« Vous ne savez peut-être pas, messieurs (continuai-je avec la satisfaction d'un écolier qui apprend quelque chose à ses maîtres), qu'il existe en France, dans le département des Deux-Nèthes, une bourgade qui s'appelle *Gheel,* dont les quatre cinquièmes des habitants sont fous, non pas comme les Abdéritains, mais fous dans toute la force du mot, comme ceux que l'on traite dans cette maison, et que néanmoins ils jouissent, sans inconvénients, de la même liberté que tous les autres citoyens? Ce fait extraordinaire a besoin de quelques explications.

« Il y a bientôt un demi-siècle qu'un magistrat d'Anvers, frappé du mal-être qui résulte pour les insensés de leur réunion dans un même hôpital, obtint du gouvernement la permission de les faire transférer dans la commune de Gheel, et de les distribuer chez tous les habitants, qui reçurent pour chacun d'eux une pension assez forte pour les indemniser de leurs frais et même de leurs soins. Le choix de ce petit bourg n'avait pas été fait au hasard: placé au milieu d'une vaste bruyère qui l'isole de toutes parts, la surveillance y devient très facile, et deux ou trois hommes suffisent pour garder ce troupeau d'insensés, qu'une cloche rappelle chez leurs hôtes aux heures des repas et à la chute du jour. Des aliments sains, un air pur, un exercice habituel, toute l'apparence de la liberté, tel est le régime qu'on leur prescrit, et auquel le plus grand nombre doit, au bout de l'année, sa guérison. J'ai passé deux jours au milieu de cette colonie d'insensés. Il s'y dit peut-être un peu plus de sottises, mais en revanche il s'en commet beaucoup moins qu'ailleurs ; aussi n'ai-je point été étonné qu'un *sage*, M. le R***, ait fixé là son domicile. » Comme ces messieurs ne me paraissaient pas disposés à me croire sur parole, je leur lus ce paragraphe d'un mémoire imprimé de M. le comte de Pontécoulant, alors préfet du département de la Dyle, dont l'administration a laissé de si honorables souvenirs dans la mémoire des habitants de ce pays :

« Les insensés[1] étaient entassés autrefois, à Bruxelles, dans un local étroit et malsain, dont les incommodités suffisaient pour rendre incurable la maladie qui les y conduisait.

« J'ai cru remplir à-la-fois un devoir de l'humanité et une obligation de ma place, en adoptant, à l'égard de ces infortunés, un usage recommandé par les succès d'une longue expérience. Instruit que la commune de Gheel, dans le département des Deux-Nèthes, était un asile ouvert à ce genre d'infirmité, après m'être entendu avec le préfet de ce département, j'ai fait transférer tous les fous de l'hospice de Bruxelles dans le village de Gheel, où ils jouissent d'une liberté qui n'exclut pas les soins que leur état exige.

« Des commissaires délégués par le conseil-général des hospices se rendent périodiquement sur les lieux, pour vérifier si l'on remplit envers ces infortunés toutes les obligations auxquelles sont

---

[1] *Exposition de la situation administrative du département de la Dyle, au 1ᵉʳ germinal an XIII*, par M. de Pontécoulant. Bruxelles, chez Weissembruck.

tenus, par contrats, les habitants qui en sont chargés. »

Ce ne fut qu'après avoir pris note de tous les détails que je lui communiquai sur la colonie de Gheel, que M. C*** satisfit au désir que j'avais de connaître un établissement qu'il administre avec un zèle digne des plus grands éloges.

« La folie (me dit-il tandis que nous traversions la première cour) n'est, en y regardant bien, que le développement excessif des vices, des travers, et des ridicules que l'on trouve dans le monde. Là, comme ici, elle se présente sous un nombre infini d'espèces que l'on peut cependant classer dans un de ces trois genres : *la frénésie, la manie, et l'imbécillité*. Au premier appartiennent toutes les passions violentes et la famille nombreuse des crimes, des vices, des excès qu'elles produisent; dans le second viennent se ranger d'eux-mêmes les défauts les plus nuisibles et les ridicules les plus remarqués; le troisième genre comprend les innombrables variétés de cette maladie de la raison humaine, qui réduit l'homme à l'état de la plante : c'est peut-être pour cela, ajouta le docteur en riant, que l'on a comparé quelquefois la société à une plate-bande. »

Nous approchions du quartier des *furieux*, dont les hurlements redoublèrent lorsqu'ils nous aperçurent à travers les barreaux de leurs loges. Je m'arrêtai un moment à considérer un homme sec dont le regard était plus méchant que farouche, et qui nous menaçait d'un sourire dont je n'ai jamais vu la cruelle expression que sur la figure du premier de nos tragédiens. « Ce malheureux, me dit notre guide, est un homme d'une haute naissance, à qui la nature avait donné le cœur d'un tigre et l'esprit d'un singe; toutes les années de sa jeunesse ont été marquées par des crimes dont il a osé faire publiquement l'apologie dans un âge plus avancé. Privé, pour toute punition, du pouvoir de nuire, il est devenu fou de méchanceté; et, à défaut d'autres victimes, c'est maintenant sur lui-même que s'exerce sa rage. Son existence accusait la justice des lois, sa démence a vengé la morale publique. » Nous nous éloignâmes promptement de ce forcené, qui nous laissa pour adieux ce charitable avertissement : « Soyez tranquilles ! je me charge de vous faire écorcher tout vifs [1]. »

Son voisin ne paraissait ni moins agité ni moins à plaindre; il articulait à voix basse des phrases sans suite, où revenaient sans cesse les mots de *femmes*, de *rival*, et de *faux toupet*. Ce dernier mot figurait si singulièrement dans ses plaintes tragiques, que j'en demandai l'explication au docteur : « Il y a effectivement, me dit-il, quelque chose de bien ri-

---

[1] C'est de M. de Sades, l'un des plus horribles phénomènes que l'espèce humaine ait produits, de l'auteur de *Justine* en un mot, qu'il est question dans ce paragraphe.

sible, sinon dans le malheur de ce pauvre homme, du moins dans la cause de son infortune : il est fort laid, comme vous voyez, mais il était fort riche ; il n'est donc pas étonnant qu'il ait épousé une femme très belle et d'une condition supérieure à la sienne. Naturellement jaloux, la coquetterie de sa femme lui donna de fréquentes occasions de se livrer à ce penchant funeste. Il avait ou croyait avoir pour rival (car il ne faut jurer de rien) un jeune homme à qui la nature avait prodigué tous les avantages physiques, aux cheveux près cependant, dont quelques parties de sa tête étaient si mal pourvues, qu'il était obligé, pour remplir les lacunes de sa chevelure, d'avoir recours à la main industrieuse des Harmand ou des Michalon ; en un mot, il faisait usage de ces fragments de perruque que l'on appelle des *mouches*. Je ne vous dirai pas au juste comment et dans quel endroit ce mari soupçonneux trouva l'échantillon d'une coiffure qui l'inquiéta si vivement sur la sienne ; mais, dès ce moment, l'enfer fut dans sa tête, sa jalousie devint un délire, et sa raison se perdit dans des transports furieux que le seul aspect d'une femme porte à un degré de violence dont il est difficile de se faire une idée. » Il me fut impossible de supporter la vue des tourments auxquels étaient en proie deux autres frénétiques enfermés dans cette enceinte, et nous entrâmes dans le quartier des *maniaques*, sur chacun desquels

M. C*** me donnait quelques renseignements à mesure que nous passions devant la chambre que chacun d'eux occupait.

« Celui-ci, me dit-il, en me montrant un homme qui se promenait de long en large, un porte-voix de carton à la main, est un capitaine de corsaire. Après une course aussi brillante que productive, en vue du port où il allait entrer et mettre en sûreté ses richesses, il fut attaqué et pris par une frégate qu'il combattit deux heures avec intrépidité. Ce malheur, joint à la cruauté des traitements qu'il a éprouvés dans les prisons d'Angleterre, lui a fait perdre l'esprit; il se croit toujours à bord de son vaisseau, livrant le combat qui lui fut si fatal, et il ne cesse de crier : *Qu'on mette le feu à la sainte-barbe !* »

La chambre voisine, grotesquement décorée de chiffons et d'oripeau, était occupée par ce pauvre Trénis que j'avais connu dans le monde atteint d'une folie différente, et pour le moins aussi ridicule. Lorsqu'il passait pour raisonnable, il était persuadé que l'ame de l'homme réside dans son coude-pied, et que la danse, où il excellait, est, de toutes les perfections, celle qui nous rapproche le plus de la Divinité. Maintenant il se croit ambassadeur du Grand-Mogol : chamarré de rubans de toutes couleurs, de décorations de tous les pays, il se complaît dans ces chimériques grandeurs, et donne audience, dans sa cellule de Charenton, avec une dignité très amusante, qui n'est pas tout-à-fait sans modèle. Que gagnerait-il à sa guérison? Il n'est plus dans l'âge de la danse, et le retour de sa raison lui ferait perdre son ambassade.

Plus loin habitait un philosophe, devenu fou à force de répéter, à ses propres dépens, l'expérience de Spallanzani sur les *animalcules infusoires*. Son logement communiquait avec celui d'un commentateur dont la raison s'est éteinte dans les recherches profondes qu'il a faites pour découvrir si les anciens portaient perruque.

Leur voisin était un laquais de grande maison, dont la cervelle s'était dérangée parcequ'il n'avait pas été admis à l'honneur de monter derrière le carrosse de son maître dans un jour de cérémonie.

En passant à travers un corridor, pour nous rendre dans le quartier des femmes, nous vîmes un fou à qui l'on mettait *le corset de force*. M. C*** prévint la demande que j'allais lui faire: « Cet homme, me dit-il, était autrefois un écrivain satirique ; ce métier-là n'est pas sans danger, et les gens en colère ne regardent pas où ils frappent. Dans le dernier assaut qu'il a eu à soutenir, sa tête a porté contre un bâton, et l'aliénation mentale s'en est suivie. Depuis qu'il est fou, il a changé de rôle; il n'écrit plus contre personne, et voudrait bâtonner tout le monde. »

La folie, parmi les femmes enfermées dans cette maison, ne me paraît avoir, comme dans le monde, que deux caractères bien distincts, l'amour et la vanité.

La première à qui nous rendîmes visite était une espèce de *tante Aurore*, dont les romans mélancoliques avaient brouillé la cervelle. Assise au pied de son lit, une mauvaise guitare sans corde à la main, elle se croyait au bord d'un torrent, sur la pointe d'un rocher, et fredonnait d'une voix éteinte une romance où l'*oiseau de nuit* et le *vent du désert* n'étaient pas oubliés.

Cette folle avait pour voisine une jeune personne dont le malheur m'intéressa bien davantage : abandonnée par un infidèle, la veille du jour fixé pour son mariage, le chagrin brisa son cœur, et la perte de sa raison, qui fut la suite du désespoir où elle se livra, la rendit aux douces illusions qu'elle avait perdues.

Je témoignai à ces messieurs ma surprise de voir dans cette maison une femme qui n'avait d'autre folie que de se croire de trente ans plus jeune qu'elle n'est, de sourire gracieusement à tous les jeunes gens, et d'être convaincue qu'on ne peut la voir sans tomber amoureux d'elle. Si ce sont là des preuves de démence, où logera-t-on toutes celles qui en sont atteintes ?

Je me suis arrêté quelque temps à considérer avec

surprise une femme dont la folie est directement opposée à la cause qui l'a produite. Cette dame, que les excès d'une dévotion mystique ont privée de raison, éprouve maintenant un délire d'une nature toute différente; il est impossible de deviner à quelles suggestions elle est redevable des idées, des images qui se présentent nécessairement à son esprit pour la première fois, et qu'elle énonce dans un langage qu'elle n'a jamais eu l'occasion d'entendre.

J'avais entendu dire que M. C*** avait cherché, dans les concerts et dans les jeux scéniques exécutés par ses pensionnaires, un moyen d'opérer ou de préparer leur guérison; je fus témoin de cette double expérience, et les remarques qu'elle me fournit ne vinrent pas à l'appui des espérances qu'il paraît conserver encore.

Je revins dîner à Paris, et j'allai passer ma soirée dans une assemblée très brillante, où je continuai mes observations sur les fous, sans trop m'apercevoir que j'avais changé de lieu.

N° LXVIII. [14 JUILLET 1812.]

PROMENADE
A LA BIBLIOTHÈQUE ROYALE.

> *Non desunt crassi quidam qui studiosos a libris deterreant*
> ERASMUS.
> Nous ne manquons pas d'ignorants qui cherchent à détourner les savants de l'étude.

Le caractère des peuples a cela de commun avec celui des individus, qu'il se compose le plus souvent des qualités ou des défauts qui semblent s'exclure. C'est ainsi, par exemple, qu'on reproche aux Parisiens d'être tout à-la-fois badauds et apathiques. Tel bourgeois de la rue Saint-Denis, qui ne croit jamais arriver assez vite au parapet d'un quai pour voir un train de bois qui descend la rivière, passe depuis quarante ans deux ou trois fois par jour sous le bel arc triomphal de Blondel, sans y faire plus d'attention qu'à l'arcade de Colbert. Cet honnête homme atteindra, comme un autre, sa soixantième année, sans savoir autre chose, sinon qu'il y a dans le quartier Saint-Germain-l'Auxerrois un grand bâtiment carré qu'on appelle *le Louvre*, dont la cour sert de passage et abrége une bonne partie du chemin à ceux qui vont du Palais-Royal à la rue Dauphine; que les *Tuileries* sont un grand jardin où l'on se promène gratis, ce qui fait qu'il le préfère à Tivoli; que les *Invalides* se distinguent entre tous les bâtiments de Paris par un grand dôme couvert de lames de cuivre doré : mais si vous ajoutez en sa présence que la colonnade du Louvre est un monument immortel du génie de Perrault; que le jardin des Tuileries a fondé la réputation de Le Nôtre; que l'intérieur du dôme des Invalides sert de cadre à la superbe fresque de Lafosse, et présente le plus bel effet de perspective qui soit connu dans la peinture; si, dis-je, vous faites devant lui quelques observations de cette nature, notre bon bourgeois ouvrira de grandes oreilles, et regardera de temps en temps sa femme pour tâcher de lire dans ses yeux si vous ne vous amusez pas à ses dépens.

De tous les monuments de Paris, le plus curieux, le plus intéressant, et le moins fréquenté par l'immense majorité de sa population, c'est incontestablement la Bibliothèque royale, vaste dépôt des connaissances humaines, véritable tour de Babel où règne la confusion des langues, et qu'ont néanmoins élevée les plus beaux génies de toutes les nations et de tous les siècles. Je ne m'étonnerais point qu'un pareil établissement ne fût habituellement fréquenté que par la classe studieuse qui vient puiser à cette source profonde une instruction qu'elle ne peut trouver ailleurs; mais je suis toujours surpris que le seul attrait de la curiosité n'y amène pas de temps en temps cette foule de gens désœuvrés pour qui tout est spectacle dans la capitale.

L'origine de la Bibliothèque royale, la plus riche et la plus magnifique qui ait jamais existé, ne remonte pas au-delà du quatorzième siècle : le roi Jean passe pour en être le fondateur; elle se composait alors d'une cinquantaine de volumes. Charles V, son successeur, qui joignait un grand amour des lettres à tant d'autres vertus royales, la porta, par un accroissement rapide, à neuf cent dix volumes; il voulut que tous ses sujets en profitassent, et la fit placer dans une tour du Louvre, qui prit le nom de *Tour de la Librairie*, et à la voûte de laquelle il ordonna qu'on appendît trente petites lampes d'argent, afin que l'on pût y travailler à toute heure.

Cette même Bibliothèque est aujourd'hui de trois ou quatre cent mille volumes; et l'on conviendra que si l'accroissement des connaissances est le moins du monde en proportion avec celui des livres, les lumières doivent avoir mis plus de distance que le temps entre nous et nos aïeux. Il est bien vrai cependant que si l'on réduisait cette immense collection au petit nombre de livres qui contiennent des idées neuves, des vues utiles, des vérités incontestables; que si l'on vendait à la livre, au profit du goût et du bon sens, les compilations indigestes, les assommants commentaires, l'amas des controverses, les contrefaçons des plagiaires, l'énorme fatras des romanciers, la masse épouvantable de tant de poésies soi-disant légères; il est vrai, dis-je, que si l'on faisait cette réduction, on pourrait loger toute la Bibliothèque dans une des galeries du palais qu'elle occupe; mais il y a de l'exagération à soutenir, comme l'a fait un de mes amis, homme très dénigrant de sa nature, qu'au moyen de cette réduction la Bibliothèque ne se trouverait pas plus volumineuse qu'au temps du roi Jean.

Quoi qu'il en soit de sa composition, où il est tout simple que le mauvais l'emporte de beaucoup sur le bon, et dont il ne faudrait même pas l'exclure si l'on en avait les moyens, cette Bibliothèque est un des monuments dont la France doit s'honorer davantage : dix-huit monarques et les plus grands ministres de ces différents règnes ont mis tous leurs soins à l'augmenter; mais ce ne fut qu'en 1721 qu'elle prit une véritable consistance, et qu'elle fut réunie dans un même local, à l'ancien hôtel de Nevers, devenu l'hôtel de la Banque royale.

Ce vaste édifice, d'un assez bon goût d'architecture, dans son extrême simplicité, ne présente à l'extérieur, sur la rue de Richelieu, que de hautes murailles percées de loin à loin de quelques fenêtres dénuées, ainsi que la porte principale, de toute espèce d'ornements. Vu de la cour, l'aspect de ce bâtiment, en forme de parallélogramme, ne manque ni de noblesse, ni même de cette sorte d'élégance qui résulte en architecture de la régularité de l'ensemble.

Les gens qui cherchent en toutes choses le mérite des convenances, pourraient fort bien remarquer que le modéle en bronze de la Diane d'Houdon n'est point à sa place au milieu de cette cour, où l'on s'attend à trouver quelque groupe allégorique d'un costume plus sévère. Un bel escalier conduit aux galeries supérieures : c'est là que se trouvent les livres imprimés et le cabinet des médailles. Il y a quelque chose de religieux dans l'impression qu'on éprouve en entrant dans cette espèce de Panthéon, où tant d'autels sont élevés à des dieux inconnus. Le silence le plus profond règne sous ces doctes voûtes; il n'est troublé que par les pas mesurés des desservants du temple, qui parcourent les galeries pour y chercher les livres qu'on leur demande, et par le bruit scientifique des feuilles de l'*in-folio*, qui froissent l'air en passant sous les doigts du lecteur.

Les habitués de la Bibliothèque se partagent en deux classes bien distinctes, les curieux et les travailleurs. Les premiers sont aisés à reconnaître : ils arrivent à une heure, entrent d'un air timide, et semblent craindre de faire crier sous leurs pas le parquet de ces salles consacrées à l'étude. Leurs regards incertains glissent sans s'arrêter sur ces rayons chargés de livres, dont plusieurs jours ne leur suffiraient pas pour lire seulement les titres : ils se hâtent d'arriver dans la galerie de l'est, pour y voir ces trop fameux globes de Coronelli, objet de la curiosité de tous les provinciaux, et dont le plus grand mérite (qui n'est encore qu'un grand inconvénient) est d'avoir environ trente-cinq pieds de circonférence.

Tout le monde sait que ces globes sont un monument de l'admiration du cardinal d'Estrées pour Louis XIV. L'inscription du globe céleste porte *que toutes les étoiles du firmament y sont placées au lieu même où elles étaient à la naissance de ce fameux monarque.* L'inscription du globe terrestre nous apprend qu'il a été construit *pour montrer les pays où tant de grandes actions ont été exécutées, à l'étonnement des nations que Louis eût pu soumettre, si sa modération n'eût prescrit des bornes à sa valeur* [1].

Le Parnasse français de Titon du Tillet partage avec les globes de Coronelli les hommages et les vi-

---

[1] Détestables flatteurs! présent le plus funeste
Que puisse faire aux rois la colère céleste!
RACINE.

sites des amateurs provinciaux. Ce monument, dont l'invention me paraît médiocre et l'exécution faible, est du moins placé très convenablement dans une des galeries de ce temple des Muses.

L'allure de l'homme studieux qui fait habituellement de la Bibliothèque son cabinet de travail, est tout-à-fait différente; économe du temps qu'il peut y passer, on le voit attendre dans la cour le moment où l'horloge sonne dix heures : les portes s'ouvrent, il monte rapidement l'escalier, traverse les salles en homme qui connaît le local, et va prendre sa place accoutumée dans la galerie où siégent les bibliothécaires. Le plan de son travail est fait; il n'hésite pas sur le livre qu'il doit demander, et qu'il va souvent prendre lui-même sur le rayon où il l'a déposé la veille. Assis près d'une table sur laquelle il range ses papiers, sa tabatière ouverte près de lui, il lit, prend ses notes, et quatre heures s'écoulent sans qu'il ait seulement jeté les yeux sur ceux qui travaillent à la même table, et sans qu'il se soit aperçu que la température est à six degrés au-dessous de zéro, dans ce lieu où jamais une étincelle de feu n'a brillé.

Il y a ici, comme ailleurs, et plus qu'ailleurs peut-être, des originaux à voir et des ridicules à observer. Que fait là tout seul à cette table, au milieu de vingt volumes sillonnés de petites bandes de papier écrites, cet homme en habit vert tendre, qui s'essuie le front comme s'il travaillait à creuser la terre ou à scier du marbre? Il compile, mais plus franchement que l'abbé Trublet: celui-ci ajoutait le peu d'esprit qu'il avait à celui qu'il empruntait aux autres; l'homme à l'habit vert ne fait aucune mise de fonds, et ne trafique que du bien d'autrui. On ne prend pas avec plus d'impudence, et c'est de lui qu'on peut dire qu'*il fait du dégât dans les bons livres*. Il a publié vingt volumes, ce qui veut dire qu'il en a dépecé deux ou trois cents: aussi prend-il fièrement la qualité d'homme de lettres et de membre de plusieurs sociétés savantes.

Si je fais peu de cas de ce manœuvre littéraire, je n'estime guère plus ce poudreux commentateur, dont les recherches critiques ont pour but de soutenir quelques paradoxes bien absurdes, à l'aide d'une foule de citations que personne n'ira vérifier. Il achève en ce moment, pour la plus grande gloire des lettres, un ouvrage en 4 volumes in-4°, où il prouve que Montaigne n'est pas l'auteur des *Essais*, et que la traduction d'Amyot est l'ouvrage de Jean de Meaumont.

Entre ces deux harpies littéraires, je remarque un auteur du Vaudeville qui vient chercher des traits de couplets dans les énigmes des anciens *Mercure*.

Plus loin, c'est une dame, ouvrière en romans, qui tâche de se faire un fonds des idées, des situations, des caractères qu'elle emprunte aux Durfé, aux Scudéri, et dont elle compose des romans historiques.

A l'autre bout de la table, je reconnais deux garçons journalistes, occupés, par ordre de leur bourgeois, à faire des extraits de Fréron, de Linguet, de Desfontaines; ce qui pourrait peut-être expliquer comment on voit périodiquement reparaître, à propos de telle tragédie, de telle comédie nouvelle, certains traits de critique qui ont été lancés contre *Mérope*, *la Métromanie*, etc.

Je vais rarement à la Bibliothèque sans entrer dans le cabinet des médailles; cette magnifique collection, enrichie par la victoire, est aujourd'hui la plus complète de l'Europe. L'esprit d'ordre, les recherches savantes de l'abbé Barthélemy, continuées par ses laborieux successeurs, ne laissent plus à desirer, dans l'arrangement méthodique de tant de médailles et de pierres gravées, qu'une preuve de l'utilité réelle, ou même de l'existence de cette science numismatique, dont j'ai bien peur qu'on ne connaisse encore que le nom. J'attends, pour changer d'avis, que quelqu'un veuille bien m'assurer qu'un seul point d'histoire [1] ait été éclairci par le

---

[1] Il est incontestable (quoi qu'en dise l'Ermite) que les médailles et les inscriptions ont éclairci une foule de points historiques. L'histoire des rois de Thrace n'est établie que sur leurs médailles. Les médailles ont déterminé beaucoup de détails chronologiques du règne de Ptolémée, etc., etc. (*Note de M. de B***.*)

secours ou par l'étude des médailles, depuis plus de deux siècles qu'une classe de savants s'occupe exclusivement de cette branche de l'archéologie.

A ma dernière visite, au moment où j'entrais, deux antiquaires célèbres disputaient sur une médaille de cuivre dont l'empreinte effacée laissait le champ libre aux conjectures. L'un soutenait que cette médaille était de la troisième année du règne de Tibère; l'autre voulait qu'elle eût été frappée sous le règne de Vespasien : survient un troisième savant, qui prononça que c'était une médaille *spintrienne* représentant les amours de Pasiphaé. La dispute allait s'échauffant, lorsqu'un bourgeois de Salamanque, qui se trouvait là par hasard, après avoir jeté les yeux sur la médaille, déclara que c'était un *maravédi* espagnol.

La salle des manuscrits est pour moi l'objet d'une vénération toute particulière : je ne jette pas les yeux sur les nombreux cartons dont elle est tapissée, sans songer qu'ils renferment peut-être la réputation de vingt hommes de génie, qui n'ont besoin que d'un peu de bonheur, d'adresse ou de patience, pour découvrir le carton où repose leur immortalité. Depuis quelque temps cet espoir paraît avoir saisi bien du monde, à en juger par le nombre d'investigateurs que l'on rencontre dans la salle des manuscrits, et qui pâlissent sur de vieux parchemins dont souvent, après six mois de travail, ils ne retirent d'autre fruit que de savoir au juste à quelle époque remonte la fondation d'un couvent de capucins, ou les priviléges d'une confrérie de pénitents.

Ma promenade à la Bibliothèque se termine pour l'ordinaire au cabinet des gravures : j'y trouve, autour d'une grande table couverte d'un tapis vert, de jeunes artistes qui viennent étudier les œuvres des grands maîtres, et puiser des idées pour des compositions nouvelles. Des acteurs chargés de représenter sur la scène quelques personnages, consultent leurs portraits pour se conformer au costume dont il n'est plus permis de s'écarter depuis que Talma a donné à cet égard l'exemple de la fidélité la plus scrupuleuse.

La dernière fois que je visitai la Bibliothèque, je demandais à un étranger que j'y avais conduit ce qu'il y avait trouvé de plus intéressant : « Les conservateurs, me répondit-il : j'ai vu dans les principales villes de l'Europe de vastes collections de livres, de gravures, de médailles, distribuées avec beaucoup d'ordre, rangées avec beaucoup de soin dans des galeries superbes ouvertes au public; mais ce que je n'ai vu qu'à Paris, ce sont des hommes d'un mérite supérieur, que l'amour des lettres attache à tous ceux qui les cultivent, dont le zèle infatigable accueille avec une bienveillance qui ne se dément jamais, tous ceux qui ont recours à leurs lumières. Je ne sais, ajouta-t-il, si l'on trouverait un autre établissement au monde où les Bignon, les de Thou, les Sellier, les Levin, les Barthélemy, aient eu pour successeurs des Capperonier, des Van Praet, des Dacier, des Langlès, et dont on puisse dire, comme de celui-ci, que les chefs ont constamment hérité des grandes qualités de leurs prédécesseurs. »

N° LXIX. [17 JUILLET 1812.]

LA MAISON DE PRÊT.

Multis occulto crescit res fœnore...
HOR., ep. 1, lib I.

Combien de gens s'enrichissent sourdement par l'usure?

Un homme qui a la réputation de connaître mieux que personne la valeur et sur-tout l'intérêt de l'argent, m'engageait à faire un article contre les usuriers. Cela me fit souvenir de cet Harpagon de qualité qui alla trouver un prédicateur célèbre pour le prier de faire un sermon contre l'usure. « Que je me réjouis, mon frère, lui dit l'orateur chrétien, de voir que le ciel a touché votre cœur, et que vous voulez renoncer.... — Il n'est pas question de cela, interrompit le vieux pécheur ; si je vous prie de tonner en chaire contre l'usure, c'est qu'il y a dans la ville tant de petites gens qui s'en mêlent, qu'un homme comme moi n'y gagne plus rien, et que si vous pouviez les corriger par vos sermons, je ferais bien mieux mes affaires. » Cet homme-là avait beaucoup trop bonne opinion de ses confrères ; ce n'est pas au prône qu'il faut les recommander, c'est aux mœurs et au gouvernement : on ne les corrige pas avec de beaux discours, mais avec de bonnes lois.

Dans une grande ville, les moyens de se procurer de l'argent doivent toujours être en proportion des occasions qu'on a d'en dépenser; on n'a pas plus tôt vidé sa bourse, qu'il faut songer à la remplir, et l'on trouve toujours des gens tout prêts à vous rendre, à certaines conditions, ce double service. Rien de plus difficile, à Paris, que de mettre ses besoins (parmi lesquels il faut compter ses plaisirs) en rapport avec ses revenus. Dans la foule de ceux qui ne parviennent jamais à établir cet équilibre, le plus grand nombre, faute d'un crédit ouvert dans quelques maisons de banque, sont obligés de recourir à des moyens désavoués par ces négociants intègres, par ces capitalistes honnêtes, par ces propriétaires exacts qui ne conçoivent pas qu'on puisse prêter ou emprunter de l'argent à un intérêt annuel au-dessus de quatre ou cinq pour cent.

D'un autre côté, cependant, comme ces messieurs, que révolte l'idée d'un emprunt usuraire, ne conçoivent pas non plus que l'on place ses fonds autrement que sur des immeubles en première hypothèque ou sur des effets revêtus de trois bonnes signatures ayant cours à la Banque de France; il a fallu tolérer pendant long-temps des banquiers moins scrupuleux qui vinssent au secours des jeunes gens de famille un peu dérangés; des provinciaux qui attendent des fonds de chez eux; des plaideurs vivant de l'espoir du gain d'un procès; des joueurs sûrs de réparer leur perte par une chance mieux calculée; de ces collatéraux pressés de manger un héritage dont il est douteux qu'ils héritent; de ces gens qui comptent leurs dettes pour le plus clair de leurs revenus; de ces malheureux de toutes les classes à qui une banqueroute, une maladie, un revers imprévu ne laisse pas le choix des moyens; enfin de tous ceux qui ont de grands desirs, de nombreux besoins et de petites ressources.

Toutes ces différentes espèces d'emprunteurs ont leurs analogues parmi les prêteurs : la plus rare est celle des amis dont la bourse est toujours ouverte, et qui manquent rarement de perdre avec leur argent l'ami qu'ils obligent; trop heureux s'ils n'en font qu'un ingrat! Après cette noble exception, qui n'a rien de commun avec la régle, vient la classe des prêteurs *authentiques*, dont il n'y a ni bien ni mal à dire, et finalement celle des usuriers, qui se modifie de mille manières, qui reparaît sous vingt formes, sous vingt acceptions différentes, depuis le *faiseur d'affaires* jusqu'au *prêteur à la petite semaine*.

En véritable peintre des mœurs, qui n'applique pas à une époque l'éloge ou le reproche qui appartient à une autre, je dois dire que depuis douze ou quinze ans le fléau de l'usure est prodigieusement diminué. Cet heureux résultat est dû au rétablissement du *Mont-de-Piété*, institution vraiment digne du nom quel reçut du pape Léon X, qui passe pour en être le fondateur. Cette branche de l'administration des hospices, dirigée aujourd'hui avec autant d'économie que de sagesse, n'est pas le moindre bienfait d'un gouvernement dont la sollicitude embrasse tous les besoins du pauvre. On doit à la nouvelle organisation du Mont-de-Piété d'avoir fait disparaître tant de lombards, de maisons de prêt non reconnues par l'autorité, et qui ne présentaient aucune garantie. C'est une idée bien morale et bien philanthropique que celle d'affecter à l'entretien des hospices les produits d'un établissement dont les bénéfices se prélèvent sur le malheur et sur l'inconduite.

On m'eût embarrassé beaucoup, il y a quinze jours, si l'on m'eût fait sur le Mont-de-Piété des questions auxquelles je suis prêt à répondre aujourd'hui. Voici l'origine de mon instruction de fraîche date. Le père d'un jeune étudiant en droit, dont j'ai déjà deux fois entretenu mes lecteurs, m'envoya dernièrement une *reconnaissance du Mont-de-Piété* (la première que je me rappelle avoir jamais vue), avec prière de retirer une montre dont elle portait le signalement. La lettre de mon vieil ami m'apprenait que cette montre était un bijou de famille, précieux par son ancienneté, et qui, depuis cent cinquante ans, avait passé de gousset en gousset, par filiation d'héritage, d'un arrière-bisaïeul jusqu'à son fils, lequel l'avait *engagée* pour une somme de cent cinquante francs peu de jours avant de quitter Paris.

Je me rendis à l'adresse que portait le bulletin; une lanterne à transparent, sur laquelle on lisait en grosses lettres: *Commissionnaire au Mont-de-Piété*, m'indiqua le bureau où j'avais affaire; l'entrée n'en était pas fastueuse: une allée obscure conduisait à un escalier étroit, où plusieurs personnes, qui se coudoyaient en montant ou en descendant, cherchaient à éviter les regards, et paraissaient embarrassées de leur contenance. Je monte lentement, en sorte que j'eus le temps de me demander quelles peuvent être les raisons qui impriment une sorte de honte à l'action, très innocente en elle-même, d'aller, sur des effets qui nous appartiennent, emprunter un secours commandé par un moment de gêne; et de me répondre que cela tenait à l'espèce d'aveu tacite qu'on semble faire de sa pauvreté par une semblable démarche.

J'entrai dans le bureau, où plusieurs personnes attendaient leur tour; je pris mon parti comme les autres: je m'assis dans un coin, et, mes lunettes sur le nez, le menton appuyé sur ma canne, je commençai mon cours d'observations. La première dont je pris note fut celle d'une différence bien distincte

qui partageait en deux classes les gens avec qui je
me trouvais. Les uns (c'était le plus petit nombre)
avaient l'air riant, parlaient haut, s'impatientaient
de la lenteur des commis, et regardaient les autres
avec une expression où la pitié empruntait quelque
chose du mépris. Ceux-ci, l'air embarrassé, la contenance modeste, attendaient sans murmurer que le
buraliste les appelât; ils s'expliquaient à voix basse,
signaient leur nom avec inquiétude, et donnaient
leur adresse avec précaution. Il ne fallait pas une
bien grande pénétration pour deviner que les uns
venaient retirer, et les autres engager leurs effets.

Nous étions encore dans les jours gras: l'affluence
dans cette maison était considérable, et le buraliste, qui avait pris un commis de plus, pouvait à
peine suffire à la foule des emprunteurs. A quelques réflexions qui lui échappèrent, je jugeai que
les veilles de fêtes et de tirages de loterie étaient
pour lui et pour ses confrères des jours de travail
extraordinaires, et que le desir d'avoir de l'argent
pour s'amuser est plus commun et plus pressant
dans une grande ville, que la nécessité de s'en procurer pour les premiers besoins de la vie.

Je remarquai d'abord une jeune femme de chambre qui venait, au nom de sa maîtresse, mettre en
gage douze chemises de batiste dont l'extrême finesse donnait moins l'idée d'un tissu que d'un nuage
de lin : l'art des plus habiles lingères s'était épuisé

à en rassembler les parties, à en broder les contours. Elle demanda dix louis sur cet objet; on lui en offrit quatre; elle se récria sur la modicité de la somme, sur la valeur du nantissement, et voulut en avoir au moins 140 francs, dont sa maîtresse avait, disait-elle, un besoin indispensable pour acheter un *chapeau-casque* que mademoiselle Despaux ne voulait ni livrer à crédit ni vendre à meilleur marché. Cette raison ne fit pas même sourire le buraliste, et mademoiselle Marton se vit obligée de détacher de son cou, avec un peu d'humeur, une chaîne d'or qui compléta l'appoint, et au moyen de laquelle on lui compta la somme *indispensable*.

Après la soubrette, vint une grosse femme qui demanda douze francs sur une couverture de lit; j'étais tout prêt de m'attendrir sur le sort de cette pauvre créature, que je supposais réduite à dégarnir son propre lit, pour soulager un mari infirme ou des enfants malades.

Poussé par un mouvement d'humanité, j'ouvrais déjà ma bourse avec l'intention de lui offrir la modique somme dont elle paraissait avoir besoin, lorsque je l'entendis faire à une voisine l'aveu de ce qu'elle appelait elle-même sa faiblesse : sa fille était invitée pour le lendemain à un bal masqué superbe, dans la rue des Vieilles-Audriettes; elle avait besoin de douze francs pour louer un habit de caractère : son père ne les lui aurait pas donnés; il fallait bien les emprunter à son insu. Je ne fus peut-être pas aussi touché que j'aurais dû l'être de ce trait d'amour maternel, et je remis ma bourse dans ma poche avec plus de sang-froid que je ne l'en avais tirée.

Comme cette femme sortait, un jeune homme entra précipitamment, et, sans trop s'embarrasser si c'était son tour ou non, déposa sur la table une fort belle montre à répétition, et demanda quinze louis. On les lui compta; il sortit sans donner son adresse, dont on avait d'autant moins besoin, disait-il, qu'il allait dans la maison de jeu voisine, et qu'il reviendrait dans une heure pour retirer sa montre. Le buraliste parut si peu convaincu de son exactitude, qu'il remit la montre à son commis pour la comprendre dans l'envoi qui devait être fait le lendemain au grand bureau.

Une vieille femme, d'une figure très-respectable, prit la place de cet étourdi, et tira lentement, d'un grand sac à ouvrage, une croix à la Jeannette en diamants, dont elle parut se séparer avec bien de la peine. Pendant que ce bijou passait aux mains du vérificateur-expert, la bonne dame nous apprit qu'elle avait été ruinée par une banqueroute; qu'après avoir été trente-cinq ans femme de charge chez M. le duc de ***, elle avait placé le fruit de ses économies dans une maison qui passait encore pour très solide le matin du jour où l'on apprit que le chef était en route pour les États-Unis, où il avait réalisé ses capitaux, laissant à Paris un hôtel dont la valeur était plus qu'absorbée par la dot de sa femme, qui ne lui avait apporté que des dettes. Elle avait vendu successivement toutes les pièces de son mobilier; il ne lui restait plus que cette croix, dont sa maîtresse mourante lui avait fait don par testament, et qu'elle venait mettre en gage pour se procurer une entrée à *l'Hospice des Ménages*. Les hommes sont naturellement bons; les quinze ou vingt personnes qui entendirent l'histoire de cette pauvre femme lui donnèrent toutes des marques d'intérêt, et le hasard voulut qu'il s'en trouvât quelques unes en position de lui prêter l'argent dont elle avait besoin, sur un gage dont on exigea qu'elle restât dépositaire.

Mon tour vint; je présentai ma *reconnaissance*: on m'invita à revenir le lendemain; je demandai la raison d'un délai dont je n'avais pas vu d'autre exemple : on m'apprit qu'il fallait que l'objet réclamé par moi revînt du *grand bureau*, ou que j'allasse le retirer moi-même en prenant la *grande reconnaissance*. C'était une occasion de voir un établissement dont je ne connaissais encore qu'une des succursales; je remplis les formalités d'usage, et je m'acheminai vers la rue des *Blancs-Manteaux*, où l'administration du Mont-de-Piété a établi son siége et son entrepôt général.

La grandeur du bâtiment, ses vastes dépendances, le mouvement qu'on y remarque, donnent au premier aspect l'idée de l'importance d'un pareil établissement. De grands magasins occupent tout le premier étage, et les nantissements de toute espèce y sont distribués dans un ordre admirable. Une salle immense, et disposée de manière à éviter le désordre et la confusion, est ouverte à la foule des emprunteurs, qui, leur paquet sous le bras, attendent quelquefois une journée entière le tour du numéro que chacun reçoit en entrant : il n'est pas rare de trouver deux ou trois cents personnes réunies dans cette salle ; elles appartiennent presque toutes à la classe la moins aisée : le grand bureau reçoit rarement de la première main les dentelles, les bijoux, les cachemires, tous ces colifichets de luxe, toutes ces superfluités ruineuses qui ne conservent quelque valeur que dans les quartiers où l'on en fait usage. C'est au moyen des *commissionnaires* que les gens comme il faut communiquent avec le bureau principal, et c'est à la discrétion de ces intermédiaires que le luxe, le désordre et la vanité confient le secret de leurs besoins.

Le numéro qui m'était échu ne me permettant pas d'espérer que je pusse être remis avant la fin du jour en possession de la montre du bisaieul, j'abandonnai la partie, résolu de revenir de meilleure heure une autre fois. Un commis qui me vit quitter la place, me recommanda de ne pas me donner la peine de repasser samedi, jour où la foule accourt au bureau pour s'y pourvoir de l'argent nécessaire aux plaisirs du dimanche, et d'éviter également le lundi, jour que les mêmes gens consacrent à réparer, par des emprunts, les folles dépenses de la veille. Cette observation, qui m'avait déjà été faite en d'autres termes chez le *commissionnaire*, pourrait devenir la source de réflexions bien graves; mais ceux qu'elles intéresseraient les ont déjà faites, et les autres ne perdraient pas leur temps à les lire.

N° LXX. [20 juillet 1812.]

HISTOIRE D'UN JOCKEY.

In veterem fato revoluta figuram.
Virg.
Rendu par le hasard à sa forme première.
Women of the least virtue make the best of prudes.
Warton.
Les meilleures prudes se font avec les femmes de la vertu la plus suspecte.

Avant que vous fussiez nés, mes chers lecteurs (du moins pour la plus grande partie), j'allais quelquefois souper chez mademoiselle Arnould, qui était alors à la fleur de l'âge et du talent. Elle rassemblait deux fois par semaine une société charmante, à qui Dieu fasse paix dans l'autre monde, où elle est maintenant à-peu-près réunie. Geliotte était du nombre de ces aimables convives, et je me rappelle qu'il nous parlait souvent d'un acteur qui, dans le cours de sa carrière théâtrale, avait successivement joué dans le même opéra (*les Fêtes de l'Olympe*) le rôle de l'Amour, de Mars, de Jupiter, de Caron et de Saturne. Il en est de même dans plusieurs conditions de la vie civile, ou, sans sortir du même état, on change d'emploi à mesure que l'on avance en âge.

Tel petit garçon que j'ai vu jockey dans mon enfance, après avoir été successivement palefrenier, laquais et valet de chambre, est aujourd'hui portier dans le même hôtel : il a commencé sa vie dans les combles, il la finit dans la loge; jusque-là tout est dans l'ordre. Mais si par hasard il était né sous un pavillon brillant du premier étage, sur un de ces lits antiques façonnés de la main de Jacob, et que l'on prendrait pour la barque de Cléopâtre, ne pourrait-on s'étonner de le trouver dans cette même maison, vêtu de la petite veste bleue à épaulettes rouges et coiffé de la toque anglaise? Cette surprise est du nombre de celles que j'ai éprouvées dans le cours de ma vie.

Il y a dix ou douze ans qu'à la suite d'une partie de chasse je fus conduit au château de... chez une très jeune dame que personne ne reconnaîtra, et qui peut-être ne se reconnaîtra pas elle-même sous le nom de Mérange que je lui donne, et qui n'a rien de commun avec le sien. Il est difficile d'être plus jolie que ne l'était alors et que ne l'est encore aujourd'hui cette dame. Le charme que la grace et la beauté répandaient autour d'elle ne permettait guère qu'à un homme de mon âge et de ma profession d'observateur de s'apercevoir qu'avec beaucoup d'adresse elle manquait absolument d'esprit, et que, sous un maintien réservé jusqu'à la pruderie, elle cachait un cœur sec, des goûts très vifs et une conduite au moins équivoque.

Parmi les domestiques de cette maison opulente se trouvait un jockey âgé de dix ou onze ans tout au plus, d'une figure plus distinguée que jolie, pour lequel M. de Mérange, excellent maître d'ailleurs, montrait une espèce d'antipathie d'autant plus extraordinaire, que ce petit garçon paraissait avoir des qualités au-dessus de sa condition et de son âge. Il était attaché au service personnel d'une vieille dame de compagnie qui l'avait, disait-elle, amené d'Angleterre, et qui en donnait pour toute preuve le nom de James que cet enfant portait.

Je ne sais dans quelle intention, ou par quelle distraction, un matin, à déjeuner, mes yeux se portèrent alternativement sur madame de Mérange et sur le jockey; elle surprit mon regard au passage, et je crus m'apercevoir, malgré le soin qu'elle eut de se couvrir un moment la figure avec sa main, qu'une vive rougeur se répandait sur son joli visage. La veille, j'avais questionné fort innocemment une des femmes de chambre sur les parents du petit James, un souris malin avait été sa réponse. Toutes ces remarques élevaient dans mon esprit des soupçons qui s'en effacèrent d'autant plus promptement que je n'avais aucun intérêt à les vérifier.

Un des jours du mois dernier, en sortant des bains de Tivoli, je vois venir à moi un jeune homme de seize ou dix-sept ans, qui me prie de lui faire trouver une place. J'eus besoin qu'il nommât madame de Mérange pour reconnaître en lui ce petit jockey que j'avais vu huit ans auparavant au château de ***. J'étais tout disposé à lui être utile ; mais je desirais savoir auparavant par quelle raison il avait quitté le service de sa première maîtresse, et ce qu'il était devenu depuis ce temps-là ; je lui donnai mon adresse, et l'engageai à venir me trouver le lendemain. Il fut exact au rendez-vous que je lui avais assigné. Plusieurs certificats dont il était porteur, et dont il desira que je prisse connaissance, rendaient témoignage de ses bonnes qualités ; mais aucun n'expliquait le motif qui l'avait forcé à changer si souvent de condition. Je voulus savoir tout-à-fait à quoi m'en tenir sur son compte, et comme il s'explique en bons termes et très facilement, j'exigeai qu'il me racontât son histoire : les aventures d'un jockey pouvaient d'ailleurs me fournir quelques unes de ces observations de mœurs pour lesquelles on est souvent forcé d'avoir recours aux yeux des autres. Je le laisse parler lui-même :

« Quelques semaines après que vous eûtes quitté le château, madame Dobson (la vieille dame de compagnie dont j'ai parlé) me fit appeler un matin, et me signifia, de la part de Monsieur, qu'il fallait que je cherchasse fortune ailleurs : ce compliment ne m'étonna pas ; j'y étais préparé depuis longtemps, et l'aversion que mon maître me témoignait me rendit ce coup moins sensible. Je demandai à voir Madame ; je ne pus obtenir cette faveur ; mais on me remit de sa part un petit porte-manteau assez bien garni, une bourse de cuir renfermant quinze louis en or, et l'on accompagna le tout d'une défense expresse de me représenter devant les maîtres que je quittais.

« Je sortis de cette maison, où j'étais entré dès ma première enfance, sans y regretter personne : je ne crois cependant pas avoir un mauvais cœur. J'avais pour toute amie, pour toute connaissance sur la terre, une femme de campagne qui venait me voir deux ou trois fois par an au château, et qui m'appelait par amitié son fils : j'aurais été la joindre ; mais j'ignorais sa demeure, et l'on refusa de m'en instruire.

« Je partis pour Paris ; le hasard voulut que je rencontrasse, dans la voiture que j'avais prise, un officier qui me proposa de le suivre en Espagne. Dès le lendemain, j'étais avec lui et sa femme sur la route de Madrid : il la laissa dans cette ville avec un vieux domestique de confiance, et se hâta de rejoindre avec moi l'armée, qui s'avançait du côté de Tolède. Sa mauvaise étoile, ou plutôt la mienne, voulut que ce brave homme, qui avait déjà pris pour moi beaucoup d'amitié, fût tué à Val-de-Penas. Je revins à Madrid porter cette triste nouvelle à sa femme, qui repartit aussitôt pour la France, et me garda à son service. J'y serais probablement encore, si ma maîtresse, inconsolable, n'eût rencontré à Bordeaux un capitaine de vaisseau américain, qui trouva le moyen de lui persuader que les voyages sont le meilleur remède à la douleur : elle le suivit à New-York, et comme le capitaine s'aperçut que ma présence rappelait sans cesse à l'aimable veuve la perte qu'elle avait faite, il prit le parti de mettre à la voile sans moi.

« Je fus assez heureux pour trouver, quelques jours après, un jeune héritier, Bordelais, qui se rendait à Paris pour y recueillir une riche succession : il jugea qu'un jockey, Parisien, donnerait un certain relief à son entrée dans la capitale : nous partons. A peine arrivé, mon jeune maître est mis en possession des immeubles héréditaires, qu'il transforma très promptement en un capital disponible de 230,000 fr., dont, avec le secours de quelques amis et de quelques amies, des restaurateurs, des tailleurs, des maisons de jeu, et des marchands de chevaux, il vit la fin en moins de trois ans. Sa première réforme porta sur son écurie : je jugeai dès-lors que c'était un homme perdu, et je pensai à faire une retraite honorable. Ses chevaux faisaient la plus grande partie de sa considération : on ne le vit pas plus tôt à pied, qu'on eut des doutes sur l'état de ses affaires; l'alarme se mit dans le camp des créanciers, et tel qui n'aurait jamais osé l'arrêter en voiture, ne se fit point scrupule de faire exécuter contre un piéton la sentence de prise de corps dont il était porteur.

« J'étais passé au service d'un loueur de carrosses avec le cabriolet et le dernier cheval de M. de Flavignac, qui m'avait laissé sa livrée pour le paiement de mes gages; ma petite veste bleu-de-ciel à collet ponceau galonné d'argent, et ma culotte de peau, me donnaient l'air d'un jockey de bonne maison. J'eus beaucoup de succès dans ma nouvelle condition : s'agissait-il d'une partie au Ranelagh, à Mouceaux, au Raincy, c'était toujours le petit James que l'on voulait avoir. Si jamais j'écris mes Mémoires, cette partie n'en sera ni la moins scandaleuse ni la moins amusante.

« Je m'ennuyai néanmoins de cette vie tumultueuse, et je me mis aux gages d'un célèbre agioteur qui montait sa maison sur un plus grand pied. Mes occupations changèrent de nature: mon maître passait sa matinée au café Tortoni, où il traitait les affaires en mangeant des coquilles aux champignons, en spéculant sur *la hausse et la baisse*, et en jouant au billard. Depuis deux heures jusqu'à cinq, j'allais, par son ordre, m'établir avec son cabriolet dans la cour du Palais-Royal, pour faire croire qu'il se trouvait régulièrement à la Bourse. La conséquence de cette manière d'opérer fut qu'un beau jour il fit venir une chaise de poste à la porte du café où il tenait son bureau, me chargea de traiter avec ses créanciers, et de les prévenir qu'ils pouvaient s'installer dans son logement, qu'il leur abandonnait tout meublé.

« Un des syndics nommé pour recevoir mes comptes, qui ne furent pas longs à rendre, comme vous pouvez croire, s'arrangea du cabriolet, à la prière de sa femme, qui voulut que je fisse partie du marché. Je quittai la petite veste pour endosser la redingote à grand collet, et je ne fis, pendant plusieurs mois, d'autre métier que de conduire madame, de sa maison, rue Neuve-des-Petits-Champs, à l'École Militaire, où elle avait un cousin, lieutenant de hussards, qui avait été blessé, et dont la santé l'intéressait vivement. Son mari, beaucoup moins sensible, trouva mauvais des soins si naturels, et, pour supprimer les visites, n'imagina rien de mieux que de supprimer le cabriolet.

« En sortant de cette maison, je suis entré chez un homme qui s'est fait un état auquel on n'a point encore donné de nom, mais qui n'en est pas moins très utile et très lucratif. Ce maître (que je voudrais quitter avant de mourir de faim, ce qui ne peut être long à la manière dont il me nourrit) est l'intendant mystérieux, l'avocat-consultant de toutes les femmes comme il faut de la capitale qui ont à traiter des affaires secrètes, de quelque nature qu'elles soient.

« Son cabriolet, derrière lequel je suis, pour ainsi dire, à poste fixe, n'arrête pas deux heures par jour; nous courons sans cesse du faubourg Saint-Germain à la Chaussée-d'Antin, de la Chaussée-d'Antin au faubourg Saint-Honoré; je ne crois pas qu'il y ait de chirurgien-accoucheur dont le réveil soit plus souvent troublé que le nôtre. Telle est, monsieur, ma condition actuelle, de laquelle je desirerais que vous m'aidassiez à sortir. »

En écoutant ce jeune homme, dont la figure et le son de voix réveillaient d'anciens soupçons dans mon esprit, je me mis en tête de les approfondir; je pris son adresse en lui promettant de lui donner bientôt de mes nouvelles. Ma première démarche eut pour but de découvrir la demeure de cette femme de campagne dont James m'avait parlé, et qui venait le voir quelquefois au château de.... J'appris qu'elle demeurait à Brévane: je m'y rendis, et j'acquis près de cette femme la preuve incontestable que le pauvre James, qu'elle avait nourri, était fils de madame de Mérange, et qu'il avait eu le tort de naître pendant une absence de deux ans que l'époux de sa mère avait faite.

Bien muni de tous les renseignements que la nourrice put me procurer, et dont le plus important fut de m'apprendre le nom du père de James, que j'avais connu autrefois, et qui mourut un an après la naissance de cet enfant, je me présentai chez madame de Mérange en l'absence de son mari ; je m'expliquai sur l'objet de ma visite, et je tâchai de la rappeler aux sentiments de la nature en lui faisant entendre qu'il était possible de les concilier avec ses devoirs d'épouse et les soins de sa réputation. Me croyant moins bien instruit, elle voulut d'abord prendre le ton de la vertu outragée ; mais lorsque je lui nommai la nourrice et le père de James, en la prévenant que j'avais en main des preuves écrites dont son fils, par mon conseil, s'armerait un jour contre elle, la dame termina cet entretien, plus pénible pour son amour-propre que pour sa sensibilité, en me demandant la permission de m'envoyer un homme de confiance qu'elle autoriserait à terminer *cette affaire désagréable.*

Dès le lendemain, je vis arriver chez moi un homme à la voix aiguë, d'un esprit très fin, très délié, qui me parut avoir une grande habitude des affaires de ce genre. « Je ne me mêle d'intrigues galantes, me dit-il, que lorsqu'il s'agit de les dénouer, et, grace au ciel, je ne traite jamais avec l'amour que lorsqu'il commence à entendre raison. Madame de Mérange, continua-t-il, est du petit nombre des femmes qui ont sur cet article les idées les plus arrêtées, et dont les passions altèrent moins le jugement. Elle s'est aperçue de bonne heure qu'une femme, pour être heureuse dans le cours de sa vie, a besoin de considération; qu'on l'obtient plus sûrement par une conduite habile que par une conduite sans reproche, et qu'il n'y a pas la moindre différence entre le mystère et la modestie. »

Je jugeai, d'après ces principes, qu'il fallait s'en tenir à traiter le point de fait avec des gens armés d'une pareille morale, et, après de longs débats, j'obtins pour mon protégé une pension de 2,000 fr. de rente sur l'état; il ne s'agissait plus que d'aller chez le notaire en faire passer l'acte; mais il fallait que le jeune homme fût présent; mon domestique était absent; l'agent des dames, dont le cabriolet était dans ma cour, proposa d'envoyer son jockey chercher celui dont nous avions besoin: on l'appelle, il monte; qu'on juge de notre surprise! ce jockey n'était autre que James lui-même, qui ne fut pas le moins étonné en apprenant le changement qui venait de s'opérer dans sa situation. Sans connaître la source de sa petite fortune, il s'en montre déja digne par l'usage qu'il en fait, et par le desir qu'il a de se mettre bientôt à même de se distinguer dans une profession honorable.

N° LXXI. [23 juillet 1812]

LE MARCHÉ AUX FLEURS.

> .. *Animum picturâ pascit inani*
> VIRG, Æn, lib. I, v 468.
> Ils se contentent d'un vain simulacre

Les femmes ont bien raison d'en faire à leur tête dans le pays où nous vivons, car elles ne savent point et n'ont jamais su à qui entendre. Sensibles aux éternels reproches qu'on leur faisait sur la frivolité de leurs goûts, ont-elles voulu, sous la minorité de Louis XIV, prendre un essor plus élevé, se livrer à l'étude des sciences, des lettres, Molière s'est mis à crier : Aux *Femmes Savantes!* aux *Précieuses!* à *l'hôtel de Rambouillet!*

Pour éviter ce ridicule, ont-elles essayé de se mêler d'affaires, de transformer leurs boudoirs en cabinets, de se montrer aux audiences des ministres, leurs soins ont été qualifiés de menées, et les noms d'intrigantes, de séditieuses, ont retenti de toutes parts.

A l'époque où je suis entré dans le monde, les

femmes avaient pris un parti mixte qui établissait du moins une sorte de balance entre leurs censeurs et leurs panégyristes. Elles mêlaient ensemble les chiffons et les instruments de physique; elles fréquentaient le Cours-la-Reine et le Jardin-du-Roi ; elles assistaient le matin à une leçon de Le Sage, et le soir à un bal masqué; elles briguaient une place à une séance académique avec le même empressement qu'une loge à une première représentation chez Nicolet.

A une époque plus rapprochée de celle où j'écris, c'est aux cours de l'Athénée et du Collége de France que nos dames donnaient leurs rendez-vous. Je les ai vues se passionner pour la physique expérimentale, et se rassembler chez Mitouard pour y faire des expériences sur les gaz : des savants recommandables se sont empressés de faire des traités de chimie à leur usage; les phénomènes de l'électricité et du magnétisme animal, au moyen desquels ces dames trouvèrent le moyen d'expliquer à leurs maris la cause de leurs vapeurs, attirèrent ensuite leur attention, et firent place à la passion de la botanique, que J.-J. Rousseau eut l'avantage de développer en elles. Un chapitre d'*Émile* mit en vogue la *pervenche;* point de femme qui n'eût sur la cheminée de sa chambre à coucher une plante de cette espèce, dans un vase de Sèvres, d'une forme particulière, où se trouvait le portrait du philosophe génevois. Cette manie fut poussée au point qu'un pépiniériste de Montreuil y trouva la source de cette fortune brillante dont il scandalisa Paris, il y a une quarantaine d'années.

Puisque l'esprit, comme le cœur des femmes, a besoin d'un goût exclusif, à tout prendre, la manie des plantes et des fleurs est encore celle qui leur convient davantage. La botanique des boudoirs est une science *inoffensive*, et le luxe des fleurs est plus agréable et moins ruineux que celui des bronzes et des porcelaines. J'aime mieux voir sur une cheminée des vases de jacinthes et de roses, dont la vue charme les yeux, dont le parfum satisfait l'odorat, que des urnes d'albâtre sans destination et sans utilité : des *jardinières* décorent mieux un salon que des tables de jeu; et des caisses d'orangers, de lauriers et de myrtes, rangées sur un balcon, forment un rideau de verdure qui masque plus agréablement qu'une persienne la muraille noire ou l'établi de boucher que les plus beaux salons ont quelquefois en perspective.

Le goût des fleurs n'appartient plus exclusivement à un sexe, à une classe particulière : c'est maintenant un besoin général : les salons dorés de la Chaussée-d'Antin sont autant de serres où sont rassemblées les plantes, les arbustes du plus grand prix : les boutiques des marchands de la Cité sont décorées de caisses de grenadiers et de myrtes; l'atelier de l'artisan des faubourgs ne peut se passer de quelques pots de romarin ou de basilic, et la culture des capucines est la plus importante occupation du petit rentier du Marais. Il ne s'en rapporte qu'à lui seul du soin d'établir sur sa fenêtre le treillage et les fils d'archal courbés en arceaux, autour desquels va grimper et s'étendre d'une manière si pittoresque la plante dont la verdure embellira sa demeure, et dont les corolles de pourpre nuanceront avec tant d'éclat la salade qu'il ajoute tous les dimanches au dîner de famille.

Chez les Français, il est assez rare qu'un goût qui se prolonge ne devienne pas une folie : c'en est une que cet engouement pour les plantes étrangères dont il serait à souhaiter que le ridicule pût faire justice. Il n'est pas de petit propriétaire de la plus petite maison de campagne qui ne veuille avoir sa serre, sa collection d'*exotiques*, et qui ne dispose, à cet effet, une salle basse échauffée par le tuyau du poêle de la salle à manger, pour y rassembler à grands frais quelques végétaux qu'il n'élèvera pas, et dont il a bien de la peine à retenir les noms. Son bassin, de dix pieds de diamètre, est rempli de joncs, qu'il appelle ses plantes *aquatiques;* deux plates-bandes sont réservées pour les *liliacées;* une allée au nord, dont une muraille forme un des côtés, renferme les *hépatiques*, et, pour compléter la caricature, des étiquettes de fer-blanc, fichées en terre, indiquent dans le potager la ciboule et le persil, sous les noms de *cepula* et de *petroselinum*.

Cette fureur de botanique a multiplié dans les faubourgs de Paris ces jardins-pépinières, où d'habiles cultivateurs rassemblent et élèvent dans vingt arpents de terrain les arbustes et les plantes de tous les climats. Ces vastes magasins de végétaux alimentent le marché aux Fleurs.

Ce marché, le moins utile et le plus agréable de tous, jouit seul, à ce double titre, du privilége d'être fréquenté par la classe opulente. Toutes les femmes, sans en excepter celles du haut rang, viennent elles-mêmes y faire les emplettes. Cette foire végétale se tenait autrefois sur le quai de la Ferraille, où le bon ordre ne gémissait pas moins que le bon goût de voir étalés ensemble de vieilles ferrures et des vases de fleurs, et de rencontrer des recruteurs où l'on venait chercher des bouquetières.

Au nombre des améliorations, des embellissements de toutes espèces, qui se sont opérés depuis douze ans, le marché aux Fleurs n'a point été oublié. Le prolongement du quai de l'Horloge a été pendant long-temps borné par un amas de maisons, dont la plus moderne remontait peut-être au douzième siècle. Ces ignobles bicoques et celles du pont Saint-Michel étaient les seuls restes de barbarie que l'on remarquait encore dans cette capitale, qui fait l'admiration de l'Europe par la splendeur de ses édifices; quelques mois ont suffi pour les faire disparaître. Ces masures ont fait place à un quai superbe, couronné par le nom d'un héros: c'est là, sur le quai Desaix, au milieu d'une place spacieuse, bordée d'arbres et décorée de deux fontaines, qu'est maintenant établi le marché aux Fleurs, dont on aurait une idée très imparfaite, si on le visitait un autre jour que le samedi. De grand matin, les charrettes des pépiniéristes y arrivent à la file, et s'acheminent vers la partie méridionale du Pont-au-Change : ils y déposent ces vases remplis de terre de bruyère et de chaux, où les végétaux les plus frêles retrouvent une apparence de vigueur très-propre à séduire l'acheteur, qui ne sait pas qu'avant huit jours la plante qu'il admire, épuisée par un accroissement hâtif, se desséchera sur sa tige. Là, comme par-tout ailleurs, il y a des rangs et des distinctions qui ne sont pas toujours en raison de l'utilité et du mérite : les fleurs nobles, séparées des fleurs roturières, figurent sur les étalages à part, et ne s'y font guère remarquer que par leur nom scientifique inscrit sur le vase qui les renferme.

Chaque année ôte à une fleur la vogue, qu'elle donne à une autre. Toutes ont alternativement le sort de l'*hortensia*, réduite aujourd'hui, après avoir fait les délices des boudoirs et des salons, à parer les comptoirs des charcutiers ou la fenêtre de la lingère. La disgrace du superbe *datura arborea* n'est pas moins éclatante : nous l'avons vu, pendant quelque temps, décorer les péristyles des palais, les vestibules et les escaliers des hôtels; exilé de ces lieux par la mode, et privé par ses qualités mêmes de l'asile qu'avec une taille moins haute et un parfum moins fort il aurait dû trouver dans les maisons bourgeoises, il se voit condamné à végéter au fond de l'orangerie ou dans un coin de la cour : il y aurait une moralité à tirer de cette observation.

La première partie de la matinée est consacrée à la vente des fleurs communes; les hottes des commissionnaires ne sont remplies que de lilas, de rosiers, de pots de réséda et de giroflée, qui vont remplacer, sur la cheminée et sur les consoles des bourgeois de Paris, les carafes de verre bleu où s'élevaient, à force d'eau et de temps, quelques tiges de narcisses ou de jacinthes, aussi chétives de formes que de couleurs.

C'est à midi que le marché aux Fleurs brille de tout son éclat; on y voit arriver les femmes les plus élégantes dans un négligé charmant, où la recherche se cache sous la simplicité. Un chapeau de paille d'Italie, orné d'un bouquet de violette, une robe de perkale à guimpe, des brodequins de prunelle de couleur feuille-morte, un cachemire jaune ou bleu jeté sur le bras gauche; tel est l'espèce d'uniforme que les femmes comme il faut paraissent avoir adopté dans leur course au marché aux Fleurs.

A midi les chevaux sont mis à la calèche; le cocher et le laquais, en simple redingote, donnent à l'équipage un air de négligé que le bon ton commande. Madame monte en voiture, accompagnée de son amie la plus intime : on traverse Paris en admirant les travaux du Louvre, des quais, de l'obélisque du Pont-Neuf, et en s'étonnant de ne pas connaître un quartier que l'on parcourt de nuit une ou deux fois par semaine en allant aux Bouffons[1]. La voiture s'arrête à l'extrémité du Pont-au-Change, où elle stationne à la file de celles qui s'y trouvent déja; on entre dans le marché, et la première personne que l'on y rencontre avec l'apparence d'une extrême surprise, est presque toujours celle que l'on aurait été bien plus surpris de ne pas y trouver.

Je vais d'étalage en étalage, et je cherche, en observant les personnes et les fleurs qu'elles achètent, à deviner l'usage que l'on veut en faire. Ici une très jolie personne, conduite par sa gouvernante, marchande deux petits orangers; elle mesure avec un ruban la largeur de la caisse: je parierais qu'il s'agit de la fête d'un grand-papa, et qu'on veut s'assurer si les caisses ne sont pas trop grandes pour la fenêtre de la chambre où l'on veut les placer.

[1] Les comédiens italiens jouaient alors trois fois par semaine sur le théâtre de l'Odéon.

Là c'est une dame qui achète un énorme laurier-rose, dont elle fait garnir le pied avec des immortelles : il m'est démontré que ce cadeau est destiné à quelque poëte dramatique, qui ne manquera pas d'y voir un triple emblème de son immortalité, de sa gloire, et de son amour.

Plus loin, je remarquai un petit homme pâle, sec et maigre, dont le corps est porté sur les deux jambes les plus grêles dont un mortel ait jamais été pourvu ; il a dépeuplé le marché des plus belles fleurs. Pour savoir à qui il les destine, je n'ai pas besoin d'écouter l'adresse qu'il donne aux trois commissionnaires chargés de ces trésors du printemps ; mais j'ai bien envie de lui rappeler que s'il est des fleurs de toutes les saisons, il est des folies qui ne sont pas de tous les âges.

Je ris encore de la surprise d'un bon bourgeois qui marchandait un rosier blanc qu'il voulait, disait-il, donner à sa femme pour sa fête, et dont on lui demandait dix-huit francs ; il se récriait sur le prix. « Et celui-là ? dit-il en indiquant du doigt une autre plante. — Deux mille six cents livres, » lui répond le fleuriste. Le bourgeois, qui croit qu'on se moque de lui, se fâche, traite le marchand d'insolent ; celui-ci riposte en l'appelant imbécile ; la querelle s'échauffait, et je ne sais pas comment elle eût fini, si je ne me fusse trouvé là pour expliquer à cet honnête Parisien que ce qu'il prenait pour des roses blanches était un *camelia japonica* à fleurs doubles, dont l'espèce a produit un individu qui s'est vendu quatre mille guinées en Angleterre, il y a deux ans. Pour achever de le convaincre, une dame, que je crus reconnaître à son port de reine, à ses gestes, et à sa voix, acheta le précieux végétal au prix que le jardinier y avait mis, et le fit porter en triomphe, dans sa voiture, par un laquais qui se faisait jour avec peine au milieu de la foule empressée d'admirer une plante aussi chère.

Avant de quitter le marché aux Fleurs, je voulus y compléter une collection d'ognons de tulipes, dont je m'occupe par commission; mais le pépiniériste auquel je m'adressai me renvoya au célèbre Tripet, à ce prince des liliacées, dont le jardin, dans la grande allée Chaillot, est en ce moment le rendez-vous de tous les vrais amateurs, qui peuvent s'y pourvoir de trois mille sept cent trente-sept espèces d'ognons et de caïeux de ces brillants liliacées.

N° LXXII. [25 juillet 1812.]

VENTE APRÈS DÉCÈS.

Nunc auctionem facere decretum est mihi
Foras necessum est quicquid habeo vendere
Adeste sultis; prædæ erit præsentium.
PLAUTE.

Je suis obligé de faire une vente publique et de mettre mon mobilier à l'encan. Acheteurs, accourez : il y a de bons marchés à faire

« Et vite, et vite, habillez-vous ! nous n'arriverons pas à temps. » C'est avec cette brusquerie, en ouvrant et fermant les portes avec fracas, que mon voisin Dubreuil entra lundi matin dans ma chambre. Je le regardais d'un air surpris, et je ne devinais pas ce qu'il me voulait : le mot de *vente* qu'il prononça me mit aussitôt sur la voie. Je me rappelai la petite discussion que nous avions eue dernièrement ensemble, et l'engagement qui s'ensuivit.

M. Dubreuil, il est bon d'en prévenir, est un homme dont la connaissance dispense ceux qui le voient habituellement d'acheter l'*Almanach Royal* et de s'abonner aux *Petites-Affiches* : point de gens en place, point de commerçants, de gens de loi, de gens de lettres, d'artistes, d'artisans même un peu connus, dont il ne sache l'adresse. Il n'y a pas dans Paris et dans la banlieue une maison à louer, un cheval à vendre, un domestique à placer, qu'il n'en soit instruit; et ce qu'il y a de plus extraordinaire c'est qu'il ne fait aucun usage, pour son propre compte, des trésors dont il meuble sa mémoire : c'est par goût, en qualité d'amateur, qu'il se livre à ces intéressantes études, où son esprit et son cœur trouvent également leur profit.

Tout en mangeant des gaufres et en buvant du *porter*, il y a quelques jours, au Palais-Royal, nous causions de plusieurs usages que les gens du monde ne connaissent guère que de nom, et desquels il serait pourtant bon qu'ils eussent une idée plus positive. « Vous qui parlez, me dit-il, savez-vous ce que signifie ce morceau de serge verte que vous avez souvent dû remarquer à la porte de quelques maisons? » Je fus obligé de convenir que j'ignorais ce que pouvait indiquer cette enseigne. « Je vous apprends donc (continua-t-il avec un air de supériorité dont mon amour-propre eut un peu à souffrir) que ce morceau de serge annonce une *vente après décès* dans la maison à la porte de laquelle il est placé; » et mon homme partit de là pour m'apprendre qu'il suivait toutes les ventes un peu considérables qui se faisaient dans la capitale, sans autre intérêt que de jouir du spectacle très curieux que présentent ces assemblées. Ce qu'il m'en raconta me donna l'envie d'en faire le sujet d'un examen particulier, et nous convînmes qu'il viendrait me prendre à la première occasion : elle se présentait; mon voisin Dubreuil, qui n'était pas homme à la perdre, desirait que j'en profitasse : tel était l'objet de sa visite matinale.

La vente à laquelle nous allions assister était celle d'un M. Hornet [1], qui avait trouvé, sans être procureur, le secret de faire fortune en barbouillant du papier à tant la ligne. Long-temps avant sa mort on avait été informé, par les papiers publics, que la maison de ce vieux bachelier était remplie des meubles les plus chers, des bijoux les plus rares, des effets les plus précieux : aussi tous les amateurs s'étaient-ils rendus à l'invitation qui leur avait été faite par les *Petites-Affiches*. Cette vente après décès était une espéce de fête publique.

Nous nous acheminâmes vers la rue des Quatre-Vents, et l'étendard de serge nous indiqua la maison. On aurait pu croire qu'elle était prise d'assaut par tous les brocanteurs, les courtiers, les revendeurs et revendeuses de Paris que nous y trouvâmes rassemblés dans la cour, complotant à voix

---

[1] Nous pourrions croire que l'Ermite, dans ce discours, a voulu parler de l'abbé Geoffroy, si la mort de ce critique si honteusement célèbre n'était pas postérieure de plusieurs mois à cette *Vente après décès*.

basse les moyens de se procurer les effets au meilleur marché possible, et de les faire payer deux fois leur valeur à tout étranger assez maladroit pour enchérir lui-même. Dubreuil fut accueilli par eux comme une vieille connaissance ; quelques uns le consultèrent sur les opérations qu'ils méditaient, et je vis que son influence s'étendait jusque sur les huissiers-priseurs, qui venaient prendre son avis pour la *mise sur table* et pour les *estimations*.

Au premier étage, les domestiques affairés parcouraient les appartements, dont ils amoncelaient les meubles dans les pièces destinées à servir d'entrepôt à la vente. La salle à manger était disposée pour les enchères, et la table, sans nappe, veuve de son fidèle propriétaire, était recouverte, en signe de deuil, d'un vieux tapis taché d'encre. Avocats, procureurs, notaires, huissiers-priseurs, audienciers, exploitants et instrumentants, chacun sa liasse de papiers sous le bras, collationnaient des inventaires et réglaient des mémoires de frais et de vacations, lesquels devaient être acquittés sur les premiers fonds provenant de la vente.

Les héritiers, en habit noir, surveillaient tout avec une distraction attentive, avec une tristesse à travers laquelle la gaieté perçait en dépit des efforts qu'ils faisaient pour la contenir.

Les *vacations* avaient été disposées de manière à mettre aux criées, dans un même jour, une partie des objets de différents genres dont se composait la vente générale; aussi trouvait-on là des brocanteurs qui convoitaient quelques copies de bons maîtres qu'ils se proposaient de revendre comme des originaux; des bouquinistes qui venaient acheter par lots une bibliothèque composée d'ouvrages que l'on disait chargés de notes curieuses; des fripiers de la cour du Dragon qui se partageaient déjà les vieux meubles, et les courtiers des *prix fixes* qui avaient commission pour l'achat du linge.

Nous nous amusâmes quelques moments du spectacle que présentaient les salles d'exposition : les uns décrochant les tableaux qu'ils examinaient après avoir passé dessus leurs doigts mouillés; les autres déployant les serviettes, les draps, les chemises, pour en constater l'état au grand jour; ceux-ci ouvrant et refermant les armoires, les secrétaires, les commodes, faisant jouer les serrures et prenant note de leurs observations; les libraires, le catalogue à la main, bouleversant la bibliothèque et *croisant* les articles qui leur sont demandés par commission.

Mais déjà les plus pressés sont assis autour de la table; l'heure sonne; l'huissier-priseur va prendre gravement place entre son greffier et le crieur public. Les trois coups sont frappés, l'inventaire est ouvert et les criées commencent.

Le premier article mis sur la table composait

une collection de soixante-quatre tabatières de différentes formes; je n'y voyais que la preuve d'une manie particulière au défunt; le voisin Dubreuil y découvrit une intention plus profonde; il voulut me prouver que cette série de boîtes offrait, comme les marbres d'Arundel, une suite d'événements historiques; que chacune appartenait à une époque signalée par le nom qu'avait porté la tabatière correspondante, comme l'attestent les *Turgotines*, les *Platitudes*, les *Necker*, les *Fédérations;* ce qui lui fournit l'occasion de m'exposer sérieusement un système passablement bouffon sur l'histoire des mœurs expliquée par les tabatières. Pendant qu'il dissertait, la savante collection avait été adjugée en bloc à un homme de lettres, qui s'est fait un médailler de toutes les boîtes qu'il a reçues en présent dans le cours de sa vie [1].

On mit ensuite en vente une centaine de petits ballots contenant des pains de sucre et du café Moka, sur chacun desquels on lisait le nom de quelque héros ou de quelque héroïne de tragédie ou de comédie. Je n'ai jamais pu m'expliquer cet hiéroglyphe.

L'argenterie vint après : chacun fit la remarque qu'elle se composait d'une grande quantité de pièces différentes qui n'avaient entre elles aucun rap-

---

[1] Feu Vigée, moins connu par l'Almanach des Muses que par sa collection de tabatières.

port, et ne paraissaient pas avoir été destinées à figurer sur une même table. Le talent de vingt orfèvres se faisait remarquer dans l'exécution de ce service hétérogène, dont la pièce la plus remarquable était une soupière d'une forme et d'un goût exquis, pesant dix-huit marcs; son couvercle était surmonté d'un oiseau de paradis, de la queue duquel on avait arraché une plume. Parmi les morceaux les plus précieux, on remarquait encore une énorme cafetière de vermeil en forme d'urne, dont les anses s'attachaient à des mascarons figurant des masques antiques; et deux corbeilles en argent, où des thyrses, des caducées, des flèches, et de petites branches de bouleau, s'enlaçaient d'une façon très ingénieuse. Une autre observation que j'ai faite, et que j'abandonne à la sagacité de mes lecteurs, c'est que chacune des pièces d'argenterie de cette vaisselle plate était marquée d'un chiffre différent, où la même lettre G était alternativement combinée avec toutes celles de l'alphabet.

A douze cents francs la pendule! Cette première mise à prix attira mon attention : il s'agissait d'une pendule superbe, qui représentait Apollon éclairant le monde; la figure du dieu avait quelque chose de grotesque, et son char ne ressemblait pas mal à un tombereau; des bas-reliefs en décoraient le socle : on voyait, d'un côté, Midas prononçant ses arrêts au milieu des Muses, qui rient de ses oreilles d'âne; de l'autre, Cerbère hurlant d'une de ses trois gueules, tandis que la Sibylle remplit de gâteaux les deux autres. On avait eu l'intention de graver au dessous du cadran le portrait d'Aristarque; mais un savant numismate de mes amis prétend y avoir reconnu celui de Zoïle. Cette pendule a été achetée pour le compte et au nom de M. D***.

On attendait avec impatience des provisions de la cave; celle du défunt passait pour une des meilleures de Paris: on y comptait soixante-quinze espèces de vins de première qualité, tous en bouteilles et dans des paniers, sur chacun desquels on lisait ces mots: *De la part de monsieur..... de madame.... de mademoiselle...* Je ne divulguerai point les noms, c'est le secret.... de la comédie. Les vins d'une cave de gourmand sont comme les livres d'une bibliothèque d'amateur; on ne croit jamais les payer assez cher; la cave entière fut adjugée en un instant.

La bibliothèque eut moins de succès: une immense collection d'anciens journaux fut d'abord annoncée par échantillons: on en retira une douzaine d'années du *Mercure*, deux volumes des *Annales de Linguet*, et un épicier s'accommoda du reste, ainsi que de l'édition complète et en feuilles d'un *Commentaire sur Racine*, écrit en style de parade; le tout pesant environ quatre quintaux, qu'on livra sur le pied de cinq sous la livre.

On avait beaucoup parlé, dans la séance, d'un

très bel exemplaire de *Voltaire*, édition de Beaumarchais, grand papier vélin, reliure en maroquin rouge, doré sur tranche, figures avant la lettre; vingt personnes se le disputaient avant de l'avoir vu : on l'apporte; chacun en prend un volume pour le parcourir; mais les feuillets en sont maculés, les marges salies de renvois, de notes inintelligibles; on l'adjugea pour cent francs à un bouquiniste très habile dans l'art de nettoyer les livres.

La vente de meubles donna lieu à de nouvelles observations : les premiers que l'on mit aux enchères étaient remarquables par la richesse, l'élégance et la nouveauté; l'art des Adam et des Lignereux s'y faisait par-tout reconnaître. Les lits en nacelle, revêtus de bronze antique, les chiffonnières égyptiennes, les athéniennes, les lampes de Thomire, les lustres de Ravrio, les tentures de Lyon, appelaient tour-à-tour l'admiration des assistants; mais ce qui les étonna davantage, ce fut de voir paraître un ameublement d'une toute autre espèce, dont la fabrication ne pouvait pas remonter à moins d'un demi-siècle : les armoires, les commodes, les secrétaires de bois de noyer noircis par le temps, contrastaient trop visiblement avec le mobilier moderne, pour ne pas attester qu'un changement subit de fortune avait produit dans cette maison une brillante métamorphose. Une dernière circonstance vient à l'appui de cette supposition.

Pour terminer la séance, après avoir vendu la plus belle partie d'une immense garde-robe, riche principalement en redingotes de toute espèce, polonaises, anglaises, douillettes, houppelandes, roupes, pardessus, pelisses et vitchouras, on mit sur la table une cassette de bois blanc renfermant une grande robe noire, un rabat et un bonnet carré; quelques personnes se pressèrent d'en conclure que cette défroque était celle d'un procureur; mais un exemplaire enfumé d'une tragédie de collège, une thèse sur parchemin, et une férule de cuir, trouvés dans une des poches de la soutane, firent soupçonner à d'autres qu'ils avaient apppartenu à quelque pédagogue du Pays-Latin.

Un héritier du défunt, qui aspire à lui succéder, a fait l'acquisition de cette robe, et prétend qu'elle serve, comme celle de Rabelais, à tous ceux qui viendront prendre leurs degrés dans l'école dont il aspire à devenir le chef. Je m'étais promis d'acheter à cette vente l'objet qui serait vendu le moins cher: j'ai eu, pour un peu moins que la valeur du cadre, un portrait en pied du défunt, au bas duquel on avait inscrit ces vers de Martial:

Crine ruber, niger ore, brevis pede, lumine lesus,
Rem magnam præstas, Zoile, si bonus es.

La séance était levée: chacun s'en allait plus ou moins content de l'achat qu'il avait fait; je sortis un des derniers. En repassant à travers ces salles désertes qui attendaient un nouveau propriétaire, je faisais d'assez graves réflexions sur cet indispensable déménagement dont je vois approcher le terme, et je tirais cette leçon du spectacle que j'avais sous les yeux : que notre réputation étant le seul bien qui nous appartienne encore après notre mort, il vient un temps où l'on n'a plus à espérer ou à craindre que la mémoire qu'on laisse après soi.

N° LXXIII. [15 AOUT 1812.]

LA FÊTE DE SAINT PIERRE.

> *Custom is the principal moderator of man'life, let us by all means, take care to ingraft good customs.*
> BACON, *Essays*
>
> L'habitude est le principal modérateur des actions humaines; faisons donc en sorte de contracter et de conserver de bonnes habitudes.

La *famille* est de toutes les sociétés la plus naturelle et la plus ancienne : c'est là qu'on a trouvé le bonheur dans ses jeunes années; c'est là qu'il faut encore le chercher dans sa vieillesse; et s'il est vrai que les mœurs domestiques soient la base la plus solide de la félicité d'un peuple, on ne saurait examiner de trop près les usages qui servent à en marquer l'altération, la déviation ou les progrès. Telles sont, dans chaque famille, ces réunions annuelles qui ont pour objet la fête des grands parents : c'était autrefois un devoir où l'amitié, la piété filiale trouvaient, sans dépense, une occasion de plaisir : ce n'est le plus souvent, aujourd'hui, qu'un usage où la vanité cherche une occasion de dépense.

Les membres de la famille, et quelques anciens amis, doivent seuls être admis dans ces réunions intimes, d'où l'on aurait tort de conclure qu'elles sont à-peu-près également nombreuses dans les premières et dans les dernières classes de la société.

> Au riche les parents pleuvent de toute part;
> Sa maison toujours en fourmille;
> Et souvent le pauvre est bâtard
> Au sein même de sa famille.

Ces fêtes, au nombre des convives et au luxe près, sont maintenant calquées sur le même modèle ; et le reproche le plus grave qu'elles me semblent mériter, c'est de s'écarter chaque jour davantage de l'objet et de la simplicité de leur institution primitive.

Je trouve plus raisonnable, je dois en convenir, l'usage qui a prévalu chez les Anglais et chez les Allemands, de célébrer *l'anniversaire de la naissance* au lieu de *la fête patronale;* mais je n'approuve pas ceux qui cherchent à introduire cette innovation parmi nous : les vieilles habitudes se détruisent, mais il est rare qu'elles se remplacent; et si la routine est le fléau des arts, l'habitude est le garant des mœurs.

Dans la belle saison, les fêtes, parmi les jeunes gens qu'on est convenu d'appeler comme il faut, se donnent, ou, pour me servir de l'expression consacrée, *se souhaitent* à la campagne, où l'on réunit à grands frais les plaisirs les plus dispendieux de la ville. L'usage, qui ne se contente plus, comme autrefois, d'une simple fleur, ni même d'un gros bouquet enfermé dans un cornet de papier blanc, veut que l'on arrive muni d'une élégante corbeille ou de quelque plante exotique décorée d'un nom grec ou latin de quinze ou vingt syllabes.

Après un dîner splendide, qui se prolonge sans gaieté jusqu'à la chute du jour, on exécute, entre deux paravents, quelque *proverbe* de circonstance, où, pour éviter la fadeur, on a soin de ne pas dire un mot de celui à qui la fête s'adresse. Après la comédie, on fait deux ou trois tours dans la grande allée du parc, illuminée en verres de couleurs, jusqu'à ce qu'au signal donné par un pétard tout le monde se rassemble sur la terrasse pour voir tirer un feu d'artifice de Ruggieri, dont il est rare que l'humidité n'ait pas endommagé les pièces principales.

Le passementier de la rue aux Fers, le tapissier de la rue aux Ours, n'a point de terre à dix lieues de Paris; mais il a loué, à Ménil-Montant, une grande maison et douze toises de jardin, qu'il appelle sa campagne, et dans laquelle sa femme, le jour de la Saint-Claude, parodie, tous les ans, la fête dont elle a vu les préparatifs au château, en allant y porter des meubles.

Tel est, à peu de chose près, le résumé d'une conversation que j'eus, il y a quelque temps, en me promenant au Luxembourg, avec M. d'Anceney, un des notaires les plus considérés de Paris, et dont le père, M. Le Prévost d'Anceney, encore vivant, a exercé pendant quarante ans la même profession, où il s'est concilié l'estime universelle.

Dans le cours de notre entretien, M. d'Anceney, tout en convenant de la justesse de mes remarques, me reprocha d'en trop généraliser l'application, et s'offrit de me prouver, une autre fois, qu'il se trouvait encore en France, au sein de Paris même, de ces familles de bonnes gens où l'on conserve la tradition des mœurs patriarcales. Le lendemain je reçus un billet de son père, qui m'invitait à dîner en famille pour le *jour de la Saint-Pierre*, en me prévenant que, par égard pour de vieilles habitudes de soixante-dix-huit ans, on se mettrait à table à trois heures. Je me rappelai mon entretien avec son fils, et je ne doutai point que cette invitation n'en fût la suite.

Je me rendis à l'heure indiquée chez M. Le Prévost, que j'avais connu, trente ans avant, dans son étude de la rue Dauphine, et dont le tourbillon de Paris m'avait éloigné. Il habite aujourd'hui, dans la rue du Luxembourg, une maison dont il est propriétaire. Sous la remise, une grande berline à flèche, dont les marche-pieds sont en dehors, deux bons chevaux dans l'écurie, un portier bien vêtu qui paraît avoir vieilli dans sa loge, un vestibule bien clos, un escalier bien propre, tout annonce, au premier coup d'œil, cette sorte d'opulence qui a pour principes la commodité, l'ordre, et l'économie.

Les dix-huit personnes que je trouvai dans le salon (à l'exception de trois amis, non plus anciens, mais plus habitués que moi) étaient toutes de la famille, qui se trouvait ce jour-là au grand complet. M. Le Prévost m'adressa des reproches très aimables sur ma longue absence, et nous nous retrouvâmes, après quelques moments, aussi liés que nous l'avions été autrefois. La cheminée et les consoles du salon étaient couvertes de bouquets, ce qui me confirma dans l'idée que cette réunion avait pour objet la fête du chef de la famille. Les fils et les filles, les neveux et les nièces, avaient devancé les petits-enfants, qui arrivèrent en troupe pour complimenter le grand papa.

Celui qui marchait à la tête était le plus âgé des fils de madame d'Étieul, fille aînée du maître de la maison. Ce jeune homme, étudiant en droit, venait faire hommage à son grand-père de la thèse de licencié qu'il avait soutenue sur le premier livre du Code Napoléon. Il était suivi de ses deux jeunes sœurs, dont l'une apportait, avec son bouquet, une paire de manchettes brodées par elle-même, et l'autre une *Tête de sainte Catherine*, aux deux crayons, que l'on alla suspendre en cérémonie dans un cabinet tapissé des œuvres de l'aimable élève. Venaient ensuite les enfants de M. d'Anceney; l'aîné des deux garçons, décoré de la croix de mérite de son lycée, débita, tout d'une haleine, un compliment en latin qui ne fit pas moins d'effet sur la famille que n'en fit jadis sur le peuple romain le discours de Cicéron pour le poëte Archias; son jeune frère récita plusieurs fables de La Fontaine de manière à faire encore plus d'honneur à son intelligence qu'à sa mémoire, et la petite Louise, âgée de quatre ans, chanta, sur les genoux du patriarche, un couplet sur l'air : *O ma tendre musette!* qu'il n'entendit pas sans verser quelques larmes.

Je ne pus retenir les miennes en écoutant les tendres remerciements que ce vénérable octogénaire adressait à ses enfants, et sur-tout à l'une de ses filles qui lui a consacré sa vie, et qu'aucune considération n'a pu décider à se marier. L'adoration qu'il a pour elle rejaillit sur tout son sexe, dont il ne parle jamais qu'avec l'émotion la plus vive. « Sans les femmes, répète-t-il souvent, le commencement de notre vie serait privé de secours, le milieu de plaisirs, et la fin de consolations. »

L'éloge des enfants, les félicitations mutuelles des pères et mères, nous conduisirent au moment du dîner. La table, bien servie, sans luxe et sans profusion, n'offrait rien d'extraordinaire, pas même le nombre des convives; car M. Le Prévost est dans l'usage de rassembler chez lui sa famille tous les dimanches, et il est bien rare qu'aucune considération d'affaires ou de plaisirs dispense quelqu'un de s'y trouver.

Cette douce nécessité de se revoir à des époques fixes, de s'asseoir à la même table, sous les yeux du plus respectable des pères, est sans doute une des causes qui contribuent le plus efficacement à la bonne intelligence qui règne dans cette famille. Les devoirs réciproques tendent à resserrer les liens de la parenté.

Quanto parentes sanguinis vincto tenes,
Natura [1] *!*

dit quelque part Sénèque. C'est dans l'éloignement, dans la différence des habitudes, qu'il faut chercher la raison de la mésintelligence, ou du moins de la froideur, que l'on remarque trop souvent dans les familles de la classe la plus élevée.

On peut croire qu'aucune espèce de gêne ni de contrainte ne se fait sentir à une table où la réputation du cuisinier ne peut attirer personne, où l'indifférent ne trouve jamais sa place, où les seuls amis ont toujours la leur. J'étais placé près de M. d'Étieul

---

[1] Combien est fort ce lien du sang qui unit entre elles les familles!

père, ancien syndic de la communauté des imprimeurs, homme d'un très grand mérite, et auquel on pardonne aisément le petit ridicule de se mettre au rang des voyageurs célèbres, parcequ'en 1756 il a fait partie de l'expédition de M. de la Galisonnière, en qualité de directeur de l'imprimerie que cet amiral avait établie sur son bord. Il raconte fort bien, et je me résignai de la meilleure grace du monde à écouter le récit de son combat naval, la justification de l'amiral Bing, et l'anecdote des signaux anglais envoyés par M. de Laurency.

Mon autre voisin était un ancien militaire qui a joué un moins grand rôle dans la guerre des Etats-Unis que dans celle de la musique, et qui, n'osant plus en raconter les détails dans une maison où il dîne régulièrement deux fois par semaine avec les mêmes personnes, était ravi de trouver un nouveau convive devant lequel il pût faire parade de son érudition musicale. Il profita fort adroitement du moment où le marin-typographe cherchait la date du combat de Minorque, pour entamer une belle dissertation sur Lulli, Rameau, Gluck et Piccini, et pour m'apprendre ce que j'avais oublié depuis trente ans. Je trouvai plus amusant de l'interroger sur les querelles de musique dont nous sommes les malheureux témoins; mais, au lieu de me répondre, il regarda autour de lui d'un air inquiet, ouvrit sa tabatière, pinça ses lèvres et parla d'autre chose.

On servit le dessert; et l'apparition d'un énorme gâteau de Savoie, décoré du chiffre paternel et couronné de fleurs, rendit la conversation générale, en la ramenant à son véritable objet. L'explosion d'une bouteille de vin de Champagne donna le signal des couplets en l'honneur du vénérable *Pierre*. Je ne sais pas ce que j'aurais pensé de ces couplets le lendemain, mais je sais qu'ils m'ont paru délicieux, répétés en chœur par trois générations d'enfants groupés autour de cet heureux vieillard.

On se leva de table pour aller prendre le café sur la terrasse : mademoiselle Le Prévost le fait elle-même, et les éloges qu'elle en reçoit sont les seuls dont elle soit avide. Il fallut aussi goûter un *brou de noix* de sa composition, dont elle a trouvé la recette en recueillant les procédés indiqués par madame de Genlis dans sa *Maison rurale*, et par madame Gacon-Dufour dans son *Économie domestique*.

M. Le Prévost aime la musique avec passion; il pense, ainsi qu'Addison, que c'est le seul plaisir des sens dont le vice ne puisse pas abuser :

The only sensual pleasure without vice.

Le vieux militaire se mit au piano, et le petit concert de famille commença par le beau chœur d'*Écho et Narcisse*, dont le grand-papa raffole, et qui fut exécuté fort agréablement. Le chef d'orchestre chanta ensuite d'une voix mal assurée, mais que le talent et le goût soutiennent encore, un grand air d'*Ernelinde*, dont il assure qu'il a fourni le motif à Philidor. Pour terminer la séance musicale, le fils de M. d'Anceney et l'aînée de ses cousines chantèrent un nocturne de M. Gustave Dugazon, sur la musique duquel notre jeune licencié avait arrangé des paroles analogues à la circonstance. La soirée se termina par des *charades en action*, que jouèrent ensemble les jeunes gens, tandis que les grands parents se partagèrent entre le wisk, les échecs, et le trictrac.

Il était onze heures quand je sortis de cette maison, satisfait d'avoir reposé mes yeux sur une famille de gens de bien, au milieu de laquelle j'ai pu me convaincre qu'un bon père est le plus heureux des hommes, et que la nature équitable récompense *le plus grand des devoirs par le plus grand des plaisirs.*

N° LXXIV. [20 AOUT 1812.]

LA COUR DES MESSAGERIES.

> ...... *Dùm æs exigitur, dùm mula ligatur,*
> *Tota abit hora.*
> HOR., sat. v, liv. I.
>
> Tandis que l'on fait payer, que l'on attelle les chevaux, une heure se passe.
>
> On raille de nouveaux venus :
> On observe et l'on s'examine ;
> Et trente voyageurs, l'un à l'autre inconnus,
> Se jugent tour-à-tour sur l'habit, sur la mine.
> Sans se connaître on se cherche le soir :
> Dès le lendemain on s'oublie ;
> Et l'on se quitte enfin pour ne plus se revoir ;
> C'est le vrai miroir de la vie.
> MICHAUD, *Poés. fugit.*

Mes lecteurs ne sont pas obligés de se souvenir que le premier du mois de février dernier, à propos du *Pays Latin*, je leur ai parlé d'un jeune homme nommé Charles d'Essène, que ses parents avaient recommandé à ma surveillance pendant le séjour qu'il a fait à Paris pour y terminer ses études et prendre ses inscriptions à l'École de droit ; mais enfin, comme c'est un excellent sujet, et que la circonstance de son départ a donné lieu aux observations dont je compose aujourd'hui mon Discours, on me pardonnera sans doute d'en faire mention une seconde fois.

Ce jeune licencié, en venant me voir la semaine dernière, m'apporta une lettre de son père, où celui-ci entrait avec moi dans quelques détails sur les affaires de famille qui rendaient nécessaire la présence de son fils, et qu'il terminait en me priant de pourvoir aux frais et aux dispositions de son voyage.

Elles furent bientôt faites. J'allai solder la pension du jeune homme à son hôtel de la rue Saint-Jacques, et retenir sa place à la diligence pour le lundi de la semaine suivante. La voiture devait partir à cinq heures du matin; et, pour être plus sûr que notre écolier ne la manquerait pas, je me chargeai du soin de l'aller éveiller moi-même. J'étais à quatre heures à l'hôtel de Berri; Charles était prêt, et Louison (la servante picarde) achevait de ficeler son porte-manteau. Cette bonne fille, chargée du bagage, nous accompagna jusqu'au bureau des Messageries, rue Notre-Dame-des-Victoires, et nous quitta en essuyant ses yeux avec son tablier de siamoise, très affligée du départ de M. Charles, et très reconnaissante de la manière dont j'avais récompensé ses soins.

Nous avions une demi-heure devant nous; je conseillai à mon jeune voyageur d'en profiter pour faire un déjeuner succinct dans le café voisin qui venait de s'ouvrir; et, pendant ce temps, je m'amusai du spectacle que j'avais sous les yeux. Tout s'y passait en scènes épisodiques, dont quelques unes d'un intérêt si vif et d'une gaieté si bouffonne, qu'elles sont encore présentes à mon esprit dans leurs moindres détails.

On ne s'imagine pas tout ce qu'on peut apprendre dans une cour des Messageries, toutes les observations qu'on y peut faire, toutes les aventures qui s'y passent ou qui s'y préparent, tous les secrets qui s'y découvrent. C'est là que nos moralistes et nos romanciers, au lieu de tourner sans cesse dans le cercle étroit de leur imagination, pourraient venir étudier la nature, la prendre sur le fait, ou du moins chercher des couleurs pour la peindre. Soit qu'à l'exemple de La Bruyère ils voulussent tracer des caractères piquants, ou, comme Duclos, les rapprocher pour en déduire des conséquences générales sur l'état actuel des mœurs; soit qu'à l'imitation de Lesage ils s'occupassent de cette suite de tableaux dont se compose la galerie de la vie humaine; soit enfin qu'ils se bornassent, ainsi que Sterne, à quelques scènes d'intérieur, dont l'extrême intérêt résulte du naturel et de la vérité des détails, il est certain qu'en aucun lieu du monde ils ne trouveraient, réunis dans un aussi petit espace, une aussi grande quantité de matériaux tout prêts à être mis en œuvre.

Quelle foule de situations et d'originaux! Le premier que je remarque est le conducteur, moins reconnaissable à son bonnet garni de fourrure et à sa feuille qu'il tient en main, qu'à cet air d'importance et d'autorité qu'il affecte avec les postillons et les portefaix. Il faut le voir, ce petit despote, passant la revue de sa voiture, criant contre le charron pour une jante, contre le maréchal pour un écrou; faisant placer et déplacer, selon son caprice ou son intérêt, et sans égard pour les réclamations des voyageurs, leurs porte-manteaux et leurs paquets dans le *magasin* et sur la *vache*.

Plusieurs voitures étaient au moment de leur départ: au milieu des chevaux que l'on attelait, des voyageurs qui allaient et venaient sans cesse, des commissionnaires chargés de malles, de ceux-ci qui arrivaient en jurant, de ceux-là qui partaient en pleurant, on aurait pu se croire dans une ville prise d'assaut.

La diligence dans laquelle Charles devait partir était ouverte; une seule personne y était déja montée: c'était un militaire, qu'à ses longues moustaches, à sa grande redingote verte, à son charivari à boutons blancs bombés, et à sa toque basque, je reconnus pour un officier de chasseurs à cheval. Comme il fermait sur lui la portière, une jeune femme la rouvrit d'un air délibéré, appela l'officier par son nom, et le pria de descendre, d'un ton qui pouvait passer pour un ordre.

L'air de stupéfaction, la prompte obéissance de celui-ci, ne me permirent pas de douter qu'il ne fût en présence d'une belle délaissée qui venait lui demander compte de sa fuite. A en juger par les gestes et l'expression des figures, le petit colloque qui s'établit à l'écart passa par toutes les nuances de la colère, du dépit, de l'attendrissement, et de l'amour; si bien qu'au bout de cinq minutes ce nouvel Énée donna ordre au conducteur de placer sur la voiture la cassette que Didon avait eu soin d'apporter avec elle; il lui céda sa place dans la voiture, et prit la seule qui restât dans le cabriolet.

En entrant au bureau pour achever de payer la place de mon pupille, je m'arrêtai un moment à considérer une jeune femme qui tenait embrassé un homme d'un certain âge, que j'aurais pris pour son père, n'eût été l'air de froideur et de sécurité avec lequel il recevait ses caresses. Quelques mots de leur conversation me mirent au fait de leur histoire. C'était un honnête bonnetier de la rue de la Ferronnerie, qui allait à Saint-Malo pour affaires de commerce, et sur lequel sa tendre moitié s'apitoyait d'autant plus, que depuis cinquante-quatre ans il n'avait jamais perdu de vue le clocher de Saint-Méry, sa paroisse, et n'avait fait d'autre voyage que celui de Versailles et de Saint-Germain. Aussi sa femme l'avait-elle muni, dans cette circonstance, contre tous les dangers, mais non pas contre tous les inconvénients de la route. Il avait dans sa poche deux gros pistolets d'arçon (dont il eût été, je crois, bien embarrassé de se servir), une canne à sabre, et un couteau de chasse, un parapluie à canne dans son fourreau de toile verte, une houpelande, et un bonnet de laine à coiffe, au mois de juillet; de plus, un panier avec deux bouteilles de vin et un morceau de veau rôti, afin de pouvoir *brûler* les dîners d'auberges; enfin, une bouteille d'osier, pleine de ratafia de cerises, pour se réconforter le matin. Ce respectable citadin alla prendre place dans la diligence, après avoir reçu les derniers embrassements de sa femme, qui s'éloigna en sanglotant. J'aurais craint pour elle les suites d'une pareille douleur, si je ne me fusse assuré par mes yeux que le hasard avait conduit tout exprès, à la porte de l'hôtel des Messageries, un de ses voisins qui s'empressa de lui donner le bras pour la reconduire chez elle.

Je rentrai dans ce même bureau, curieux de savoir quel pouvait être le motif de la fureur concentrée d'un homme que j'avais laissé assis sur des malles, pestant contre le conducteur, et prétendant le rendre responsable de tous les malheurs qui pouvaient résulter pour lui d'un retard de cinq minutes.

J'avais peine à me rendre compte des angoisses

qu'il paraissait éprouver; mais tout fut éclairci par l'arrivée de quatre recors, lesquels, munis d'une contrainte en bonne forme, le prièrent honnêtement de les suivre. En vain prouva-t-il qu'il avait payé sa place à la diligence : on lui démontra que la sienne était à Sainte-Pélagie, où ses créanciers l'attendaient. Il fallut bien se rendre à leurs sollicitations; mais ce ne fut pas sans avoir répandu à pleine voix ses malédictions sur la diligence, le conducteur, les voyageurs, le postillon, les chevaux, et en masse sur toutes les messageries du monde.

De tous les personnages au milieu desquels je me trouvais, le plus grotesque, sans contredit, était un très gros homme à triple menton, assis dans la cour sur le timon d'une voiture, et faisant avec beaucoup d'avidité l'inventaire d'un panier rempli d'excellents comestibles, tandis qu'une jeune gouvernante, qui l'avait accompagné, lui ôtait sa perruque et lui frottait la tête avec un morceau de flanelle. Je m'étais approché pour le voir à mon aise : il me frappa familièrement sur l'épaule en me demandant où l'on déjeunerait, et parut ravi d'apprendre que c'était à Meaux : « Pays célèbre! continua-t-il. — Oui vraiment, ajoutai-je en me méprenant sur le sens de son exclamation; vous passerez devant la maison qu'habitait l'*Aigle de Meaux*. — C'est de quoi je m'inquiète fort peu, reprit-il; je fais moins de cas de tous les aigles du monde que d'un bon poulet gras, et ceux de la Brie sont en grande réputation. »

Cette réflexion spirituelle m'avait suffisamment prouvé que l'ame et le corps de cet épais Vitellius étaient merveilleusement assortis. Je le quittai pour connaître le sujet de la dispute qui venait de s'élever entre le conducteur et une femme assez élégante, autour de laquelle on s'était rassemblé. Il était question d'une caisse dont elle avait besoin tous les soirs, et qu'on avait eu la maladresse de placer au fond du *magasin*. A travers son voile de tulle, et sous la grande calèche verte qui me cachait en grande partie sa jolie figure, je reconnus une de nos plus aimables actrices. Elle avait obtenu de son directeur un congé de deux mois, qu'elle allait employer à mettre un impôt sur les théâtres de province; et cette fois, n'ayant pas d'auteur à sa suite, elle s'était pourvue d'avance de couplets d'annonce et de remerciements, de prologues de début, de scènes de clôture, de vers et de couronnes pour chacune des villes où elle devait passer. La caisse dont il était question renfermait tous ces objets de première nécessité, sans compter cependant un *entrepreneur de succès*, pour lequel la prêtresse de Thalie avait loué une place dans le panier de la diligence.

L'heure avançait; j'entrai dans *la salle des voyageurs* où nous étions convenus avec Charles de nous retrouver après son déjeuner. C'est le lieu des plus tristes rendez-vous. Plusieurs personnes étaient assises sur un banc de bois qui fait le tour de cette salle. Près de la fenêtre, une jeune fille et un jeune homme, tous deux de la figure la plus intéressante, pleuraient en se pressant les mains et en levant de temps en temps les yeux l'un sur l'autre, avec l'expression de la plus profonde douleur; un peu plus loin, une mère, au moment de se séparer de son fils, appelé sous les drapeaux du plus puissant des monarques, du plus grand des capitaines [1], lui prodiguait les témoignages de la plus vive tendresse : le jeune homme y répondait avec amour; mais, tout fier de ses premières épaulettes, tout entier aux nobles émotions de l'honneur, aux brillantes espérances de la gloire, il avait peine à contenir la joie qui perçait à travers ses larmes.

Ces tableaux touchants, plusieurs autres semblables, avaient singulièrement rembruni mes idées; et je me disais, en m'abandonnant aux sentiments douloureux dont je voyais autour de moi l'image : « Il n'y a qu'une légère différence entre un cimetière et la cour des Messageries; l'un et l'autre sont des lieux de séparation. » L'arrivée de Charles, le signal du départ que vint donner le conducteur,

---

[1] Deux ans plus tard, qu'étaient devenues tant de puissance et tant de gloire?

avaient encore accru cette disposition mélancolique, et je me sentais prêt à pleurer sans en avoir de véritable motif, lorsqu'une circonstance assez frivole en elle-même dissipa tout-à-coup ce nuage de tristesse.

Ceux des voyageurs qui étaient montés les premiers dans la voiture avaient pris les meilleures places, et prétendaient les conserver, quelques réclamations que les autres pussent faire ; jamais on ne serait parvenu à s'entendre si le conducteur, muni de sa feuille, ne fût venu interposer son autorité en assignant à chacun sa véritable place d'après l'ordre des inscriptions. Il résulta de cet arrangement définitif que Charles se trouva placé sur le devant, entre un vieil ecclésiastique qui marmottait son bréviaire, et la petite comédienne qui fredonnait un couplet ; qu'une des portières était occupée par le marchand bonnetier, et l'autre par un jeune médecin qui venait de soutenir une thèse de circonstance sur l'*anévrisme;* que le gros homme amateur de poulets gras et la dame du militaire étaient placés dans le fond de la voiture, qu'ils remplissaient de leur rotondité, et où manquait une troisième personne, sans laquelle ils se flattaient de partir.

Les derniers adieux étaient faits, le conducteur allait fermer la portière ; mais voilà qu'une dame, du poids de cent cinquante kilogrammes environ, s'élance dans la voiture avec le secours de trois personnes qui l'accompagnaient, et va tout d'un temps s'intercaler entre ses deux voisins du fond, qui poussent un long gémissement auquel tous les autres répondent par un grand éclat de rire. Un surcroît de malheur voulut que la dame, qui a conservé l'usage des poches, eût rempli les siennes d'une quantité de clefs, d'ustensiles dont le gros homme se plaignait de la manière la plus comique. Ce fut bien pis lorsque le fils de cette dame jeta sur les genoux de sa mère un chien-loup très hargneux, et que son domestique lui remit une cage en sabot, renfermant un gros perroquet gris, qui salua la compagnie d'un *Bonjour, Jacot!* très distinct.

Pour ne gêner personne, la bonne dame s'empressa de mettre la cage sous ses pieds; mais l'oiseau gris, que l'obscurité contrariait sans doute, s'en prit à la jambe du gros homme, qu'il pinça de manière à lui faire jeter un cri épouvantable; les ris, le vacarme allaient en augmentant: il fallut encore avoir recours au conducteur, qui, sur la requête du plaignant et l'exhibition de sa jambe entamée dans le vif, prononça le renvoi du perroquet malencontreux. L'arrêt exécuté, le conducteur monta dans son cabriolet; et après que les postillons eurent bu le coup de l'étrier et fait claquer leur fouet en jurant après leurs chevaux, l'énorme voiture se mit en marche, en ébranlant le pavé à vingt toises à la ronde.

N° LXXV. [25 AOUT 1812.]

UN DUEL.

> Les hommes, dans le fond raisonnables, mettent sous les règles leurs préjugés mêmes.
> MONTESQUIEU, *Esprit des Lois.*

Un M. de Bréant, ancien militaire, déclamait habituellement contre la fureur des duels : quelqu'un s'avisa, pour savoir à quoi s'en tenir sur sa philosophie, de lui annoncer un jour que son fils venait de recevoir une insulte grave dont il avait eu le *courage* de ne point demander raison. M. de Bréant donna sur-le-champ un démenti formel à celui qui avait fabriqué cette histoire, et l'on eut toutes les peines du monde à l'empêcher de se battre avec lui. Cette inconséquence, dont je pourrais citer des exemples plus récents, est le résultat nécessaire du peu d'accord qui existe sur ce point entre les mœurs, la morale, et les institutions. De tous les préjugés maintenant en opposition directe avec les lois établies, le point d'honneur est peut-être le plus ancien, et, j'ai peur de le dire, le plus indestructible, parcequ'il s'est, en quelque sorte, identifié avec le caractère national. Qu'importe, en effet, chez une nation guerrière, où l'éducation fait un crime de la lâcheté et un supplice affreux du mépris, que la loi défende, sous peine de la vie même, ce que l'honneur commande sous peine de la honte?

A Dieu ne plaise que je veuille m'établir l'apologiste d'une coutume barbare, *d'un préjugé féroce qui met toutes les vertus à la pointe de l'épée;* mais en lui laissant tous les noms odieux dont les moralistes ont essayé de le flétrir, je suis d'avis que, dans l'état actuel de notre civilisation, il est bien plus aisé d'en attaquer le principe que d'en éviter les conséquences : on doit sur ce point penser comme Rousseau, sauf à agir, dans l'occasion, comme M. de Bréant. Avouons encore que, quelque blâmable que soit l'usage du duel, il trouve une sorte d'excuse dans la délicatesse des sentiments qu'il suppose, un prétexte dans la décence et la politesse qu'il maintient dans la société, et un complice puissant dans l'opinion publique, qui le soustrait à l'action des lois.

Sauval, dans ses *Antiquités de Paris,* ne fait remonter l'origine de cette coutume sanguinaire qu'à Gondebaud, roi des Bourguignons, lequel, dit-il, en ordonna la pratique par la loi *Gombette:* d'autres historiens en accordent l'invention aux Francs, nos ancêtres paternels : ce qu'il y a de certain, c'est qu'elle était sur-tout propre à cette nation, comme on le voit dans la vie de Louis-le-Débonnaire, où il est dit que Bernard demanda à se purger du crime qu'on lui imputait, par la voie des armes, *more Francis solito.*

Une fois introduit en France, cet usage ne tarda pas à s'y naturaliser; la chevalerie, qui s'en empara, en fit une règle fondamentale du point d'honneur; et, depuis, les lois les plus sévères n'ont pu parvenir à le déraciner. Les ordonnances de nos rois n'ont fait qu'ajouter la désobéissance au crime qu'elles cherchaient à prévenir, et le sang le plus illustre a vainement coulé sur les échafauds. Il est même assez remarquable que les duels n'ont jamais été plus fréquents qu'aux époques où ils étaient le plus rigoureusement défendus. L'édit de Henri II contre le duel, rendu en 1547, à la suite du dernier combat autorisé entre Jarnac et la Châtaigneraye, fit en quelque sorte une mode de cette coutume, supprimée comme preuve juridique.

Sous le règne de Henri III, cette frénésie, malgré la rigueur des ordonnances, fut poussée au point que, faisant allusion aux honneurs que le roi avait fait rendre dans l'église de Saint-Paul à Caylus et Maugiron, tués en duel par d'Entragues et Riberac, on se servait de cette expression: *Je le ferai tailler en marbre,* pour dire: Je le tuerai en duel.

On a reproché à Henri IV d'avoir eu trop d'indulgence pour ce genre de délit, et l'on n'a point fait la remarque que de son temps les exemples en avaient été beaucoup moins communs que sous les deux règnes au milieu desquels le sien se trouve placé.

Les duellistes, sous Louis XIII, furent poursuivis suivant toute la rigueur des ordonnances, et l'on peut se faire une idée de leur nombre, en se rappelant que, d'après le relevé des registres de la chancellerie, il avait été accordé plus de mille lettres de grace par Louis XIV dans les vingt premières années de son règne. La fameuse déclaration de 1669, qui parut un moment ralentir la fureur des duels, ne fit que déplacer le champ de bataille : on alla se battre sur les frontières.

Les duels, plus fréquents encore sous le règne de Louis XV, devinrent moins meurtriers ; le point d'honneur eut son code réglémentaire, où les injures, partagées en deux classes, n'exigèrent plus la même satisfaction : il fut décidé que l'on continuerait à se battre pour rien, mais qu'on se tuerait du moins pour quelque chose, et l'on imagina ce *mezzo termine*, de combat au *premier sang*, où, selon l'expression de Rousseau, *la gentillesse se mêle à la cruauté, et où l'on ne tue les gens que par hasard.* C'est au sujet de ces sortes de combats que l'auteur d'*Héloise* s'écrie, avec cette éloquente indignation qui lui a dicté les plus belles pages qu'on ait peut-être jamais écrites dans aucune langue : *Au premier* sang! grand Dieu! et qu'en veux-tu faire, de ce sang, bête féroce?.... le boire?

A cette époque, au moindre mot on se trouvait obligé de mettre l'épée à la main, mais souvent le fer croisé suffisait à la réparation d'une légère offense. Le ridicule de cette manie n'a point échappé aux auteurs dramatiques ; elle a fourni à Fagan une des meilleures scènes de ses *Originaux*, et le caractère si comique de *Bretenville*.

Jusque-là l'épée avait été la seule arme permise dans les duels : l'obligation de la porter habituellement imposait en quelque sorte l'obligation de savoir s'en servir, et la certitude d'être habile à défendre sa vie rendait moins difficile sur les occasions de l'exposer. Le changement qui s'opéra dans la manière de se vêtir, sous le règne de Louis XVI, contribua peut-être à introduire l'usage des duels au pistolet; combat qui, pour le dire en passant, n'a rien de noble, rien de français, où le courage ne peut suppléer à l'adresse, et dans lequel on est obligé de tuer son adversaire sans défense, ou de se laisser tuer soi-même de la même manière. Cet usage anti-chevaleresque commence à passer de mode.

Depuis environ deux cents ans, les *témoins* ont remplacé les *seconds* : c'est du moins un pas de fait vers la raison et l'équité; car, s'il est inhumain de se battre pour venger sa propre injure, il est absurde de se battre pour venger l'injure d'un autre contre quelqu'un qui ne vous avait point offensé. Les témoins aujourd'hui règlent les moyens, les conditions du combat; et, dans aucun cas, ils ne souffriraient que les adversaires combattissent avec des armes inégales. On était moins scrupuleux du temps de Henri III, puisqu'il est bien avéré que, dans le duel entre Caylus et d'Entragues, le premier succomba parcequ'il n'avait qu'une épée, tandis que l'autre se battait avec une dague. Sur l'observation qui en fut faite par Caylus, d'Entragues, qui passait cependant pour un homme d'honneur, lui répondit sèchement: *Tu as donc fait une grande faute de l'avoir oubliée au logis; car ici sommes-nous pour combattre, et non pour pointiller les armes.* Il paraît même qu'à cette époque l'offensé avait le singulier privilège d'imposer à son adversaire telle condition qu'il lui plaisait de s'imposer à lui-même; c'est du moins la conséquence que l'on doit tirer d'un trait que rapporte Brantôme. Il parle comme témoin d'un duel entre un gentilhomme de très petite stature et un sergent gascon d'une taille très élevée. Le premier régla le combat de manière à ce qu'ils fussent tenus de se battre tous deux armés d'un collier garni de pointes, qui les obligeait à tenir la tête très haute: *Et cette façon*, dit Brantôme, *avait été inventée assez gentiment par le petit, qui pouvait hausser la tête contre le grand, et le regarder à son* aise ; ce que ne pouvait faire le grand contre le petit sans se baisser et se percer la gorge lui-même : par ainsi, en deux coups d'épée, le petit tua son ennemi fort aisément. De nos jours, le *petit* passerait pour un assassin s'il trouvait un *grand* assez sot ou un sot assez grand pour accepter de pareilles conditions.

Cette dissertation, où je me suis engagé pour ainsi dire à mon insu, n'est que le commentaire, un peu trop long peut-être, de l'aventure qui me reste à rapporter. Un des jours de la semaine dernière, je déjeunais avec une bavaroise dans un café du Boulevart, à côté de quelques jeunes gens qui faisaient un repas plus substantiel. L'un d'eux, que j'entendis nommer Alfred, recevait des compliments de ses amis sur le mariage qu'il était sur le point de contracter avec une jeune personne charmante, et dont il était éperdument aimé. Il me serait difficile de dire comment s'engagea, entre ce jeune homme et l'un de ses amis, une querelle à laquelle je ne fis attention que lorsqu'elle était devenue assez sérieuse pour donner de l'inquiétude sur la manière dont elle se terminerait. Je sais seulement qu'il s'agissait, dans le principe, de décider jusqu'à quel point *une femme peut aimer un homme qui porte perruque.* Alfred avait dit à ce sujet des choses fort plaisantes, dont un de ses camarades avait eu le mauvais esprit de se faire l'application ; les plaisanteries avaient été repoussées par des épigrammes ; l'aigreur s'en était mêlée; et, comme il arrive presque toujours, celui qui resta court le premier fut aussi le premier qui se fâcha. L'air moqueur avec lequel Alfred repoussa l'attaque de son adversaire fit perdre à celui-ci toute mesure, et il lui échappa quelques mots dont il me fut trop aisé de prévoir les conséquences. Je me servis de l'autorité de mon âge et de mon ancien état pour intervenir dans cette dispute en qualité de conciliateur. J'insistai sur l'extrême futilité du motif; j'atténuai, autant qu'il me fut possible, le sens et sur-tout l'intention des termes offensants dont un des adversaires s'était servi, et il est probable que je serais parvenu à étouffer cette querelle, s'il ne se fût trouvé là quelques uns de ces gens qui, sans jamais avoir d'autres *affaires* que celles dont ils sont *témoins*, trouvent le moyen de se faire, à peu de frais, une réputation de bravoure. Je connais encore quelques braves de cette espèce: à l'affût de toutes les disputes, messagers de tous les cartels, il ne s'est pas tiré un coup de pistolet, il ne s'est pas donné un coup d'épée dans Paris, depuis vingt ans, dont ils ne puissent rendre compte. Personne n'est mieux instruit qu'eux des lois et des formalités du duel; ils passent leur vie aux *tirs* de Le Sage et de Peignet, dans les salles d'armes, sur le chemin et dans les allées des bois de Boulogne et de Vincennes: ils croient fermement s'être battus autant de fois qu'ils ont vu les autres se battre.

Désespéré de l'inutilité de mes efforts et du peu de succès de ma médiation, je vis avec un véritable chagrin ces jeunes gens, une heure auparavant amis inséparables, sortir après s'être donné rendez-vous pour midi à la barrière des Champs-Élysées. Je prenais à l'un d'eux, à celui que j'ai nommé Alfred, qui ne m'était pas moins inconnu que les autres, cet intérêt de sympathie auquel on se livre sans chercher à se l'expliquer : il me paraissait le plus jeune ; il aimait, il était aimé, sa vie appartenait, pour ainsi dire, à deux familles... Mais peut-être y avait-il encore quelque moyen de prévenir le malheur dont j'avais le triste pressentiment. Je m'acheminais tout pensif vers le lieu du rendez-vous : le hasard voulut que je rencontrasse, dans la grande allée des Champs-Élysées, un officier des chasseurs de la garde, que je vois habituellement chez madame de R***, sa parente, et qui n'est pas moins distingué par la noblesse de son caractère que par l'éclat de la plus brillante valeur. Comme j'achevais de raconter au capitaine les circonstances du duel projeté, nous vîmes arriver, à la suite l'une de l'autre, les deux voitures où se trouvaient les adversaires et leurs témoins. Le capitaine était à cheval ; il suivit, à ma prière, les voitures qui prenaient le chemin du bois de Boulogne, et me promit de venir me rendre compte de ce qui se serait passé.

Je n'eus pas le temps de faire de bien longues réflexions sur la force d'un préjugé tyrannique qui fait taire l'humanité, la justice, et la raison; qui oblige deux amis à s'entre-égorger, et qui permet à des juges (lorsqu'on a recours à l'autorité des lois) de condamner un coupable qu'ils approuvent, et dont, en pareil cas, ils eussent imité la conduite. Au moment où j'arrivais à la grille du bois de Boulogne, je vis accourir le capitaine S***, et je lus sur sa figure la fatale nouvelle qu'il avait à m'apprendre. Il donna son cheval à garder sur la pelouse; et, me conduisant dans une allée voisine, il me raconta en peu de mots le cruel événement dont il venait d'être témoin.

« Les voitures, me dit-il, s'étant arrêtées près de la Muette, les quatre personnes qui s'y trouvaient s'enfoncèrent précipitamment dans le bois; je les suivis, et, après m'être nommé, je demandai la permission d'intervenir dans un différend dont je connaissais déja quelques particularités. « Soyez le bienvenu, capitaine (me dit le plus jeune des deux adversaires), mais épargnez-nous des explications humiliantes dans un pareil moment, et qui ne pourraient, dans aucun cas, avoir d'autre résultat que de retarder un combat indispensable. » Désespérant de rien obtenir sur le fond, j'essayai, en ma qualité de témoin, de gagner quelque chose sur les formes. Nous réglâmes qu'il ne serait tiré qu'un seul coup de chaque côté, que l'on se placerait à vingt pas de distance, et que l'on tirerait ensemble à un signal convenu : je chargeai moi-même le pistolet du jeune Alfred, à qui je fis prendre le bas du terrain (ce qui n'est pas sans avantage dans le combat au pistolet), et je l'engageai à modérer un emportement qui donnait à son adversaire un grand avantage sur lui. Toutes les dispositions faites, les combattants en place, le pistolet en main et la double détente armée, on donne le signal, le coup part, et le malheureux jeune homme pour lequel vous et moi formions des vœux tombe frappé d'un coup mortel. »

La douleur que me causa cet événement funeste est une des plus vives que j'aie éprouvées depuis long-temps, et je ne pus retenir mes larmes en voyant passer près de moi la voiture qui renfermait le corps de ce malheureux jeune homme, que l'on conduisait chez son père, occupé en ce même moment des préparatifs de son mariage.

N° LXXVI. [1ᵉʳ SEPTEMBRE 1812.]

L'ERMITE
AU CAFÉ DE CHARTRES.

> Je proteste contre tout chagrin, toute plainte, toute maligne interprétation, toute fausse application et toute censure, contre les froids plaisants et les lecteurs malintentionnés.
>
> La Bruyère, *Caract.*, chap. I.

Il m'est arrivé plus d'une fois de me promener au *Salon*, pour le seul plaisir de suivre et d'entendre certaines gens plus avides de voir que d'apprendre, et qui, par cette raison, parcourent les galeries sans avoir fait l'emplette du *Livret*. Rien de plus amusant et presque toujours rien de plus ridicule que les conjectures qu'ils forment ou que les jugements qu'ils portent sur les divers tableaux devant lesquels ils s'arrêtent. Chaque groupe de cette espèce de curieux a, pour l'ordinaire, son connaisseur en chef, qui répond sans hésiter à toutes les questions qu'on lui fait, et dont les décisions sont des oracles pour la compagnie. S'agit-il d'un portrait, il en connaît l'original, il l'a vu poser dans l'atelier du peintre dont il est l'ami; il peut vous dire ce qu'il a coûté, la place qu'il doit occuper dans la maison de la personne qui l'a fait faire.

Ceux qui n'ont pas l'habitude de ce commérage sont aisément dupes de l'air d'assurance de ces orateurs du Salon; mais il est permis de rire à leurs dépens, lorsque, le livret à la main, on s'aperçoit de leurs bévues. L'un prend le portrait de Ninon pour celui de la belle limonadière; l'autre, le portrait de Jean-Jacques pour celui d'un procureur de la rue Tirechappe.

« Qu'il est ressemblant ! dit le troisième, appuyé sur sa canne et regardant un portrait de Corneille. Vous ne le reconnaissez pas? c'est notre ami M. Bernard, le chantre de Saint-Gervais..... »

Immédiatement à la suite de ces beaux diseurs, ne pourrait-on pas ranger ces faiseurs de *clefs explicatives* des ouvrages de critique? Je me fais une idée de la surprise qu'éprouverait La Bruyère [1], si quelqu'un lui montrait dans l'autre monde la *clef* de ses Caractères, composée dans celui-ci par ces fu-

---

[1] On ne doute pas que plusieurs portraits de La Bruyère n'aient été faits d'après nature. Mais, selon toutes les probabilités, ce n'est pas à un seul original, c'est à plusieurs traits observés dans la nature, et réunis habilement, qu'ils doivent leur parfaite ressemblance.

rets de la littérature et de la société, contre lesquels il a cru vainement se mettre en garde au moyen de la déclaration qu'il a mise en tête de son ouvrage, et dont quelques mots servent d'épigraphe à ce Discours.

Combien il trouverait impertinentes ou ridicules ces applications à tel ou tel personnage, d'un caractère formé de traits épars, où il s'était proposé de peindre l'homme en général, et jamais tel homme en particulier! Combien de noms indiqués par des *astérisques*, dont il est probable qu'il entendrait parler pour la première fois!

Où est la preuve qu'il ne demanderait pas ce que c'est qu'un M. Penautier, un abbé de Mauroy, un marquis de Menevillette? Peut-on répondre qu'il ne serait pas indigné qu'on lui prêtât l'intention de flétrir la mémoire de M. Lestrot en l'accusant de dissiper les deniers des pauvres, et d'affliger ce pauvre abbé Danse en le dépeignant comme le plus affamé des parasites?

Ce petit préambule ne paraîtra pas déplacé en tête des observations que j'ai recueillies dimanche dernier au café de Chartres, et dont je veux faire part à mes lecteurs. Je m'étais placé tout près d'une table, autour de laquelle se pressaient plusieurs de ces gens qui ne savent à quoi penser jusqu'à l'heure où les journaux arrivent, et qui font de cette lecture la grande affaire de leur vie. Après quelques mots de récapitulation sur M. Belloni, sur M. Degen, il fut question de *l'Ermite de la Chaussée-d'Antin*: ce nom me rendit plus attentif; sous prétexte de faire place à quelqu'un, je me rapprochai d'eux, et, ma tasse de chocolat à la main, je ne perdis pas un mot d'un entretien dont j'étais l'objet.

La discussion s'ouvrit par un petit débat sur ma personne. Deux ou trois habitués, pour lesquels les autres témoignaient une sorte de déférence, prétendaient me connaître de longue main. « Cet Ermite, disait l'un, est un ancien capitaine au régiment de Savoie-Carignan; nous avons servi ensemble; et je dîne avec lui deux fois par semaine chez madame d'Essone. Imaginez-vous un grand homme sec de cinq pieds neuf ou dix pouces, les cheveux blancs, coiffé à l'oiseau-royal, la figure blême et le regard *pronostiquant les mœurs de son état...* »

« Vous n'y êtes pas, mon ami, interrompit un autre; l'Ermite est un cousin de Chevrier; on croit même qu'il n'est pas tout-à-fait étranger au *Colporteur;* il a été long-temps commis à la Ferme générale, où l'avait fait placer M. Grimod de la Reynière, qui n'avait, dit-on, rien à refuser à sa femme. C'est un gros homme, que l'on trouve tous les jours chez Tortoni, entre une heure et deux, et que l'on reconnaît à son binocle en écaille qu'il braque sur tous les passants: j'en parle savamment, puisque je l'ai rencontré encore hier chez Legacque, où on ne l'appelle pas autrement que *l'Ermite.*

« — Vous nous la donnez bonne, avec votre capitaine et votre commis aux Fermes, reprit un troisième en éclatant de rire; sachez que ce vieil Ermite n'est autre qu'un jeune étudiant en droit, qui prend ses grades dans les cafés, et ses licences dans les coulisses : vous pouvez m'en croire, car je tiens ces détails du prote qui corrige sa feuille; il m'a promis de me le montrer vendredi prochain, quand il viendrait corriger ses épreuves. »

Après une assez longue dispute sur un point que d'autres interlocuteurs embrouillèrent encore, les uns en me désignant comme un journaliste livonien réfugié à Paris, les autres comme un prisonnier anglais qui envoyait ses articles de Verdun, on en vint à parler de mon caractère et de mes écrits.

« C'est un scandale, disait un petit homme en perruque à la conseillère, qui vient régulièrement tous les cinq jours lire, au café de Chartres, le *Journal des Arts*, c'est un scandale de rire aux dépens des bourgeois du Marais! Eh! que doivent à M. l'Ermite mes deux mille livres de rente, qu'il s'amuse à quadrupler pour en faire ensuite la matière d'un de ses feuilletons? Qu'ont, s'il vous plaît, mes mœurs de blâmable ou de ridicule? et depuis quand un journaliste a-t-il le droit de critiquer mes goûts, de censurer mes habitudes? Dira-t-il qu'il ne m'a pas nommé, qu'il a même évité tout ce qui ne pouvait s'appliquer qu'à moi seul? Mais que m'importe, si tout le monde me reconnaît, si je ne puis paraître au café Turc sans entendre dire de tous côtés : *Voilà le bourgeois du Marais?* Je trouve très raisonnable la satire qu'il fait des mœurs de la Chaussée-d'Antin : il ne désigne personne, et, après tout, les banquiers sont assez riches pour laisser parler les journalistes ou pour les faire taire quand l'envie leur en prendra; mais il est, je le répète, contre toute justice, contre toute bienséance, de troubler le repos d'un bon citoyen qui mange en paix son petit revenu, et qui ne fait ni bien ni mal à personne.

« — Où diable avez-vous pris, dit en s'essuyant la bouche un gros homme qui déjeunait avec du thé et des *moffines*, qu'il doive y avoir des quartiers privilégiés pour les préjugés, les sottises, et les ridicules? Où est le mal, s'il vous plaît, de faire rire de temps en temps aux dépens de nos bourgeois du Marais, de nos Crésus de la Chaussée-d'Antin et de nos seigneurs du faubourg Saint-Honoré? Mais ce qui passe toute permission, ce qui crie véritablement vengeance, c'est de voir livrer au mépris une classe entière de la société, parce qu'elle cherche un moyen d'existence dans les produits honnêtes de la roulette ou du biribi; c'est d'entendre un faiseur de chronique signaler ma maison comme un tripot, parceque'on y donne à jouer, et me signaler moi-même comme un héros de *martingale* ou *d'intermittence*.

« — Je ne m'oppose pas à la satire des vices, reprit un grand jeune homme qui prenait une carafe de groseilles et donnait des macarons à son épagneul, mais je n'entends point raison sur les personnalités. Je puis avoir des ridicules, mais ils sont à moi : c'est ma propriété particulière, exclusive ; et quand on se permet d'en rire en public, c'est moi personnellement que l'on offense. »

La discussion commençait à prendre un caractère de dispute ; chacun abandonnait volontiers son voisin à la férule du censeur, et réclamait des immunités pour lui seul ; la ligue formée contre l'Ermite commençait à se dissoudre ; les coalisés étaient prêts à tourner leurs armes contre eux-mêmes, lorsqu'un vieux militaire, qui n'avait encore rien dit, prit la parole à voix basse, et parvint cependant à se faire écouter :

« Je ne suis ici de l'avis de personne, dit-il, et j'ai de bonnes raisons pour cela. Je connais beaucoup l'Ermite ; je lis tous les samedis ses discours, et je n'y vois que des peintures générales, que des tableaux d'espèce, et jamais de portraits d'individus. Est-ce sa faute s'il y a des gens qui croient entendre leur nom chaque fois qu'on parle d'un vice ou d'un ridicule ? s'il y en a d'autres qui sont dupes d'un manège que je vois depuis quelque temps pratiquer avec assez de succès, et qu'une femme de ma connaissance a mis en jeu la première? Peut-être avait-elle quelque raison de croire que l'Ermite avait pensé à elle en traçant le portrait d'une femme indiscréte et frivole; cette idée pouvait venir à d'autres; et, pour donner le change aux applications qu'elle redoutait, elle s'avisa d'une ruse qui lui réussit à merveille : ce fut de commenter l'article à sa manière, et de le présenter à ceux dont elle voulait tromper la clairvoyance comme une satire évidemment dirigée contre une autre femme qu'elle eut soin de nommer, en insistant sur tout ce qui pouvait donner quelque vraisemblance à son opinion.

« — Mais enfin, reprit quelqu'un, si vos amis eux-mêmes vous reconnaissent? — Dans ce cas vos amis sont des impertinents, répliqua le militaire avec humeur, et ce sont eux qu'il faut prendre à partie. Savez-vous comment ils s'y prennent, ces gens charitables à qui l'on doit l'invention ou le perfectionnement de ce genre de médisance par ricochet? Ils courent à vous du plus loin qu'ils vous voient : « Eh bien? que dites-vous du dernier discours? Vous l'avez lu? N'est-ce pas affreux? — Quoi donc? — Ce portrait du *Plaisant de société* : tout le monde a reconnu ce pauvre Menneville. — Mais on se trompe; il n'y a pas le moindre rapport : on parle d'un plat bouffon, d'un homme sans délicatesse, sans aucune considération, et Menneville est un garçon estimable que l'on recherche pour sa gaieté, pour son esprit, dont le caractère et l'attitude dans le monde ne peuvent donner lieu à un rapprochement de cette espèce.

— Je le dis comme vous ; mais il n'est pas moins sûr que ce maudit Ermite l'avait en vue, et qu'il est impossible de se méprendre sur son intention. Menneville est mon ami ; vous ne sauriez croire à quel point je suis indigné »......

Et c'est à la faveur de cette indignation, ou plutôt de cette indignité, que s'accrédite une double calomnie. Entendons-nous, messieurs, sur ce mot de personnalité. Un peintre veut personnifier la laideur ; il en réunit tous les traits, tous les caractères dans la même figure : ce portrait-là peut ressembler à bien du monde, mais personne n'a le droit d'en désigner l'original. Il en est de même d'un peintre de mœurs. *J'emprunte au public la matière de mon ouvrage*, a dit La Bruyère ; *c'est un portrait de lui que j'ai fait d'après nature, et s'il se connaît quelques uns des défauts que je touche, il doit s'en corriger.* Les vices et les ridicules se retranchent dans certaines classes de la société comme dans un fort ; la critique y jette des bombes, et la preuve qu'elles ont porté juste, c'est qu'on voit beaucoup d'estropiés ; mais on les avait prévenus : que ne se rangeaient-ils ? »

A mesure qu'il parlait, notre invalide voyait naître le soupçon dans l'esprit de ses auditeurs : on l'examinait des pieds à la tête, on chuchotait tout bas. « Cette fois, messieurs, vous avez deviné juste, leur dit-il, ou leur dis-je en me levant, et je vous remercie de m'avoir fourni la matière d'un article où je trouverai l'occasion, en disant quelques vérités, de repousser le reproche auquel je suis le plus sensible, et que je crois mériter le moins, celui de la satire personnelle. J'en redoute jusqu'au soupçon, quelque injuste qu'il soit; et c'est pour l'écarter que j'offre, chaque mois, une place dans ma correspondance à toute réclamation présentée d'une manière concise, piquante et spirituelle. J'ai l'espoir, ajoutai-je en saluant ces messieurs, qu'on n'abusera pas d'un pareil engagement. »

N° LXXVII. [10 SEPTEMBRE 1812.]

INSTITUTION
DES SOURDS-MUETS.

Gratum est quod patriæ cives populoque dedisti.
JUVÉNAL, sat. XIV.

La patrie te doit beaucoup pour les nouveaux
citoyens que tu lui donnes

En me promenant vendredi dernier sur le Boulevart avec un vieux camarade de régiment, le chevalier Maurice, qui vit habituellement à la campagne, mais qui vient à Paris deux ou trois fois par an, nous nous mîmes à ressasser les souvenirs de notre jeunesse : chemin faisant, nous nous rappelions nos anciennes occupations, nos anciens plaisirs, et nous passions en revue les lieux qui en avaient été le théâtre, et les personnes qui les avaient partagés. J'étais obligé de convenir que lorsque nous arrivions dans une garnison, c'était toujours lui que nos messieurs chargeaient des découvertes à faire, des renseignements à prendre et des intrigues à découvrir : dès le lendemain, nous étions informés par lui de tout ce qu'il nous importait de savoir : du nom des plus jolies femmes de la ville, du tarif de la vertu de chaque actrice, de la meilleure table d'hôte, du café le moins bourgeois, et de la promenade la plus fréquentée.

« J'aurais pu faire alors, me dit-il en riant, une statistique générale de la France, à l'usage des jeunes militaires; aujourd'hui je me chargerais encore de celle de la capitale, et je parie vous apprendre à vous-même (qui par état devez connaître Paris mieux que personne) une foule de choses que vous ignorez; » et, sur cela, le voilà qui me cite les noms de vingt petits spectacles et d'autant de jardins, d'établissements publics où se donnent des fêtes, et dont en effet je n'avais jamais entendu parler.

Pendant qu'il pérorait en me faisant honte sur mon ignorance, nous fûmes assez rudement poussés sur une des contre-allées du Boulevart par une file de cinq ou six hommes qui marchaient très vite à la suite les uns des autres, en se tenant par un bâton. Maurice apostropha vivement celui qui l'avait heurté, et lui dit qu'en marchant on devait regarder devant soi. « Je n'y manquerai pas quand j'aurai des yeux, » répondit cet homme en poursuivant son chemin. « Ils sont aveugles! » s'écria le chevalier avec l'étonnement d'un homme qui croit avoir fait une découverte.

« Je vois, lui dis-je, que les objets d'agrément

vous sont plus familiers que les établissements d'utilité publique, et je parierais, à mon tour, que vous ne savez seulement pas dans quel quartier de Paris se trouve l'hospice des *Quinze-Vingts?* »

Il en fit l'aveu, et ne revenait pas de sa surprise en apprenant que ces malheureux sortaient tous les jours de leur hospice, situé dans le fond du faubourg Saint-Antoine, traversaient Paris pour aller au Palais-Royal faire de la musique au café des Aveugles, et retournaient chez eux, à minuit, sans guide et sans accident.

Le chevalier se récria sur le phénomène d'un pareil instinct, et son étonnement fut au comble lorsque je lui fis voir à quelques pas de là, sur le même Boulevart où nous nous promenions, deux aveugles jouant au piquet avec autant d'assurance et presque aussi vite que deux habitués du *Cercle.* « Vous ne voyez là (dis-je à Maurice pour calmer une admiration dont il est quelquefois prodigue), vous ne voyez là qu'un prodige d'adresse; je veux vous en faire voir un qui paraît, au premier coup d'œil, excéder les bornes de l'intelligence humaine; » et je lui parlai de l'*Institution des Sourds-Muets.*

Comme il révoquait en doute des faits dont sa raison ne pouvait lui rendre compte, je lui offris le moyen de se convaincre par ses yeux, en m'accompagnant le lendemain samedi à la séance publique, pour laquelle j'avais des billets; il accepta avec empressement. Le jour suivant, à onze heures, il vint me prendre avec sa sœur et sa nièce, qui voulurent être de la partie.

Pendant la route, ces dames m'interrogèrent sur l'origine de l'Institution des Sourds-Muets de naissance; je ne pus leur donner que des renseignements fort incomplets. « L'idée sublime de rendre à la société des êtres que la nature semblait en avoir exclus, de suppléer par l'éducation aux organes de l'ouie et de la parole qui leur manquent, avant d'avoir été fécondée dans la tête, ou plutôt dans le cœur de notre célèbre abbé de l'Épée, avait été entrevue à différentes époques par un moine espagnol nommé Ponce, par le mathématicien anglais Wallis, et par Amman, médecin de Harlem; mais l'honneur de cette admirable invention n'en doit pas moins rester à celui qui perfectionna les faibles essais de ses prédécesseurs, qui les réunit en corps de doctrine, et qui (semblable à Vincent de Paule, cet autre bienfaiteur de l'humanité) consacra sa vie et sa fortune à fonder un des établissements les plus utiles dont s'honore la France.

Espérons que la reconnaissance publique ne laissera point oublier à la postérité que l'abbé de l'Épée, sans place, sans abbaye, sans protection, sans autre secours que son propre patrimoine, qui ne s'élevait pas à douze mille livres de rente, entretint chez lui quarante élèves sourds-muets; qu'il s'imposa pour eux les plus longues et les plus pénibles privations, et que, pendant le rigoureux hiver de 1788, il se passait du bois et des vêtements dont il avait besoin, pour que ses pensionnaires ne manquassent de rien.

Tant de soins et de sacrifices eussent été prodigués sans fruit, si l'abbé de l'Épée, dont la perte semblait irréparable, n'eût trouvé dans son successeur un héritier de ses talents et de ses vertus. M. l'abbé Sicard, instituteur actuel des Sourds-Muets, a complété l'ouvrage de l'abbé de l'Épée ; il a déduit toutes les conséquences d'un système d'éducation dont celui-ci avait posé les principes : et telle est la perfection de la méthode employée par M. l'abbé Sicard, qu'on est quelquefois tenté de croire qu'au lieu de chercher un dédommagement aux organes dont la nature a privé ses élèves, il s'applique à développer en eux un sens intellectuel qui manque aux autres hommes; j'en donnerai pour preuve quelques unes des réponses les plus connues de Massieu, qui définit les sens, *des porte-idées;* l'éternité, *un jour sans hier ni demain;* la reconnaissance, *la mémoire du cœur*, etc. »

Mais, tout en causant, nous avons monté la rue Saint-Jacques, et nous arrivons à l'ancien séminaire Saint-Magloire, où se trouve aujourd'hui l'*Institution nationale des Sourds-Muets*. Une bonne grosse concierge, envers qui la nature s'est montrée un peu trop libérale de ce don de la parole qu'elle a refusé aux autres habitants de cette maison, nous a indiqué la salle des séances, à l'extrémité d'une vaste cour autour de laquelle de brillantes voitures étaient rangées.

La salle est déja remplie : les premières banquettes sont occupées par des femmes élégantes et par un assez grand nombre d'étrangers de marque ; le reste de l'assemblée se compose de savants, d'hommes de lettres, d'écoliers, qui viennent faire un cours de physiologie morale sous cet habile professeur, de maîtres et de maîtresses de pension qui se rendent à ses leçons pour apprendre l'orthographe, et se corriger des fautes qu'ils ont enseignées la veille.

Les jeunes sourds-muets des deux sexes arrivent et se placent sur leurs bancs : ceux qui sont désignés pour répondre se rangent sur une espèce d'amphithéâtre dont le fond est garni d'une planche noire destinée aux démonstrations. Tandis que ces jeunes gens occupent l'attention des spectateurs, ceux-ci sont à leur tour l'objet de leurs observations, qu'ils se communiquent d'un bout à l'autre de la salle d'une manière moins bruyante, mais tout aussi rapide.

Leur figure est si expressive, leur geste si animé, que, sans être initié au mystère de leur langage, on devine aisément l'objet de leur conversation ; elle est quelquefois si gaie, si épigrammatique, que leurs surveillants sont obligés de leur imposer le silence de l'inaction.

Leur critique, plus enjouée que maligne, s'exerce particulièrement sur les femmes, dont la taille, la figure, le maintien, sont tour-à-tour discutés et jugés à leur petit tribunal. La nièce et la sœur de Maurice n'échappèrent pas à cet examen; elles étaient placées de manière à n'être vues que d'un seul élève, qui se chargea d'en faire le portrait à ses camarades.

La jolie figure de la jeune personne, son air modeste, et jusqu'à son extrême fraîcheur, furent exprimés d'une manière si pittoresque, que l'aimable modèle, à qui l'action du peintre n'avait pas échappé, rougit tout à-la-fois de pudeur et de plaisir. Les muets interlocuteurs interrogèrent ensuite le même jeune homme sur la mère de celle dont il venait de leur faire un si charmant portrait; il la leur dépeignit par des gestes si comiques, il indiqua si plaisamment la courbe de son nez de perroquet que son menton est au moment de rejoindre, que tous les yeux se portèrent sur cette bonne dame, qui riait elle-même d'une grimace où elle était loin de se reconnaître.

Dans le nombre des femmes les plus élégantes qui se trouvent à ces assemblées, on distingue aisément, à l'expression de leurs regards incessamment fixés sur l'amphithéâtre, celles qu'un intérêt maternel y attire. Il arrive plus d'une fois que, sans égard à la règle établie, quelques petits muets quittent furtivement leur place pour venir embrasser leur mère ou leur sœur qu'ils ont aperçue dans la salle. Mais midi sonne, et le savant instituteur paraît avec Massieu, son principal élève et son suppléant; tout rentre dans l'ordre, les exercices commencent, et l'attention générale est aussitôt captivée.

La première partie de la séance est consacrée à des questions grammaticales que M. l'abbé Sicard développe pour l'instruction de ses auditeurs, et dont la solution est donnée par ses élèves avec une clarté, avec une précision qui ferait honneur aux grammairiens les plus instruits. Pour peu qu'on réfléchisse à ce qu'il a fallu d'efforts, de patience, et de combinaison, pour faire entrer tant d'idées abstraites dans la tête de ces enfants, sans le secours de la parole et par la seule entremise des yeux, il est impossible de n'être pas saisi de la plus profonde admiration. Ce sentiment augmente encore lorsque, passant de la grammaire à la métaphysique, on *entend* des sourds-muets de naissance analiser la pensée humaine par des procédés dont ils ont dû créer jusqu'à l'expression. Entre beaucoup de réponses d'une admirable sagacité, je choisis celles que Massieu et Leclerc, les deux plus forts élèves de M. Sicard, m'ont faites à moi-même : je leur demandai

« quelle différence il y a entre le desir et l'espérance? »

MASSSIEU.

Le desir est un arbre en feuilles, l'espérance un arbre en fleurs, la jouissance un arbre en fruits.

LECLERC.

Le desir est une inclination du cœur, l'espérance une confiance de l'esprit.

Je ne sais si je me trompe, mais il me semble que cette dernière définition mériterait d'être remarquée dans un chapitre de Loke ou de Condillac. C'est par des exemples semblables que M. l'abbé Sicard parvient à démontrer que non seulement toutes les nuances du langage *parlé* sont appréciables pour les sourds-muets, mais que leur langue, que l'on peut appeler la langue des idées, est véritablement plus riche que la nôtre, puisqu'on ne peut nier qu'un homme doué d'une imagination vive et d'un esprit étendu n'enfante plus d'idées qu'il ne trouve d'expressions pour les rendre.

Pour terminer la séance, M. Massieu dicta au jeune Leclerc le discours prononcé par M. Ledieu sur la tombe de l'abbé Delille. Ses gestes étaient si distincts et si rapides tout à-la-fois, que ce discours se trouva écrit aussi vite sous la dictée des gestes, qu'il aurait pu l'être sous la dictée des sons. Aux signes de Massieu pour dépeindre le grand poëte français, Leclerc avait d'abord écrit *Virgile;* mais sur l'observation qui lui fut faite, il écrivit *Delille* au-dessous, et joignit les deux noms par une même accolade.

Des acclamations générales, parmi lesquelles se faisaient remarquer celles que l'enthousiasme arrachait à mon vieil ami, prouvèrent au célèbre instituteur tout le prix que l'on met à ses utiles travaux, et l'extrême intérêt que l'on porte à ses élèves.

M. l'abbé Sicard saisit cet instant pour apprendre à l'assemblée « qu'il existe en France deux mille sourds-muets, indépendamment de trois cents admis dans l'établissement confié à ses soins; que parmi ceux-là plusieurs se trouvant hors d'état de payer leur pension, quelque modique qu'elle soit, un tronc a été placé à la porte de la salle des séances pour recevoir les pieuses offrandes des personnes qui peuvent apprécier le bienfait de l'éducation dans une pareille infortune. »

Ce fut pour moi une bien douce observation à faire, que celle de l'empressement que chacun mit à acquitter cette dette de la bienfaisance; mais j'avais tout lieu de croire que les femmes, qui ne portent plus ni poches ni argent, auraient le chagrin de ne prendre aucune part à cette bonne action; je m'étais trompé! j'en ai vu plusieurs (obéissant à un de ces mouvements spontanés de l'ame qui les inspirent ordinairement si bien) détacher leurs boucles d'oreilles, leurs bagues, leurs colliers, et jusqu'à la chaîne de la lorgnette qu'une d'elles portait au cou, pour les jeter dans la caisse de ces malheureux sourds-muets. Plus je vis, et plus je suis convaincu qu'à tout prendre, les hommes, et sur-tout les femmes, valent mieux que certains moralistes chagrins voudraient nous le faire croire.

N° LXXVIII. [25 septembre 1812.]

UNE MAISON
DE LA RUE DES ARCIS.

Nil habet infelix paupertas durius in se
Quam quod ridiculos homines facit.
JUVÉNAL, sat. III.

La pauvreté nous expose à la risée des sots ; c'est peut-être ce qu'elle a de plus insupportable.

Reconnais donc, Antoine, et conclus avec moi
Que la pauvreté mâle, active, et vigilante,
Est, parmi les travaux, moins lasse et plus contente
Que la richesse oisive au sein des voluptés.
BOILEAU, épit.

J'ai déjà consigné quelque part une remarque assez piquante de l'auteur des *Essais sur Paris*: il observe qu'au moment où il écrit (en 1750) son procureur se trouve logé trop à l'étroit dans l'hôtel du chancelier Duprat, et que la femme de son libraire fait ses couches dans la salle de bain de Gabrielle d'Estrées.

Il est fâcheux qu'après avoir entrevu cette manière originale et féconde de traiter son sujet, Saint-Foix l'ait abandonnée pour se jeter dans des dissertations sans fin sur la *métempsycose*, sur *le culte des Indiens lingamistes*, sur *la morale des mahométans*, toutes choses qui n'ont rien de commun avec le Pont-au-Change et la Place-Royale.

Ce serait, il me semble, une histoire de Paris bien curieuse et bien philosophique, que celle qui nous montrerait les principaux monuments de cette grande ville comme autant de théâtres dont le temps renouvelle sans cesse les décorations et les acteurs : ce tableau, dont la fidélité devrait être le principal mérite, et qui exigerait de profondes recherches [1], donnerait lieu à de bien singuliers contrastes, à des rapprochements bien bizarres.

A une époque où tant d'édifices s'élèvent sur des débris, où tant de palais remplacent des masures, et changent pour ainsi dire la physionomie de cette reine des cités, je voudrais qu'on trouvât le moyen de conserver les traces respectables que la gloire a laissées sur ces ruines; je voudrais qu'on ne pût faire un pas sans qu'une inscription bien constatée, bien ostensible, indiquât le lieu où s'est passé un grand événement, la place qu'occupait la maison d'un personnage illustre, l'endroit où reposent les cendres d'un grand homme.

[1] M. Dulaure a exécuté avec un rare talent, un grand esprit de critique et beaucoup d'érudition, cette entreprise si difficile. Son *Histoire de Paris* est un des plus précieux ouvrages d'archéologie et d'histoire.

Quelques unes de ces recherches ont été faites, mais aucun ouvrage ne les a encore recueillies. Il est honteux de penser que les quatre-vingt-dix-neuf centièmes des Parisiens ignorent, en traversant chaque jour la cour de la Sainte-Chapelle, que Boileau, dans sa jeunesse, habitait une mansarde dans son enceinte; que Racine avait son logement dans la rue des Maçons, sur l'emplacement où se trouve aujourd'hui la maison n° 17. Grace à Saint-Évremont, qui l'a si bien désignée, quelques personnes trouveraient encore l'adresse de Ninon, rue des Tournelles; mais il en est bien peu qui pussent indiquer à un étranger l'hôtel de la rue de Bétizy, où l'amiral Coligny fut assassiné, et cet autre hôtel de Carnavalet, que madame de Sévigné a rendu si célèbre, et qui se voit encore dans la rue Culture-Sainte-Catherine, au n° 27, tout près de l'endroit où le connétable de Clisson fut assailli par les assassins soudoyés par Pierre de Craon. Combien de rapprochements curieux à faire en examinant les changements que les mêmes lieux ont éprouvés!

Les habitués du *Tivoli d'hiver* ne soupçonnent pas qu'ils dansent dans la maison où mourut Jeanne d'Albret, mère du *bon roi:* un commis des droits-réunis ne serait peut-être pas fâché de savoir qu'il vise aujourd'hui des bordereaux de tabac dans la salle à manger du connétable Anne de Montmorency; et cette marchande de poisson rirait de meilleur cœur, le dimanche, en allant voir *le Médecin malgré lui*, si elle savait qu'elle est établie, au marché Saint-Joseph, sur la place même où Molière fut enterré.

L'exemple a été donné par M. Cailhava: on doit à cet académicien le buste et l'inscription qui consacrent la maison, sous les piliers des halles, où est né l'immortel auteur du *Tartufe* et du *Misanthrope*.

Pour faire revivre ou pour conserver tant de souvenirs précieux dont la tradition se perd tous les jours, il serait à souhaiter que des hommes instruits, ayant le caractère d'officiers publics, fussent autorisés à prendre connaissance des titres originaux de toutes les propriétés particulières : je suis assuré qu'il n'est pas une masure dans cette vaste capitale où l'on ne fît quelque découverte plus ou moins intéressante. Voici sur quoi je fonde mon opinion.

Quand on vit long-temps, il faut bien qu'on hérite de quelqu'un; j'ai donc hérité, il y a deux ou trois ans, d'une très vieille maison dans la rue des Arcis, dont les titres de propriété m'ont été remis dans une cassette que j'ai eu dernièrement l'occasion d'ouvrir à propos d'une discussion sur un mur mitoyen.

Parmi tout ce fatras de paperasses poudreuses et jaunies par le temps, j'ai trouvé plusieurs contrats de vente, au moyen desquels j'ai pu faire connaissance avec tous les propriétaires mes prédécesseurs. Le plus ancien est un Nicolas Rondelet, argentier du roi Charles V, lequel m'apprend que la rue des Arcis, qui s'appelait de son temps *rue des Assiz*, s'était appelée antérieurement *vicus de Arsionibus*, et qu'on lui avait donné ce nom, parceque les maisons en furent brûlées par les Normands en 886. (Autant vaut cette étymologie que celle du sieur de Launoz, qui fait venir le nom *des Assiz* des Assyriens, qui trafiquaient, dit-il, à Paris; Dieu sait à quelle époque!)

Quoi qu'il en soit, l'argentier Rondelet vendit, en 1395, notre maison à Jean de Rieux, maréchal de France; elle atteignit à cette époque l'apogée de sa gloire, et resta dans cette famille, sous le nom d'*hôtel de Rieux*, jusqu'en 1588, qu'elle fut achetée par un capitaine espagnol, domicilié à Paris à l'époque de la Ligue: ce noble castillan fut tué dans une rencontre avec l'armée royale, et la maison fut vendue à un écuyer de madame de Montpensier, dont la veuve la donna par contrat à un jeune sergent du roi Louis XIII, qui la vendit à un juif de Francfort pour payer ses équipages de guerre.

Elle fut achetée ensuite par un bourgeois de Paris qui comptait dans sa famille deux cents ans d'échevinage, en vertu duquel titre se croyant obligé de prendre parti dans la guerre de la Fronde, un matin, après avoir déjeuné en famille, il prit son mousquet à mèche, et alla se faire tuer par hasard, le 2 juillet 1652, au combat du faubourg Saint-Antoine.

La Porte, valet de chambre de Louis XIV, acheta cette maison des enfants du belliqueux échevin; il y demeura plusieurs années, et la donna en dot à sa fille, laquelle épousa un auditeur des comptes, qui la vendit pour en acheter une autre au Marais, alors le quartier du beau monde.

A l'époque du *système*, notre maison, en trois mois, changea quatre fois de maître, et resta définitivement à une de mes grand'tantes, dont le dernier des fils me l'a laissée en mourant.

Depuis le temps que je suis en possession de cette vénérable masure, il ne m'était pas venu dans la tête d'en faire la visite : j'avais un *principal locataire* sur les soins duquel je me reposais.

C'est une véritable profession, à Paris, que cet état de principal locataire. Plus de trois mille individus, qui n'ont ici d'autre moyen d'existence que de s'interposer entre le propriétaire et les locataires d'une maison, se font de cette industrie un revenu souvent considérable. Mon principal locataire, tout procureur qu'il avait été, ne trouvait guère que son propre loyer à gagner sur le marché de 1800 fr. que nous avions fait ensemble pour la location générale.

Sa mort a été pour moi une source de tribulations : depuis six mois, je n'entends parler que de loyers arriérés, de congés, de portes et fenêtres : les revenus de la maison ne suffisent plus aux dépenses qu'elle me cause : aujourd'hui c'est l'huissier, qui vient me demander de l'argent pour poursuivre un locataire en retard ; hier c'était le vitrier, dont il fallait acquitter le mémoire ; demain ce sera un pauvre diable qui est logé dans une mansarde, à qui j'ai été forcé de donner congé parcequ'il ne payait pas, et qui ne sortira qu'autant que je lui prêterai quelque argent pour déménager.

Dans ce dédale d'insipides affaires, où je n'entends rien, où j'aurai bien de la peine à jamais rien entendre, combien j'admire l'esprit d'ordre et de fermeté du défunt ! Il déployait à coup sûr, dans l'administration de trois maisons de la rue des Arcis (car il était aussi principal locataire des deux maisons voisines de la mienne), plus de talent, plus de calcul qu'il n'en faut pour administrer une province !

Bien convaincu que je n'avais d'autre moyen, pour ne pas me ruiner en devenant propriétaire, que de prendre connaissance par moi-même des charges et des bénéfices de ma propriété, je me suis enfin décidé à parcourir ma maison de la cave au grenier, et à rendre visite à chacun de mes locataires.

Escorté d'un procureur et d'un architecte, je suis monté dans la voiture de madame de Lorys un des jours de la semaine dernière, et j'ai pris le chemin de la rue des Arcis.

Rien de moins imposant que la façade de cette antique habitation d'un maréchal de France. Une porte d'allée bien étroite, et les deux petites boutiques dont elle est flanquée ont été visiblement prises sur la largeur d'une porte cochère dont on reconnaît encore le cadre et les gothiques ornements. La boutique de droite est occupée par un marchand de vin, et celle de gauche par une fruitière.

L'arrivée d'une voiture bourgeoise devant cette porte, où probablement de mémoire d'homme jamais carosse ne s'était arrêté, produisit dans la maison une sensation qui s'augmenta encore quand on sut que cette voiture amenait le propriétaire. La portière, pour se donner un air de propreté que démentait trop évidemment sa présence, vint me recevoir, un balai à la main. La fruitière et le marchand de vin accoururent, celui-ci pour m'engager à venir visiter sa cave, dont la voûte était lézardée, et l'autre en me priant de lui faire une soupente dont elle a besoin pour loger quatre de ses plus jeunes enfants.

J'entrai d'abord chez le marchand de vin, où je trouvai plusieurs commissionnaires et quelques maçons assis autour d'une table, et déjeunant de bon appétit avec un morceau de pain de ménage, du fromage, des œufs rouges, et quelques litres d'un petit vin clairet. Le marchand de vin et la fruitière s'entr'aident ainsi réciproquement : le vin de l'un fait vendre les œufs et les fromages de Marolles de la voisine, qui lui envoie à son tour ses pratiques.

Après avoir reçu les salutations du marchand de

vin, de sa famille, et de deux ou trois cochers de fiacre qui buvaient un verre d'eau-de-vie sur le comptoir, j'envoyai l'architecte visiter la cave et régler le devis des réparations. Pendant ce temps-là, j'entrai dans un petit trou obscur, décoré du nom de chambre, et j'interrogeai la portière sur la situation physique et morale de tous les locataires de la maison.

De tous les moyens honnêtes que peut employer un curieux (qui n'a pas un *Diable boiteux* à ses ordres) pour se mettre promptement au fait des nouvelles d'un quartier de Paris, une portière intelligente et bavarde est incontestablement le plus commode et le plus sûr. On n'imagine pas à quel point cette classe de domestiques porte le talent de l'observation, et le parti que l'on peut tirer de leur désœuvrement.

A force d'adresse et de précaution, des amants peuvent espérer de dérober leur liaison à la surveillance d'une mère, à la jalousie d'un époux : des débiteurs peuvent cacher long-temps à leurs créanciers le dérangement de leur fortune ; mais ni les uns ni les autres ne doivent se flatter d'échapper à la pénétration d'une portière qui possède à un certain degré le génie de son métier.

Ma portière est un modèle achevé dans son espèce. Sa loge est le rendez-vous de toutes les commères des environs, depuis le Pont-au-Change jusqu'à la rue des Lombards, et il n'est pas une servante, pas une bonne d'enfant qui, le matin, en allant acheter son lait, ne s'arrête un moment pour jaser avec la mère *Potin;* aussi ne se passe-t-il pas si petit événement dans le quartier dont elle ne soit la première instruite, et qu'elle ne soit prête à vous raconter dans les moindres détails.

J'avais une belle occasion pour mettre sa bonne volonté à l'épreuve; je ne l'employai cette fois qu'à me procurer des renseignements sur mes locataires; je pourrai quelque jour en tirer un plus grand parti.

Le premier étage de ma maison, occupé jadis par madame *l'Argentière,* et madame *la Maréchale,* est habité maintenant par une couturière. Au moment où j'entrai, douze jeunes filles rangées autour d'une table travaillaient, en chantant, sous les yeux de leur maîtresse; celle-ci me fit passer dans une chambre dont les meubles de noyer, enduits d'un vernis de cire jaune étendu avec un morceau de flanelle, tiraient de leur propreté un air d'aisance et de bien-être que la richesse ne donne pas toujours.

Mademoiselle Bobinet (c'est le nom de la couturière en chef) me demanda une diminution de loyer, tout simplement pour ne pas déroger à l'usage, et me porta plainte à propos d'une cheminée qui fumait et d'un plomb du quatrième qui l'incommodait au passage. Je pris note de ses réclamations, et je traversai de nouveau, pour sortir, l'atelier des jeunes ouvrières, dont ma présence avait suspendu les chansons.

La portière m'avait appris que mademoiselle Bobinet était une des couturières les plus renommées de l'arrondissement, et qu'il n'y avait pas une confiseuse de la rue des Lombards, pas une épicière de la rue de la Verrerie, qui ne voulussent avoir une robe ou un canezou de sa façon. Mademoiselle Bobinet, dont une trentaine d'années avait augmenté l'embonpoint sans altérer la fraîcheur, avait perdu sa mère depuis six mois : elle n'attendait que l'expiration de son deuil pour épouser un garçon de bureau de la caisse d'amortissement, qui, depuis deux ans qu'il lui faisait la cour, n'avait jamais manqué un seul dimanche de la mener dîner à la *Chaumière* et danser aux *Grands-Marroniers*, sans que la réputation de mademoiselle Bobinet en ait reçu la plus légère atteinte.

L'autre partie du premier étage est occupée par un teinturier dont la femme vint au-devant de moi, et noya dans un déluge de paroles une réclamation futile, qui n'avait d'autre but que de détourner la conversation que mon procureur s'efforçait en vain de ramener sur trois termes échus, dont la dame ne tenait aucun compte.

Pendant qu'elle parlait, son mari, en bonnet de

coton bleu, et les bras nus de la même couleur, remuait dans une chaudière une décoction de garance pour teindre un tissu de laine de mérinos en façon de cachemire. Les exhalaisons de la chaudière n'étaient rien moins qu'agréables; je les supportais avec peine; le malin teinturier s'en aperçut, et trouva le moyen, en remuant sa lessive avec une nouvelle ardeur, de m'empêcher de prendre part à la discussion. Je laissai le procureur aux prises avec le teinturier, et je montai au second.

Les deux principaux locataires de cet étage, qui se compose de quatre chambres, sont un bottier polonais et un facteur d'instruments prussien. Liés d'une amitié très-étroite, ils passent une partie de la semaine à travailler, et l'autre à se griser ensemble. Pendant que je m'expliquais avec eux sur une porte de communication qu'ils voulaient faire ouvrir, un musicien du bal du carré Saint-Martin vint réclamer une basse qu'il avait donnée à raccommoder.

On la descendit du haut d'une vieille armoire, où elle était reléguée depuis trois mois, à la grande satisfaction d'une famille de souris qui avaient élu leur domicile dans l'intérieur de l'instrument, et qui évacuèrent la place à la première sommation avec une célérité tout-à-fait risible. Le propriétaire de la basse ne trouva pas la chose aussi plaisante qu'elle nous le parut, et commença avec le garçon luthier une dispute qui se termina chez le commissaire de police.

Sur le même palier loge un employé au Port-aux-Vins, mari d'une marchande de marée du marché des Innocents. Chacun d'eux, lors de ma visite, était à son poste, et la maison était confiée à leur fille aînée, âgée de douze ans; quatre petits marmots, assis par terre autour d'une vaste terrine, mangeaient gaiement une soupe ou plutôt une pâtée de pommes-de-terre, tandis que leur sœur, qui savonnait dans un coin, veillait sur eux avec toute la tendresse et toute l'autorité d'une mère.

Je m'amusai quelques moments à considérer cette scène domestique, digne du pinceau de Greuse: la mère entra, me salua avec une politesse franche et brusque; et après avoir caressé ses enfants à sa manière, en leur donnant à chacun une longue *tartine* de raisiné de Bourgogne, elle vint à moi, me parla de la *dureté* des temps, d'une maladie à laquelle son mari était sujet, de la banqueroute que lui avait fait essuyer une grosse maison qu'elle fournissait, et finit par obtenir de moi, contre l'avis de mon conseil, une diminution sur le nouveau bail que je consentis à lui passer.

Des scènes d'un autre genre m'attendaient au troisième, où j'ai pour locataires des gens qui n'étaient certainement pas destinés à se rencontrer au même étage: l'un de ces deux ménages est celui d'un *modeleur* de figures en plâtre; il *tamisait* au moment où nous entrâmes, et la porte ne fut pas plus tôt ouverte que nous nous trouvâmes enveloppés d'un nuage de poussière blanche qui nous prit à la gorge et changea dans un moment l'habit de mon procureur, de noir qu'il était, en gris de *souris effrayée.*

A travers ce nuage d'albâtre, nous découvrîmes au fond de la chambre, à-peu-près comme on représente les ombres de l'Opéra, deux enfants qui remuaient des tamis de soie, tandis que leur mère broyait, à grands coups de maillet, des pierres de plâtre sur le plancher. La portière en prit occasion de motiver le congé qu'elle avait donné en mon nom à des locataires incommodes qui dégradaient la maison, et dont tous les voisins se plaignaient amèrement.

Ces plaintes devinrent l'occasion d'un assaut d'invectives entre la portière et le modeleur, dont les voix également glapissantes se mêlaient aux quintes de toux qu'excitaient les torrents de poussière qu'ils aspiraient en criant. Celui-ci, son ébauchoir à la main, se tuait de nous dire, en mauvais français, « qu'il était un artiste *estimable*, natif *di Bologna*, élève de Canova (dont il est probable qu'il n'a jamais aiguisé que le ciseau). » A force de gestes, le Bolonais arriva tout près du nez de l'irascible portière; celle-ci se mit à s'escrimer avec son manche à balai, non sans causer de notables dommages aux bustes de Cicéron et de Démosthène.

La femme et les enfants du *gâcheux*, pour venger l'outrage fait à leur père dans la personne de l'orateur grec et de l'orateur romain, firent voler à la tête de la dame portière quelques débris de l'*Apollon* et du *Gladiateur*. Dieu sait où le dégât se fût arrêté, si mon procureur, que les deux partis prenaient à témoin, ne fût parvenu à mettre le holà. La portière voulait qu'on dressât procès-verbal des coups qu'elle aurait pu recevoir, et le modeleur qu'on lui payât ses plâtres cassés.

Ce dont il ne se départit pas, et qu'il s'efforça de me prouver dans son baragouin, c'est que le génie, dans la patrie des arts, ne devait pas être assujetti à payer son terme; qu'il n'avait pas de quoi payer le sien, et qu'il ne s'en irait qu'autant que je lui prêterais soixante francs pour déménager. «Vous ne perdrez rien avec moi, ajouta-t-il fièrement, car je m'engage à m'acquitter avant six mois, en faisant votre buste en terre cuite pour l'exposition prochaine, et d'après un procédé nouveau que j'inventerai sous peu.» Qu'avais-je de mieux à faire que d'accepter sa proposition? Quand j'aurais fait vendre par autorité de justice tout ce qu'il possédait (sans en excepter cet *abbé de plâtre* qu'il expose depuis six ans au coin de la rue Saint-Florentin), je n'aurais pas eu de quoi me rembourser des frais de la saisie, et je n'aurais pas la chance de me voir quelque jour parodié au salon aussi agréablement que je l'ai été au Vaudeville [1].

La portière, à qui je sus par la suite bon gré de cette attention, m'engagea tout bas à entrer seul chez les personnes qui occupaient le dernier logement de quelque importance qui me restait à voir.

Je fus d'abord prévenu par un air de propreté extérieure auquel mes autres locataires ne m'avaient pas préparé : la petite porte peinte en gris, le tapis de paille, l'ardoise encadrée sur laquelle on pouvait écrire, la sonnette à pied de biche, tous ces objets me semblaient de bon augure. Je sonnai : une voix très douce demanda : *Qui est là ?* Je me nommai, on ouvrit. Si j'avais eu seulement une quarantaine d'années de moins, j'aurais probablement été frappé d'un de ces coups de foudre auxquels les héros de roman n'échappent jamais, à la vue d'une jeune fille de quinze ans qui vint me recevoir, et dont le maintien modeste et la figure ravissante commandaient l'admiration. Grace au paratonnerre dont le temps m'a pourvu, j'en fus quitte pour la plus agréable surprise, et je ne balbutiai pas en priant cette jeune personne de me faire parler à sa

---

[1] L'Ermite a figuré dans plusieurs parodies du Vaudeville, entre autres dans le *Cimetière du Parnasse*, où les auteurs de cette méchante revue se sont enterrés eux-mêmes.

mère. Elle me laissa dans la première pièce, en me prévenant qu'elle allait l'avertir.

La salle où je me trouvais était la plus grande de ce logement, composé de trois pièces. Il était aisé de voir, à la manière dont elle était meublée, qu'elle servait alternativement d'atelier, de salle à manger et de salon.

Un petit poêle de faïence, une table ronde sur laquelle étaient rangés des petits morceaux de batiste découpés et des coquilles pleines de couleurs, un piano, une petite bibliothèque portative suspendue dans une encoignure, et quelques vases de fleurs, composaient tout le mobilier de cette chambre, à laquelle l'ordre, le bon goût et le luxe de la propreté donnaient un vernis d'élégance.

On dit communément : *Je te dirai qui tu es, dis-moi qui tu hantes;* on peut dire avec tout autant de certitude : Dis-moi ce que tu lis, je te dirai qui tu es. En examinant la petite bibliothèque de mes aimables locataires, je vis qu'elle contenait le *Petit-Carême*, *Télémaque*, les tragédies de Racine, celles de Voltaire, *la Henriade*, *le Génie du Christianisme*, *Paul et Virginie*, et les romans de madame Cotin : j'en conclus, conformément à un système dont j'aurai peut-être un jour l'occasion de développer la théorie, que madame Dervas (c'est le nom que porte la maîtresse de ce logis) était d'une naissance distinguée ; qu'elle avait une ame forte, sujette à confondre ses sentiments et ses opinions; qu'elle avait eu de grands malheurs, auxquels l'amour n'était pas étranger, et qu'elle cherchait dans la religion l'aliment de son courage, peut-être même l'excuse de ses erreurs. Si je parviens à vérifier mes conjectures, ce sera pour moi l'occasion d'entretenir une autre fois mes lecteurs de deux personnes auxquelles je puis avouer, sans les compromettre, l'intérêt bien vif que je leur porte.

Madame Dervas parut avec sa fille, et son abord, plein de noblesse, de politesse et de réserve, me confirma dans l'opinion que j'en avais prise avant de l'avoir vue. Je lui témoignai, beaucoup moins vivement que je ne le sentais, combien je me trouvais heureux de la compter au nombre de mes locataires, et je la priai de me dire ce que je pouvais faire pour lui être agréable, en ma qualité de propriétaire de la maison qu'elle habitait.

En me remerciant de la manière la plus gracieuse, elle m'annonça, avec l'expression du regret, l'intention où elle était de donner congé de son logement. Je desirai connaître les motifs de cette résolution, et je fus flatté d'apprendre qu'elle n'en avait point d'autres que l'incommodité de ses voisins : « Ce sont de braves gens, ajouta-t-elle ; mais l'état qu'ils exercent est un peu bruyant, et les fleurs artificielles que nous fabriquons, ma fille et moi, s'arrangent mal avec cette poussière de plâtre que le voisin nous envoie, et qui pénétre par-tout. » Je me hâtai de la prévenir du prochain départ de l'artiste bolonais, et je me laissai emporter par mon zéle jusqu'à m'engager à ne disposer de ce logement qu'en faveur d'un locataire dont le voisinage lui fût agréable.

Après quelques moments de conversation sur l'objet principal de ma visite, j'essayai, le plus adroitement qu'il me fut possible, en m'expliquant sur mes propres affaires, de provoquer de la part de madame Dervas une confiance qu'elle éloigna avec beaucoup de dignité, sans paraître se méprendre sur l'espèce d'intérêt qui servait d'excuse à mon indiscrétion. Je sortis en lui demandant la permission de la revoir; elle me le fit promettre; et, pour en avoir plus souvent l'occasion, je suis homme à me conserver un pied à terre dans ma maison de la rue des Arcis

N° LXXIX. [15 octobre 1812.]

LA PETITE FILLE
ET LA DEMOISELLE.

> *Inter scabiem tantam et contagia.*
> Hor., ep. XII, liv. I
>
> Au milieu du désordre et de la corruption.
>
> La ville et ses mœurs étrangères
> Ont corrompu leurs sentiments,
> Et les vertus héréditaires
> Ont abandonné mes enfants.
> Sedaine, *Félix*, acte III, sc. VII.

J'ai vécu sous la hutte du sauvage et dans le palais des princes; j'ai passé par toutes les conditions de la vie humaine, et j'ai fait une station dans presque toutes les classes de la société. Maintenant, me demande-t-on à quel état le bonheur m'a paru le moins étranger, je réponds que la condition la plus heureuse est celle où l'on échappe plus facilement aux orages des passions; où l'aisance et la santé sont plus habituellement le prix du travail; où les desirs bornés assurent des jouissances faciles; où la probité des pères est un véritable héritage pour les enfants; en un mot, que la condition la plus heureuse est celle du riche habitant des campagnes.

D'où viennent donc, dans la plupart des familles villageoises, ce dédain des occupations rustiques, cette honteuse émulation des jeunes paysans pour se procurer quelque emploi subalterne dans les cuisines, dans les écuries, dans les cours d'un château, sans autre espoir raisonnable que de figurer un jour, la livrée sur le dos, dans une antichambre ou derrière une voiture? C'est toujours avec peine, je l'avoue, que j'observe ces migrations continuelles du village vers la ville; que je vois tant de jeunes gens des deux sexes, appelés par la nature, par l'exemple de leurs parents, par la force des habitudes, à l'innocence de la vie rurale, embrasser volontairement une condition servile dont le vice et l'opprobre leur offrent trop souvent l'occasion de sortir.

J'ai parlé quelque part d'une petite paysanne, fille d'un fermier des environs de Bayeux, et j'ai promis de publier ses aventures; c'est, je crois, le moment de tenir ma promesse. Cette historiette, où je n'ai changé que les noms, tiendra lieu d'une dissertation que j'avais préparée sur le même sujet.

Il y a quelques années que madame de Mériel acheta une terre assez considérable à Saint-Brice. Cette dame fit venir de Normandie, pour occuper la principale ferme de son nouveau domaine, Pierre Dumont, le fils de sa nourrice, excellent cultivateur et père de quatre enfants. Pour fixer plus sûrement auprès d'elle cette honnête famille, elle maria l'aîné des garçons avec la fille de son concierge, et la plus âgée des filles avec son jardinier. Le plus jeune des deux fils de Dumont ne quitta la ferme qu'au moment où son âge, moins encore que sa vocation, l'appela sous les drapeaux.

Il ne restait plus que la petite Fanchette, âgée de neuf ou dix ans. Cette enfant venait tous les matins apporter au château la crème pour le déjeuner. Aglaé, la fille unique de madame de Mériel, à peu près du même âge que Fanchette, lui avait procuré l'entrée du salon, où l'on remarquait déja sa jolie figure, ses grands yeux bleus et ses beaux cheveux blonds qui s'échappaient en boucles naturelles du petit toquet d'indienne où ils étaient renfermés. Les femmes de chambre s'amusaient quelquefois à lui essayer les robes de leur jeune maîtresse, et celle-ci voulait toujours que Fanchette restât auprès d'elle, et prît part à ses jeux et même à ses leçons.

Pendant ce temps-là notre petite paysanne ne veillait pas sur les deux vaches dont la garde lui était confiée. Sa mère venait, en grondant, la chercher au château, et se plaignait, avec raison, qu'on fît contracter à sa fille des goûts et des habitudes si peu conformes à l'état où elle était destinée à vivre. Le mari, moins clairvoyant que sa femme, se montrait aussi moins sévère : il s'amusait de la petite vanité de Fanchette, et jouissait, avec plus de tendresse que de prudence, des défauts brillants qui commençaient à se manifester en elle.

Les années suivantes, pendant toute la belle saison, que madame de Mériel passait à Saint-Brice, Fanchette ne sortait presque plus du château; ses charmes naissants commençaient à fixer l'attention; et les compliments qu'ils lui attiraient, la faisaient rougir à-la-fois de pudeur et de plaisir. A quinze ans, gâtée par les éloges, et ne pensant plus, sans pleurer, à la vie qui l'attendait à la ferme au départ prochain des maîtres pour la ville, elle supplia madame de Mériel de l'attacher à son service, et de lui permettre de la suivre.

Fanchette faisait cette demande de l'aveu de ses parents, sa prière était appuyée par toute la famille; Aglaé sollicitait cette grace avec tant d'instance, que sa mère consentit à lui donner Fanchette pour femme de chambre. Notre petite paysanne, au comble de la joie, voulut entrer, dès ce jour, en fonctions, et s'occupa d'abord de la toilette convenable à son nouvel état. Le petit bonnet garni de tulle est substitué à la cornette empesée; l'épais fichu de Béarn cède la place à la petite *pointe* écossaise, dont les contours accusent, en feignant de les cacher, des attraits qu'on ne soupçonnait pas encore; le tablier de batiste à poches, et la robe d'indienne à manches courtes, en remplaçant le jupon de futaine et le corset de siamoise, découvrent deux jolis bras d'une éclatante blancheur.

Le premier qui en fit la remarque fut le jeune Charles de Tillet, neveu de madame de Mériel. En le plaisantant sur cette observation, en présence de celle qui en était l'objet, on l'enhardit à lui faire une déclaration qu'elle reçut avec plus d'embarras que de surprise.

Le moment du départ arriva : Fanchette alla faire ses adieux à son père et à sa mère, qui lui donnèrent, en pleurant, des conseils et des instructions dont elle ne tarda pas à s'écarter. M. Charles avait trop d'intérêt à la détourner de ses devoirs, elle avait elle-même trop de penchant à les oublier, pour y rester long-temps fidèle.

On s'aperçut de leur intelligence : madame de Mériel adressa de vives réprimandes à Fanchette, qui n'en tint aucun compte; on la menaça de la renvoyer à ses parents, mais elle prévint cette résolution en quittant l'hôtel, sans qu'on pût savoir ce qu'elle était devenue : on questionna Charles; il répondit de manière à augmenter les soupçons auxquels sa conduite antérieure avait donné lieu; et, pour éviter des éclaircissements dont il craignait les suites, il prit le parti de ne plus reparaître chez sa tante. Cet étourdi avait loué, dans le faubourg Saint-Martin, un petit logement pour la petite de Dumont : il y passait toutes ses journées, et partageait avec elle la pension très modique que son père lui faisait à Paris. L'amour est de tous les sentiments celui qui souffre le plus impatiemment les privations. Un matin, en revenant d'une promenade au canal de l'Ourcq, Charles fit à Fanchette l'aveu de la gêne extrême où il se trouvait, et la fit consentir d'autant plus facilement à ses desseins, qu'elle commençait à se lasser de l'existence obscure où l'amour l'avait réduite.

Dès le lendemain elle fut placée, sous le nom d'*Estelle*, dans le magasin renommé de madame Lavigne, marchande de modes sous les galeries de bois au Palais-Royal. Un air de modestie dont elle ne s'était pas encore défait, l'élégante simplicité de ses vêtements, servirent à la faire remarquer au comptoir parmi ses nombreuses compagnes.

Elle n'y était pas installée depuis quatre jours, lorsqu'un certain M. Dulac, agioteur des plus experts, entra dans ce magasin pour y faire quelques emplètes qu'il solda sans marchander, mais sous condition expresse que la jeune personne qu'il désignait (c'était Estelle) les lui apporterait le lendemain, à l'hôtel du Tibre, rue du Helder. Quelques mots, que la jalousie arrachait peut-être à ses compagnes, l'instruisirent de l'importance de sa mission. Un reste d'amour pour Charles suspendit un moment sa volonté; mais l'ascendant de son étoile l'emporta.

Le lendemain matin, à dix heures, elle se rendit à l'hôtel du Tibre; le même jour, vers midi, madame Lavigne reçoit un billet qui la prévient de ne plus compter sur mademoiselle Estelle au nombre de ses ouvrières, et le soir même celle-ci paraît en grande loge à Feydeau.

Le hasard veut que Charles s'y trouve; il croit la reconnaître: son regard inquiet la poursuit dans le fond de sa loge, où elle se retire aussitôt qu'elle l'aperçoit. Elle craint une explication doublement embarrassante, et, feignant une indisposition subite, elle se hâte de quitter la salle. Transporté de colère et de jalousie, Charles vole sur ses pas; il arrive à temps pour la voir s'élancer dans une voiture élégante qui la dérobe en un moment à ses yeux et à ses recherches.

Estelle, jetée dans un monde corrompu dont elle adopta, sous le nom de plaisir, les goûts, les travers, et les vices, ne tarda pas à se consoler de la perte de Charles. Elle passa quelques mois au milieu de tous les prestiges d'un luxe grossier qui ne suffisait déjà plus à sa vanité dédaigneuse. Une fourniture considérable appela Dulac à l'armée; Estelle le suivit; et je laisse à penser de combien d'hommages elle devint l'objet, de quelles séductions elle se vit tout-à-coup environnée.

La fatalité qui la poursuivait, ou plutôt qu'elle poursuivait, voulut que Dulac, au milieu d'un déjeuner qu'il donnait à l'état-major, reçût l'ordre d'aller rendre ses comptes à une commission militaire qui s'obstinait à savoir ce qu'étaient devenus quelques milliers de sacs de farine égarés en route. L'amour céda au devoir; Estelle resta seule, et chacun s'empressa d'offrir des consolations à la belle affligée.

Elle accepta celles d'un général qui rentrait en France pour cause de blessures; il la conduisit à Plombières. Aux eaux, on ne se montre pas très scrupuleux en fait de société: Estelle était jeune et jolie; on la reçut par-tout: l'assemblée la plus brillante se tenait chez un baron de Muldoff, gentilhomme prussien, aussi connu à Plombières, à Barréges, à Spa, à Tœplitz, et à Bath, que le médecin le plus accrédité des eaux. Les blessures du général n'étaient point de nature à se guérir dans une saison. Il parlait déja de passer l'hiver à Plombières ou dans les environs: cette idée fit frémir sa jeune compagne; et le baron profita si habilement d'un effroi qu'elle ne déguisait pas, qu'il la décida sans beaucoup de peine à reprendre avec lui la route de Paris.

Le baron ravisseur déposa son Hélène dans une

petite maison charmante qu'il acheta pour elle dans la rue Saint-Georges, et qu'elle trouva montée sur un ton dont sa vanité même fut satisfaite. Le nom d'Estelle ne convenait plus à sa position dans le monde; elle prit celui de madame *de Saint-Julien.*

Tous les mardis un dîner splendide réunissait à sa table des jeunes gens à la mode, des hommes du monde, des artistes célèbres, des femmes de mœurs faciles, il est vrai, mais distinguées par les charmes de leur esprit ou de leur figure, et dont madame de Saint-Julien était citée chez elle comme le modèle le plus aimable. Quelques poëtes, ses commensaux, la comparaient, dans leurs madrigaux hebdomadaires, à Phryné, à Aspasie, à Ninon, et poussaient quelquefois la fiction poétique jusqu'à trouver dans le gros baron de Muldorff quelque analogie avec Périclès et le grand Condé.

Il y avait deux jours que Périclès n'avait paru chez Aspasie, quand, un matin, une escouade d'huissiers vint prier madame de Saint-Julien de permettre que ses meubles fussent vendus au profit des créanciers du baron, domicilié pour le moment à Sainte-Pélagie. Les larmes et le désespoir de la jeune dame n'empêchèrent pas les hommes de proie de procéder, dans les formes, à l'exécution de la sentence dont ils étaient porteurs. Dans ce désastre, une femme de chambre alerte trouva le moyen de soustraire à leurs griffes l'écrin de sa maîtresse.

En attendant qu'on trouvât un nouveau baron, qu'on se promit bien de ne plus laisser le maître des meubles qu'il aurait payés, madame de Saint-Julien et sa fidèle camariste louèrent, dans la rue Chabanais, un logement qu'on meubla en vendant l'écrin, et dont on affecta la dépense sur le produit d'un flambeau de bouillotte.

Cette ressource, d'abord assez productive, le devint moins de jour en jour : deux ou trois aventures scandaleuses attirèrent les regards de la police sur cette maison ; le flambeau commençait à brûler dans la solitude : les femmes, ornement nécessaire de ce genre de réunions, s'y montraient plus rarement ; le souper même n'attirait plus les amateurs.

Au bout de quelques semaines, la maison fut entièrement déserte : il fallut avoir recours aux expédients pour vivre ; tous les meubles furent vendus les uns après les autres : la misère approchait ; pour surcroît de malheur, une maladie longue et douloureuse, fruit des veilles, du chagrin, et des privations, détruisit, peut-être sans retour, sa beauté, source de tant de fautes et de tant de regrets. La malheureuse Fanchette, sans ressource, sans amis, en proie à tous les maux, à tous les besoins, avant d'aller chercher un asile dans quelque hôpital, écrivit à madame de Mériel, depuis long-temps étrangère à sa destinée. Je me trouvai chez cette dame quand elle reçut la lettre de Fanchette, qu'elle n'acheva pas sans verser des larmes. Je fus chargé de porter quelques secours à cette malheureuse fille; je la trouvai dans un galetas de la rue de la Harpe, où j'appris d'elle tous les détails que je viens de raconter.

Les secours de l'art, les consolations, les soins de toute espèce, rétablirent en peu de temps sa santé; je la conduisis convalescente chez son père, que madame de Mériel avait décidé avec beaucoup de peine à la recevoir, et qui courut se jeter en pleurant dans ses bras, du plus loin qu'il la vit. Le cœur d'un père peut seul expliquer et sentir ces mouvements contradictoires. Fanchette, pendant son absence, avait perdu sa mère; peut-être le chagrin avait abrégé ses jours! Elle ne chercha pas à s'affranchir d'une pensée cruelle qui aggravait sa faute et sa punition. Elle reprit, à la ferme, la bure et les sabots; et, ce qui est peut-être sans exemple, celle qui fut pendant plusieurs années la honte de sa famille, a trouvé dans son repentir, dans le souvenir de ses folles erreurs, la force de rentrer dans le chemin du devoir et de se réconcilier avec la vertu.

N° LXXX. [31 OCTOBRE 1812.]

LES CATACOMBES.

> Dans ces lieux souterrains, dans ces sombres abymes,
> La Mort confusément entasse ses victimes.
> LEGOUVÉ, *Poëme des Sépultures.*

J'ai souvent entendu raconter au peintre Robert, et toujours avec un nouvel intérêt, son aventure des Catacombes de Rome. Le récit très simple de ses craintes, de ses angoisses dans cette affreuse circonstance, produisait encore, après vingt ans, une impression de terreur que l'on ne retrouve peut-être pas tout entière dans les vers admirables où M. Delille a traité le même sujet. Je me rappelle le début de ce touchant épisode :

> Sous les remparts de Rome et sous ces vastes plaines,
> Sont des antres profonds, des voûtes souterraines,
> Qui, pendant deux mille ans, creusés par les humains,
> Donnèrent leurs rochers aux palais des Romains.
> Avec ses monuments et sa magnificence,
> Rome entière sortit de cet abyme immense :
> Depuis, loin du regard et du fer des tyrans,

L'Église encor naissante y cacha ses enfants,
Jusqu'au jour où du sein de cette nuit profonde,
Triomphante elle vint donner ses lois au monde
Et marqua de la croix les drapeaux des Césars.

Les Catacombes sont l'objet de la curiosité de tous les voyageurs que l'amour des arts attire en Italie : ils s'empressent d'y visiter ces galeries ténébreuses, peuplées d'illustres souvenirs, et dont les monuments, décorés de fresques, de bas-reliefs, offrent depuis si long-temps aux plus grands artistes des recherches à faire et des modèles à suivre. Quelques auteurs ont décrit les Catacombes de Naples, et principalement celles de Rome, avec un soin extrême.

Au premier rang de ces gnomes littéraires, on doit placer Bosio, qui publia, en 1632, une description des Catacombes de cette dernière ville, sous le titre de *Roma sotteranea*, description que, depuis, Aringhi traduisit en latin. Le titre adopté par Bosio convient d'autant mieux à son ouvrage, qu'on y trouve en effet l'itinéraire d'une *Rome souterraine*, et que les Catacombes y sont désignées par le nom de la *voie* sous laquelle chacune se dirige.

La lecture de ce livre, recommandable par beaucoup d'exactitude, d'érudition et de recherches curieuses, m'a fait naître l'envie d'entreprendre à Paris un petit voyage souterrain, et de parcourir cette partie des carrières qui s'étend sous la plaine du

Petit-Mont-Rouge, et à laquelle sa nouvelle destination a fait donner le nom de *Catacombes*.

Nous approchions du *jour des Morts*, époque à laquelle j'ai coutume d'aller me recueillir quelques heures près de ces *monuments placés sur les limites des deux mondes*, comme dit éloquemment l'auteur des *Études de la Nature*.

Je ne suis pas un disciple de ce triste Young, qui va sans cesse criant d'une voix lamentable et monotone:

Death be your theme in every place and hour!

« Que la mort soit votre unique entretien, à toute « heure, en tout lieu. » Rien ne me semble plus contraire à la nature de l'homme et à son bonheur, que cette morale d'un rêveur mélancolique qui, sous prétexte de nous familiariser avec un mal inévitable, nous en offre perpétuellement l'image. Voltaire a raison contre lui: *La pensée habituelle de la mort nous trompe, elle nous empêche de vivre*. J'approuve encore moins ces docteurs frivoles, ces philosophes sybarites, qui repoussent toute pensée sérieuse et s'étourdissent sur la vie sans oser jamais en considérer la fin. Pour en jouir, je pense qu'il faut quelquefois en mesurer la durée, et ne pas craindre d'arrêter ses yeux sur les ravages du temps quand on veut en connaître le prix et en régler l'emploi.

Je parlais, lundi dernier, chez madame de Lorys, de l'intention où j'étais de visiter les Catacombes;

et comme le billet d'entrée que m'avait envoyé l'inspecteur-général des mines me laissait la faculté de prendre quelqu'un avec moi, plusieurs personnes s'offrirent pour m'accompagner. Je ne pouvais en emmener qu'une, et il était tout simple que je donnasse la préférence à la fille de la maison, à l'une des plus aimables et des plus jolies femmes de Paris. Madame de Sésanne voulut absolument faire avec moi cette promenade mystérieuse ; j'en craignais l'effet sur une imagination de vingt ans, et je fis d'abord quelques objections que sa mère appuya; mais rien ne put la décider à renoncer à ce projet. « Elle avait entendu dire qu'en 1788 madame de Polignac et madame de Guiche avaient passé une journée entière sous ces voûtes funèbres; elle ne se croyait pas moins courageuse, et puis elle avait tant de confiance en son vieil Ermite! » Il fut convenu qu'elle viendrait me prendre dans sa voiture, le lendemain à midi.

Madame de Sésanne fut exacte à ce triste rendez-vous; et, les poches pleines de bougies, de briquets phosphoriques (comme si nous eussions dû rester quinze jours sous terre), nous nous acheminâmes vers la barrière d'Enfer, en remarquant ce singulier rapport entre le nom de cette porte et le lieu que nous allions visiter.

Le chef des travaux, qui avait été prévenu la veille, nous conduisit par un petit escalier à vis, pratiqué dans l'enceinte des bâtiments de la barrière, sous les premières voûtes, à 90 pieds au-dessous du sol.

Nous suivîmes pendant plus d'un quart d'heure les sinuosités d'une galerie étroite, où l'on remarque de distance en distance l'indication de l'année pendant laquelle les travaux des différentes parties de ces carrières ont été entrepris. Sur le haut de la voûte, et dans toute la longueur du chemin que l'on parcourt jusqu'à la porte d'entrée des Catacombes, on a tracé une ligne droite et noire qui peut au besoin servir de fil au voyageur égaré pour se retrouver dans cet immense labyrinthe. Quelques accidents de rochers rompent, à de longs intervalles, l'aspect uniforme de cette galerie, où viennent aboutir plusieurs embranchements qui se prolongent sous le faubourg Saint-Jacques et jusqu'à l'extrémité du faubourg Saint-Germain.

Notre guide nous fit quitter pour un moment le chemin des Catacombes, et nous conduisit à la galerie dite *du Port-Mahon*. Dans cet endroit, un soldat, qui avait suivi en 1756 le maréchal de Richelieu à Minorque, et que sa réforme avait forcé de prendre du travail dans les carrières, s'amusa, aux heures du repas, à modeler dans le roc un plan en relief des fortifications de cette île. Ce monument, qui n'en est pas un sous le rapport de l'art, atteste cependant d'une manière honorable l'adresse, la mémoire, et sur-tout la patience de celui qui a pu, sans aucune connaissance en architecture, sans moyens, et pour ainsi dire sans instruments, exécuter seul un pareil travail. Ma douce compagne fut bien affligée d'apprendre, par quelques mots gravés sur la pierre, que cet homme industrieux, après avoir employé cinq ans à ce travail sans salaire, périt à quelques pas de là, dans un éboulement qu'il cherchait à prévenir.

Les Catacombes étaient l'objet exclusif de notre curiosité : nous pressâmes notre guide de nous y conduire, et nous ne nous arrêtâmes qu'un moment à considérer une ruine de l'aspect le plus effrayant et le plus pittoresque. Des quartiers de rochers en équilibre sur leurs angles, l'enlacement bizarre de leurs masses suspendues en l'air, et dont le moindre mouvement de l'air semble devoir determiner la chute, offrent un effet tellement remarquable, que plusieurs peintres de décorations en ont fait un objet d'étude.

Nous arrivâmes enfin à une espéce de vestibule, au fond duquel est une porte noire, ornée de deux pilastres d'ordre toscan, et surmontée de cette inscription :

Has ultra metas requiescunt, beatam spem exspectantes [1].

[1] Au-delà de ces limites, ils reposent dans l'espoir d'un heureux avenir.

Au moment où nous posâmes le pied dans cette noire enceinte, ma jeune compagne se rapprocha de moi involontairement, et je fus un moment effrayé de la pâleur et de l'altération de ses traits; elle respira des sels dont je m'étais muni, et me dit en essayant de sourire : « Ne vous y trompez pas, c'est du saisissement, et non pas de l'effroi. »

Nous entrons dans ce palais de la Mort; ses hideux attributs nous environnent, les murs en sont tapissés : des monceaux d'ossements se courbent en arcs, s'élèvent en colonnes, et l'art a su former de ces derniers débris de la nature humaine une espèce de mosaïque dont l'aspect régulier ajoute au profond recueillement que ces lieux inspirent. La mort, au sein des Catacombes, a quelque chose de moins repoussant qu'ailleurs; ses ravages sont finis, le ver du sépulcre a dévoré sa proie, et les débris qui restent n'ont plus à craindre que la lime sourde du temps qui doit les réduire en poussière.

Tous les anciens cimetières de Paris, toutes les églises ont versé dans ces vastes cavernes les dépouilles humaines qui leur avaient été confiées depuis plusieurs siècles : dix générations sont venues s'y engloutir; et cette population souterraine est estimée trois fois plus nombreuse que celle qui s'agite encore à la surface du sol.

Des inscriptions, placées sur des piliers de pierre de liais, indiquent à quels quartiers de Paris ces restes ont appartenu. Là toutes les distinctions de sexe, de fortune, de rang, ont achevé de disparaître. Le riche, dépouillé de son mausolée de marbre, le pauvre, sorti un peu plus tôt de son cercueil de sapin, confondent en ce lieu leurs dernières dépouilles : pour eux, cette fois, l'égalité commence.

Que de grandes pensées enfantent de pareilles images! L'auteur du *Génie du Christianisme* est digne d'en être l'interprète : « L'ame entière, dit-il, frémit en contemplant tant de néant et tant de grandeur : lorsqu'on cherche une expression assez magnifique pour peindre ce qu'il y a de plus élevé, l'autre moitié de l'objet sollicite le terme le plus bas pour exprimer ce qu'il y a de plus vil; tout annonce qu'on est là dans l'empire des ruines; et, à je ne sais quelle odeur de poussière répandue sous ces arches funèbres, on croirait respirer les temps passés. »

Émilie, rassurée, avait quitté mon bras, et, la bougie à la main, parcourait en silence ces froides demeures. Les nombreuses inscriptions religieuses, philosophiques et morales, tracées sur les murailles, attiraient tour-à-tour son attention; elle me fit remarquer ces vers de Malfilâtre :

> Insensés! nous parlons en maîtres,
> Nous qui, dans l'océan des êtres,
> Nageons tristement confondus!
> Nous, dont l'existence légère,

Pareille à l'ombre passagère,
Commence, paraît, et n'est plus.

Elle exigeait que je lui traduisisse les sentences latines; lorsqu'elle en vint à celle-ci :

Quæris quo jaceas post obitum loco?
Quo non nata jacent;

et qu'elle sut que cela signifiait : Tu cherches où tu seras après ta mort? Où tu étais avant de naître; « je ne sens, me dit-elle, ni la justesse ni la morale d'une pareille maxime, et, sur-tout, je ne vois pas ce qu'elle a de commun avec cette autre d'Adisson, que je lis un peu plus loin :

Si l'ame finit avec le corps,
D'où lui vient le pressentiment de son immortalité?

— Je n'approuve pas plus que vous, lui répondis-je, et sur-tout dans un pareil lieu, ce mélange d'opinions contradictoires qui s'affaiblissent lorsqu'elles ne se détruisent pas l'une par l'autre. L'incertitude, j'aime à le croire, quitte l'homme au bord du tombeau, et l'espérance n'y descend avec lui que pour lui montrer l'éternité sur l'autre rive. »

Après avoir visité plusieurs salles, et parcouru les différentes galeries qui y conduisent, nous arrivons à une petite chapelle au fond de laquelle est érigé un autel expiatoire. Sa forme a quelque chose de plus effrayant que le reste des Catacombes.

Nous cherchions une inscription qui nous indiquât à quels mânes ou à quels souvenirs elle est consacrée. Nous lisons, ou du moins nous croyons lire cette date terrible en caractères de sang, sur une pierre de granit : 2 SEPTEMBRE 1792. Ma compagne pousse un cri d'horreur, et son imagination frappée lui fait entendre un long gémissement; surpris moi-même par un bruit inattendu, je tressaille, je regarde......

Notre conducteur venait d'ouvrir avec effort la porte du caveau géologique destiné à conserver des échantillons de toutes les espèces de minéraux que renferme le sol où sont creusées ces carrières. Cette salle conduit à une autre, où l'on a pris soin de rassembler, de classer, d'étiqueter avec ordre toutes les monstruosités ostéologiques, dont quelques-unes attestent en même temps les aberrations de la nature et les efforts de l'art pour venir à son secours. C'est à M. Héricart de Thury, ingénieur en chef au corps impérial des mines, que l'on est redevable de ces deux cabinets souterrains, et des améliorations de toute espèce qui ont eu lieu depuis quelques années dans les Catacombes.

Pendant que j'observais les pièces d'anatomie, madame de Sésanne était restée, à quelque distance de moi, appuyée sur un autel antique formé tout entier de débris humains. (Cet ouvrage, et plusieurs autres du même genre, font honneur au talent de

M. Gambier, qui a présidé à l'arrangement de ces lugubres matériaux.)

Dans l'attitude méditative où s'était placée ma jeune compagne, une des roses de son bouquet s'était effeuillée sur l'autel et sur le piédestal. Je serais embarrassé de dire quelles pensées s'offrirent à mon esprit, quels mouvements agitèrent mon cœur en contemplant sous ces tristes voûtes un vieillard bientôt octogénaire, une femme dans tout l'éclat, dans toute la fraîcheur de la jeunesse et de la beauté, méditant sur la poussière des morts, et des feuilles de rose sur des monceaux d'ossements humains.

La voix de notre guide nous tira l'un et l'autre de la rêverie profonde où nous étions absorbés; nous regagnâmes l'escalier de sortie à l'est de la route d'Orléans. Émilie, en mettant le pied sur la première marche, s'aperçut que j'étais resté en arrière. « Venez donc, me dit-elle; ne voyez-vous pas qu'on va fermer la porte? — Je me consultais, lui répondis-je en souriant, pour savoir si c'était la peine que je sortisse. » Elle vint à moi, me prit la main; je vis une larme rouler dans ses beaux yeux, et l'émotion que j'éprouvai ne me permit pas de douter que je vécusse encore.

N° LXXXI. [10 DÉCEMBRE 1812.]

LES CONSULTATIONS.

> Souvenez-vous de la faiblesse humaine; il est de notre nature de tomber et de faire des fautes. En avez-vous commis, ne craignez pas de les réparer. Votre ame est-elle malade, cherchez à la guérir.
> *Pensées* de CONFUCIUS.

J'ai lu dans un vieil auteur chinois que, vers l'an 570 avant l'ère vulgaire, Cem-Su, disciple de Confucius, avait établi dans l'un des faubourgs de Pékin un hospice d'un genre tout particulier, dans lequel était admise toute personne atteinte de quelque grave maladie morale dont elle voulait guérir. Cette maison, comme tous les hôpitaux, était divisée en différents quartiers, où chaque espèce de maladie était classée et traitée séparément.

Il y avait la salle des Avares, la salle des Ambitieux, la salle des Flatteurs, etc. Le docteur Cem-Su en faisait chaque matin la visite, prescrivait à ses malades les remèdes et le régime convenables, et les rendait successivement à la société lorsqu'il jugeait leur guérison parfaite.

En réfléchissant sur l'utilité d'un pareil établissement, il m'était venu dans la pensée d'en former à Paris un semblable; j'en avais même déja rédigé le prospectus; mais, au moment de réaliser un projet dont je n'avais d'abord vu que les avantages, je n'ai plus été frappé que des obstacles qui s'opposaient, en France, à son entière exécution.

Il en est des infirmités de l'ame comme de certaines maladies que l'on se cache long-temps à soi-même, qu'on n'ose jamais avouer à son médecin habituel, et pour la guérison desquelles on a le plus souvent recours à des empiriques que l'on va consulter à la dérobée. Ces enfants perdus de la Faculté ont tous, à les en croire, un talent merveilleux, un grand amour pour l'humanité souffrante, une discrétion à toute épreuve et un désintéressement sans bornes. Voilà les confrères dont je me suis proposé l'exemple; et puisque je prétends aux mêmes honneurs, on trouvera tout simple que je m'annonce avec la même modestie.

Après une étude approfondie de l'anatomie morale, et cinquante ans d'expériences cliniques faites dans les quatre parties du monde, je suis parvenu, j'ose le dire, à connaître toutes les maladies du cœur humain; j'ai porté le scalpel de l'observation dans ses derniers replis, et, des effets remontant aux causes, j'ai fait un traité de *pathologie de l'ame*, où sont classées toutes ses affections morbifiques, leurs symptômes, leurs principes, et leurs remèdes. Si l'on me demande de quel droit j'exerce, où sont mes titres, je reponds que j'ai pris mes degrés à l'école de Plutarque, de Sénèque, de Montaigne, de Molière, de La Bruyère, de Lesage, d'Adisson, et que j'ai sur tous mes confrères en médecine un avantage que les malades apprécieront, celui de pouvoir me tromper sans que mort s'ensuive.

En conséquence, je viens d'ouvrir, dans mon Ermitage, un cabinet de consultations gratuites, où je recevrai, depuis sept heures du soir jusqu'à minuit, les personnes de tout sexe, de tout pays et de toute condition qui voudront m'honorer de leur confiance. Je ne voudrais cependant pas qu'on me confondît avec ces opérateurs de carrefour qui, sans autre examen, sans autre guide qu'une routine meurtrière, distribuent à tout venant leur spécifique banal : je préviens donc que ce n'est qu'après avoir pris en considération l'âge, le caractère, l'éducation, les habitudes du malade, après avoir suivi la marche des pronostics et des diagnostiques de la maladie, que je me déciderai sur le traitement.

Les établissements de la nature du mien n'ont besoin pour prospérer, ni des éloges des journaux, ni des prôneurs de salons, ni des habitués de cafés, ni même du secours des affiches : on ne marchande pas sur le prix des choses qui ne nous coûtent rien ; et quand, à Paris, on ne s'expose à perdre que son temps et ses pas, on en court le risque volontiers. Grace à ce mot de *gratis*, et aux précautions mystérieuses dont j'entoure mes consultations, j'ai la certitude qu'elles seront suivies ; j'en puis même déja faire connaître les premiers résultats.

Conformément à l'ordre que j'ai établi, et sur l'avis qu'elles ont eu de l'ouverture de mon cabinet, plusieurs personnes m'ont écrit la semaine dernière ; et je leur ai assigné, à des jours et à des heures différentes, le rendez-vous qu'elles m'avaient demandé. Enfoncé dans mon grand fauteuil de maroquin vert ; enveloppé d'une robe de chambre de molleton de laine, les pieds dans des pantoufles de buffle, le bonnet de velours noir sur la tête, et, mon lorgnon en main, j'ai ouvert, jeudi soir, mes séances *consultatives*.

Le premier malade que l'on m'annonça était un de ces hommes qui n'ont point d'âge, et qu'on ne trouve vieux que parcequ'on les a trouvés laids. Leur laideur n'est pourtant pas moins équivoque que leur vieillesse ; car, lorsqu'il s'agit d'en motiver le reproche, on est réduit à dire qu'ils ont la figure basse.

Ce monsieur me parut, au premier coup d'œil, avoir horreur de la ligne droite ; la tête inclinée et le dos voûté, il s'approcha de moi en *louvoyant* et en multipliant les révérences. Il y avait dans son attitude, dans ses manières, dans son regard, quelque chose d'inquiet, de gêné. A la surprise qu'il témoignait d'avoir été introduit si promptement, je conclus qu'il avait contracté l'habitude des antichambres. Après s'être fait prier plusieurs fois de s'asseoir, il remit en place le fauteuil que le domestique avait approché, et prit une chaise. Je savais déjà à quel homme j'avais affaire, et j'aurais pu le dispenser des détails qu'il me donna sur sa santé morale.

Il m'apprit néanmoins qu'il avait passé vingt ans de sa vie à se faire une existence, et qu'il y était parvenu à force de *soigner* les gens en place (c'est l'expression dont il se servit). Fidèle ami de l'hôtel ou du château, c'est par une échelle graduée de prévenances et de petits services qu'il arrivait jusqu'au patron. Un billet de spectacle donné à propos à la femme du suisse, un cornet de bonbons à la fille du maître-d'hôtel, un couplet apporté le jour de la fête de l'intendant, quelques livres d'excellent *macouba* offertes au secrétaire, lui facilitaient l'entrée du cabinet : l'anecdote scandaleuse de la veille, racontée gaiement au déjeuner, lui donnait aux yeux de *Madame* l'importance d'un homme très-répandu, tandis que les commissions délicates dont *Monsieur* le chargeait finissaient par l'établir dans la maison d'une manière un peu moins honorable, mais beaucoup plus intime.

Il ne me cachait pas (ce dont j'étais bien convaincu d'avance) que cette manière d'être, à laquelle il devait sa fortune, avait singulièrement altéré sa réputation, et il venait me consulter pour que je lui indiquasse le moyen de se réhabiliter dans le monde. Je ne lui cachai pas, à mon tour, que je croyais son état désespéré; et qu'il en était du mépris public comme de la gangrène, qu'on ne déracine pas quand elle a fait certains progrès. Il entendit ma décision sans en paraître affecté, comme un homme résigné dès long-temps à l'ignominie; et, reprenant son chapeau qu'il avait placé sous sa chaise, il me salua jusqu'à terre, et sortit par une marche oblique, comme il était entré.

Un quart d'heure après, un gros homme, vêtu d'un vitschoura de renard bleu, entra sans se faire annoncer, et vint se placer debout devant ma cheminée, en affectant un sourire qui tenait un peu du bâillement. « Eh bien! mon vieux sorcier, me dit-il en me frappant sur l'épaule et en me présentant une grosse figure joufflue qui trouvait le moyen d'allier un air de vivacité à un grand fonds de bêtise, vous avez, à ce qu'on dit, des secrets merveilleux pour toutes les maladies de l'ame; vous serez bien fin si vous guérissez la mienne !

— Il est vrai, lui répondis-je, qu'on ne devine une énigme qu'autant qu'elle a un mot. » Il ne devina pas celle-là.

« J'ai cent mille écus de rente, continua-t-il en mettant les mains dans ses goussets et en agitant machinalement l'or dont ils étaient remplis; je vis au milieu de toutes les jouissances du luxe, des plaisirs et des arts; je jouis de la santé du corps; je suis garçon, et conséquemment exempt de tout chagrin domestique; je ne manque pas de flatteurs, puisque j'ai de quoi les payer. Eh bien, avec tout cela, dites-moi comment je fais pour être l'homme le plus malheureux de Paris?

— Avant de vous répondre, j'achèverai votre confession, que vous ne m'avez pas faite entière. Sans être ce qu'on appelle avare, vous êtes intéressé ; vous n'avez d'estime et d'amour que pour l'argent; vous ne voyez rien au-delà du cours des changes et des variations de la Bourse; vous vous plaignez des circonstances, et vous leur devez votre fortune; faute de sens, vous manquez de sensation; faute de goût, vous trouvez tout insipide, et vous vous êtes fait mécontent pour vous donner une attitude dans le monde; en un mot, vous êtes atteint d'un mal d'*ennui* qui a chez vous sa source dans l'*égoïsme*. Vous pouvez en guérir en faisant usage de la recette suivante :

« Prenez une femme jeune, jolie, spirituelle, et sans dot; de deux chose l'une : elle fera le charme ou le tourment de votre vie; elle fera de votre maison un paradis ou un enfer : dans tous les cas, vous voilà sûr de ne plus vous ennuyer. Essayez aussi du pouvoir des bienfaits sur tout ce qui vous entoure, et vous y trouverez des plaisirs nouveaux sur lesquels vous ne vous blaserez pas : la vue des heureux que vous aurez faits, et le spectacle de leur reconnaissance.

—Eh bien, j'essaierai, » me dit nonchalamment le gros homme en s'asseyant pour écrire mon ordonnance. Malheureusement la pendule sonne; il se souvient qu'il a un rendez-vous avec un courtier; il se lève et sort avec précipitation sans emporter ma recette.

Vint ensuite une dame qui congédia l'homme qui l'avait conduite : elle me salua d'une manière très-gracieuse, jeta son schall sur une chaise, et s'assit en relevant son voile. Il fallait avoir les yeux d'un vieillard pour découvrir les traces du temps sur un aussi joli visage, et pour distinguer parmi tant d'attraits ceux que l'art disputait à la nature.

Elle m'apprit « qu'elle était veuve depuis quelques années (elle aurait pu dire depuis dix-huit ans) d'un officier d'artillerie tué au siége de Lille; qu'elle avait épousé, un an après, un avocat, lequel, au bout de dix-huit mois de mariage, avait cédé la place à un commissaire des guerres mort en Égypte : devenue veuve pour la troisième fois, elle s'était lassée de chercher dans l'hymen cette constance, objet de tous ses vœux. Mais elle ne craignait pas d'avouer qu'elle n'avait pas été plus heureuse en amour. Douée ou plutôt affligée tout-à-la fois du cœur le plus sensible et de la tête la plus légère, elle éprouve sans cesse le besoin d'un attachement durable, et le supplice de ne pouvoir se fixer; elle passe sa vie à chercher un objet qui lui convienne, et à s'apercevoir qu'il ne lui convient pas; elle n'a que des goûts, que des caprices, et ne rêve qu'amours éternelles. »

Cette pauvre dame avait la larme à l'œil en me faisant ces aveux, et en me priant de faire cesser en elle cette lutte du bon et du mauvais principe. Je lui fis entendre, le plus délicatement qu'il me fut possible, qu'il est un peu tard pour opposer une digue au torrent, lorsque la plaine est inondée; qu'elle devait tout attendre du bienfait du temps, et qu'il fallait qu'elle achevât de supporter un mal dont elle n'avait plus long-temps à souffrir. Elle me remercia en se pinçant les lèvres, et ajouta d'un ton ironique qu'il était tout naturel que je fusse prodigue des bienfaits du temps, moi qu'il avait si généreusement partagé.

Après cette dame, qui m'avait si bien dit mon fait, je vis entrer un grand homme sec, au teint jaune et livide, dont les yeux caves et recouverts par des paupières clignotantes évitaient avec soin la lumière.

« Je viens chercher auprès de vous, me dit-il, un remède à des maux qu'il faut avoir soufferts pour s'en faire une idée, et qu'il est impossible de définir.

— Dites-moi seulement quels en sont les effets; peut-être pourrai-je en pénétrer la cause.

— Né avec de l'esprit, j'ai le malheur (car vous verrez bientôt que c'en est un pour moi) d'admirer ce qui est grand, d'aimer ce qui est bon; mais, par une fatalité bien remarquable, je ne puis laisser échapper un mot d'éloge sur un être vivant sans éprouver une espèce de strangulation qui arrête ma voix au passage. Dans la bouche des autres, l'éloge dont je ne suis pas l'objet me fait plus de mal encore. C'est sur-tout au spectacle, les jours de premières représentations, que les paroxysmes de cette cruelle maladie se manifestent avec plus de violence: si la pièce réussit, le bruit des applaudissements fait sur moi l'effet d'un liquide sur un hydrophobe: j'essaie quelquefois de me vaincre et d'applaudir avec les autres aux bons endroits; mais alors mes bras se roidissent, et je ne puis jamais, quelque effort que je fasse, parvenir à rapprocher, encore moins à frapper ensemble mes deux mains.

Cette contraction des muscles de mes bras se communique, je ne sais comment, à ceux de ma figure, et produit une adhésion des lèvres d'où résulte une respiration pénible, laquelle, en s'échappant, fait entendre un son aigu assez semblable à celui d'un sifflet. Ce qu'il y a de vraiment singulier, c'est qu'à la vue d'un tableau, d'une belle statue, d'un ouvrage estimable, de quelque genre que ce soit, dont l'auteur n'est pas mort depuis cent ans au moins, j'éprouve une convulsion à-peu-près semblable.

« — Monsieur, vous m'en avez dit assez : malheureusement il est plus facile de caractériser votre maladie que de la guérir; vous avez *l'envie* (car nous autres médecins, nous appelons les choses par leur nom) : c'est un vice organique; je n'y connais point de remède; mais je puis vous indiquer un moyen de soulagement. La cause de votre mal est dans cet amas de fiel et de bile noire dont votre cœur est en quelque sorte inondé. Il faut en détourner le cours, et lui chercher une issue.

« Eh bien! que ne travaillez-vous à un journal? vous aurez, chaque matin, l'occasion et le prétexte d'insulter au génie, de diffamer les talents, d'arrêter leurs efforts, et de flétrir quelque réputation naissante. Si vous assaisonnez d'un peu d'esprit vos libelles éphémères, vous finirez, avec de la persévérance, par être l'oracle des sots et des méchants. Qui pourra dire alors où s'arrêteront vos succès? Vous êtes sûr au moins de ne plus entendre autour de vous qu'un concert de satires, d'injures, de dénigrement, dont vous aurez donné le signal; ne pouvant guérir vos maux, vous assoupirez du moins pour quelque temps vos douleurs. »

P. S. Si je suis consulté par d'autres malades, et que j'aie le bonheur de faire quelques cures importantes, j'aurai soin d'en donner le bulletin.

N° LXXXII. [29 décembre 1812.]

REVUE DE L'AN 1812.

*Quæcumque mentis agitat infestus vigor,
Ea per quietem sacer et arcanus refert
Veloxque sensus.*
                    Senec, Octav

Les objets qui nous ont occupés pendant le jour se retracent à notre esprit pendant le sommeil

J'avais passé ma journée entière à mettre en ordre les notes et les recherches qui devaient me servir à composer cet article : il n'était encore que huit heures du soir; mais, fatigué de mon travail et cédant au besoin du repos, je me couchai, après avoir disposé le carillon de ma pendule pour être réveillé à minuit. Je m'endormis la tête pleine des objets dont je m'étais occupé long-temps; et mon imagination s'emparant des mêmes idées pendant mon sommeil, je fis un rêve que je demande à mes lecteurs la permission de leur communiquer.

Je crus être sur un fleuve rapide, dans une barque assez frêle que je dirigeais de mon mieux parmi les écueils sans nombre dont le cours de cette rivière était semé. Des milliers de barques semblables à la mienne descendaient plus ou moins vite, quoique emportées par le même courant. A mesure que j'avançais, je remarquais que le fleuve roulait des eaux plus noires, et allait se perdre dans un gouffre immense, dont une vapeur épaisse obscurcissait l'entrée.

J'entendais autour de moi, et sur-tout en avant, les cris que poussaient les passagers dont la barque était au moment de s'engloutir. Assis tranquillement sur la mienne, et descendant à reculons vers l'abyme, je m'abandonnais de bonne grace à un sort qui me paraissait inévitable, lorsqu'à ma grande surprise je vis passer près de moi une gondole magnifique qu'une force inconnue poussait vers la source du fleuve, en sens inverse de toutes les autres. Je profitai du mouvement qui nous rapprochait pour attacher ma nacelle à la gondole, et je me sentis aussitôt emporté dans la même direction. Cette barque secourable était ornée de fleurs artificielles et de lampions de toutes les couleurs. On lisait ce nom sur la poupe, en caractères brillants, mais un peu confus: *l'Imagination*. A mesure que nous avancions, le rivage devenait moins aride; je commençais à découvrir des champs en culture et des arbres couverts de fruits. Les voyageurs qui passaient auprès de nous me semblaient moins âgés et moins inquiets; j'éprouvais moi-même un changement inconcevable : chaque mouvement du bateau me rajeunissait d'un jour, ainsi que tous les objets dont j'étais successivement environné. Bientôt je naviguai, parmi la verdure et les fleurs, sur des bords charmants que je me souvenais d'avoir autrefois parcourus, et dont les échos ne répétaient que des chants de bonheur et d'amour.

En portant les yeux devant moi, je vis à la source du fleuve, dont j'approchais insensiblement, un palais immense dont on n'apercevait que la partie supérieure : le reste était enveloppé de nuages moins effrayants, moins noirs, mais tout aussi épais que ceux que j'avais remarqués vers l'embouchure. Je lus cette inscription sur le fronton de l'édifice : *Palais du Temps*. Le pilote de la chaloupe qui remorquait la mienne traversa sans hésiter cette mer de bouillards, et jeta l'ancre au pied de la montagne sur laquelle le palais était bâti. Je m'élançai hors de ma barque, et je me dirigeai, à la lueur de mille feux follets, vers l'entrée principale de cet édifice, dont mes yeux ne pouvaient mesurer la hauteur.

Après avoir erré quelque temps sous les portiques, j'entrai dans une salle circulaire d'une dimension que l'imagination seule pouvait embrasser. Le dôme de cette rotonde se composait de cercles brillants et mobiles, sur l'un desquels les douze signes du zodiaque étaient tracés. La coupole était soutenue par des colonnes d'airain qui portaient, chacune sur sa base, le nom d'un des peuples qui habitent à présent la terre.

Tous les faits appartenant à l'histoire de ces différents peuples étaient gravés sur le fût de leur colonne. Au milieu de cette enceinte immense, dont les murailles de cristal taillées à facettes multipliaient les objets à l'infini, je vis sur un trône, composé de débris rassemblés avec beaucoup d'art, une femme d'une beauté imposante: sa tête était couronnée de lauriers; elle tenait à la main un style d'or, dont elle se servait pour écrire sur des tablettes ailées; je l'entendis nommer *Kléos*. Trois galeries, désignées par les noms de *Passé,* de *Présent* et d'*Avenir*, venaient aboutir en face de son trône. Celle du milieu seule était éclairée: on y voyait aller et venir la foule qui la parcourait dans tous les sens; dans l'autre, les objets que l'on apercevait encore à la lueur du crépuscule se perdaient insensiblement dans une obscurité profonde; l'entrée de la troisième était couverte d'un voile d'airain que je m'efforçais en vain de soulever, lorsqu'un bruit de trompettes retentit sous la voûte, et annonça l'arrivée du maître de ce palais: c'était le *Temps*, vieillard d'un aspect farouche' et d'une mobilité sans égale.

Il tenait par la main une de ses filles vêtues d'une robe d'azur; son front ceint d'une guirlande de fleurs, d'épis, de fruits, et de cyprès, était surmonté d'un diadème de saphirs où l'on distinguait les caractères M. DCCC. XII. Le vieillard conduisit sa fille au pied du trône de Kléos, et, du bout d'un instrument recourbé qu'il portait sur l'épaule, et que je n'avais pas aperçu d'abord, il souleva le voile qui fermait une des galeries, et disparut pendant quelques instants.

La reine des Fastes interrogea la jeune messagère sur les principaux événements dont elle avait été témoin pendant la révolution qu'elle venait d'achever; celle-ci parla en ces termes :

« Depuis douze ans, mes sœurs vous ont tour-à-tour étonnée du récit des prodiges qui ont signalé en France la briéveté de leur règne. J'ose croire que le mien n'est pas moins mémorable ; mais laissant à la Postérité et à l'Histoire le soin d'assigner les rangs parmi nous, je me borne à dire que mon nom ne sera point oublié de la première, et que mon récit fournira de brillantes pages à la seconde.

« J'ai vu, ce dont mon père lui-même n'avait jamais été témoin, les enfants des Gaules combattre et vaincre des rives du Tage à celles du Wolga, et s'élancer aux extrémités de l'Europe pour affermir ses droits et son indépendance contre la ligue ennemie des insulaires et des barbares. J'ai vu ces derniers, dans l'égarement de leur désespoir, se faire un rempart de l'incendie de leurs villes embrasées par leurs propres mains, et confier leur salut à la rigueur de leur affreux climat.

« Il y a de grands crimes que leur folie devrait mettre à l'abri de l'immortalité; tel est l'attentat qu'a vu naître le 23ᵉ jour d'octobre. Quelques insensés conspirateurs, en jetant un cri d'alarme, s'étaient flattés d'ébranler un trône défendu par la gloire du prince, par le dévouement du grand peuple à son auguste chef: à peine les factieux ont-ils survécu à la pensée d'un pareil projet.

« J'ai vu, sous l'influence de ce même génie actif, rapide comme l'aigle qui lui sert d'emblème, tous les arts de la paix fleurir dans Paris au bruit éloigné de la guerre. Ce vaste palais des rois, que trois siècles n'avaient pu voir terminer, touche enfin à sa perfection. Un tel ouvrage devait être achevé par Napoléon.

« La postérité ne prononcera pas sans peine entre des talents rivaux et non contemporains; il lui arrivera plus d'une fois de confondre les noms des Perrault, des Percier, et des Fontaine; les chefs-d'œuvre des Germain Pilon, des Jean Goujon, avec ceux des Lemot, des Roland, des Cartelier; mais dans ce partage de gloire entre des artistes de différents siècles, ceux-ci auront l'avantage d'attacher à leurs travaux le nom du siècle mémorable où ils ont vécu. Je ne ferai point ici l'énumération des quais, des ponts, des grandes routes, des canaux, de tant de monuments que j'ai vu achever, et dont j'ai marqué l'origine. Je me hâte : l'Avenir me presse, et le Passé m'attend.

« Je ne parlerai pas des savants français. On assure qu'ils travaillent dans leurs retraites : je le crois, au silence que la renommée garde sur leur compte. Depuis que les mathématiciens de ce pays ne s'occupent plus que de la science de Barême, que les chimistes ont trouvé la pierre philosophale, que les astronomes n'observent plus que les astres de la terre, les sciences en sont réduites à vivre de souvenirs et d'espérances.

« Ma carrière n'a été signalée par aucune de ces conceptions poétiques qui font époque dans l'histoire des lettres; mais plusieurs des productions aimables que j'ai vues naître ne seront pas perdues pour la postérité : elle ne dédaignera pas le poëme de la *Conversation*, quelque peu qu'il ajoute à la gloire de son auteur; *les Veillées Poétiques*, le Recueil charmant de *Fables* d'Arnault, trouveront grace ou faveur auprès d'elle.

« Plus heureuse, la Muse de l'histoire a vu terminer un beau *Tableau du XIXe siècle*, et commencer un ouvrage qui manquait à ses annales : *les Croisades* n'avaient encore que leur poète; elles ont maintenant leur historien.

« Les Muses qui président aux jeux scéniques n'auront qu'une bien faible part à mes éloges. J'ai terminé ma course sans que Melpomène ait rompu une seule fois le silence où ses adorateurs semblent l'avoir condamnée. Thalie n'a paru au théâtre que pour chanceler quatre fois sur ses brodequins. Euterpe, délaissée dans son temple, ne s'y montre plus qu'à la suite de Terpsichore, dont *les Grotesques* menacent d'ébranler l'empire.

« La peinture brille en France d'une éclat inconnu jusqu'ici : les Michel-Ange, les Raphaël, les Titien, après quatre siècles, ont trouvé des successeurs et des rivaux de l'autre côté des Alpes. J'ai vu s'ouvrir le sanctuaire des arts, j'ai applaudi aux nouveaux chefs-d'œuvre des maîtres de l'École et aux brillants essais de quelques uns de leurs jeunes élèves.

« J'ai vu le scandale des discussions polémiques porté à son comble : les pamphlets, les libelles, les satires, ont marqué chaque jour de mon règne. Jusqu'à ce moment peut-être ne savait-on pas bien à quels excès peuvent se porter la haine, la sottise, et l'envie, pour peu que l'autorité les encourage. En paraissant, j'ai trouvé la littérature en proie aux plus impertinentes discussions à propos d'un vieux manuscrit exhumé de la poussière d'un collège de jésuites : la découverte d'une comédie de Ménandre n'aurait pas causé plus de rumeur. Quel était l'objet de tant de libelles injurieux, de *révélations* indécentes[1]? un auteur[2] doublement coupable d'avoir produit un bon ouvrage, et d'en avoir immédiatement obtenu le prix.

« Il est difficile de dire où le scandale se serait arrêté, si, par bonheur, un fou ne fût arrivé d'Autriche à tire-d'ailes pour donner le change à la malignité publique et aux désœuvrés de la capitale. Ce nouvel Icare, qui s'était annoncé comme le roi des airs, tomba trois fois de son trône; et son impuissance bien constatée le livra au ridicule, qui en fit une prompte justice.

« Les querelles de musique ont paru se réveiller un moment avec une nouvelle fureur. Une nuée d'étourneaux, sous la conduite d'une buse ultramontaine, fondit à l'improviste sur les bocages du Conservatoire. Un établissement national, utile, envié à la France, s'est vu en proie à tous les genres d'outrages; les chantres, les serpents de toutes les cathédrales, les marguilliers de toutes les fabriques, se sont ligués avec les *Bouffonistes* contre une école où l'on ne se contente pas de soutenir la doctrine épouvantable que la musique se compose de mélodie et d'harmonie, mais où l'on s'arroge le droit de

---

[1] Conaxa.
[2] M. Etienne, auteur de la belle comédie des *Deux Gendres*.

le prouver par des exemples auxquels l'Europe entière applaudit.

« Les comédiens n'ont point échappé à ce débordement périodique d'encre, de fiel, et d'injures. Celui qu'un plus grand talent recommande aux yeux du public a dû, plus qu'un autre, souffrir de ce fléau : la satire a cela de commun avec les dieux, que la victime immolée à son autel lui plaît d'autant plus qu'elle est plus belle et plus parée.

« Arrivée au terme de ma course, il ne me reste plus qu'a confier au burin de l'histoire les noms de quelques hommes célèbres moissonnés sur mon passage. L'auteur d'*Épicharis*, d'*Abel*, du *Mérite des Femmes*, enlevé avant le temps au culte des Muses, emporte leurs regrets et vivra dans leur souvenir. Lévêque, Larcher, Toulangeon, ont légué leur mémoire et leurs travaux à la Muse de la littérature ancienne, dont ils ont propagé la gloire. Les arts regrettent amèrement la perte de l'excellent acteur Monvel, sur la tombe duquel Thalie et Melpomène ont versé des pleurs. »

La fille du Temps parlait encore, lorsqu'elle aperçut aux portes de l'Avenir la plus jeune de ses sœurs, que son père amenait avec lui : elles s'approchèrent l'une de l'autre, se joignirent, et, presque au même moment séparées par l'infatigable vieillard, l'une prit avec lui la route du Présent, et l'autre disparut sous les voûtes obscures du Passé. La Renommée donna le signal de leur séparation : à ce bruit, je m'éveillai en sursaut; ma pendule sonnait minuit, et l'année 1813 venait de commencer son cours.

RETROSPECT.

RETROSPECT.

AN 1812.

Tandis que je retraçais au sein de la capitale ces légères esquisses de nos mœurs, un tableau terrible se développait en Europe, et l'année 1812 voyait éclore un de ces événements dont la fatalité devait changer la face du monde politique.

La puissance gigantesque de Napoléon était ébranlée; l'empire s'affaissait sous son propre poids; quelques revers éprouvés en Espagne annonçaient l'orage prêt à fondre sur la France, comme un point noir à l'horizon fait pressentir au marin l'ouragan qui va soulever les flots.

Valence résiste aux armes glorieuses de Suchet; le siége de Cadix est levé; l'Espagne méridionale est évacuée. Wellington profite, avec plus d'habileté que de gloire, des ressources que lui offre un fanatisme indomptable; il entre en vainqueur dans Madrid que lui livrent ses habitants, et l'Empereur a la douleur d'apprendre qu'un de ses frères, roi par sa grace, a été forcé de fuir.

Napoléon s'étonne et ne se trouble pas. Les Français rentrent dans Madrid, et le génie de leur chef enfante un projet plus formidable que tous ceux qu'il a déja exécutés.

La Russie est la limite du monde civilisé: seule elle est encore à craindre, elle sera conquise; des négociations sourdes, des infractions de traités, préparent la rupture. Kourakin, l'ambassadeur russe, quitte Paris : le gant est jeté; une armée de cinq cent mille soldats, l'élite de la France et de l'Europe, marche contre l'autocrate, sous la conduite du génie de la victoire.

Jamais peut-être semblable appareil n'avait fait frémir l'humanité. Français, Autrichiens, Hongrois, Prussiens, Bavarois, Wirtembergeois, Badois, Saxons, Westphaliens, Polonais, Illyriens, tant de guerriers, d'armes, de pensées, de courages, n'obéissaient qu'à un homme, et ne servaient qu'une ambition.

Cependant l'Angleterre, ennemie née des puissances continentales, avait senti le besoin de s'allier à la Russie et à l'Espagne royaliste : une terreur commune les avait réunies; on ne stipule rien, sinon de se défendre.

L'armée des héros s'est ébranlée, le Niémen est franchi; d'épouvantables ravages attestent le passage de ces torrents d'hommes armés; amis et ennemis brûlent, dévastent les pays qu'ils traversent. Napoléon, vainqueur à Witespsk, à Smolensko, gagne la bataille de la Moskowa et entre dans Moskow le 14 septembre 1812.

C'est au Kremlin, dans l'ancienne résidence des czars, que la tente impériale est plantée. Napoléon a touché le but de sa prodigieuse expédition; il y trouvera le tombeau de sa fortune.

Dès le lendemain un océan de feu l'environne; les Russes en l'abandonnant ont incendié leur capitale, le triomphateur, à la lueur de ces flammes et du haut du Kremlin, put découvrir les deux rochers de l'Elbe et de Sainte-Hélène.

Trop fier, trop confiant en lui-même pour croire à l'infidélité de sa fortune, l'Empereur s'arrête trente-cinq jours sur les ruines de Moskow. Repos à jamais funeste !!!

Il se décide enfin à revenir sur ses pas : ici s'ouvre une scène d'épouvante, devant laquelle le souvenir frémit, et que l'imagination même repousse avec terreur : une si longue retraite sous la fatalité d'un climat meurtrier, à travers des contrées dévastées et sauvages, au milieu d'armées innombrables et toujours renaissantes; nos malheureux soldats, épuisés de fatigues et de blessures, se traînant avec efforts sur des débris fumants et des glaces homicides ; cinq cents lieues de pays jalonées de cadavres..... Hâtons-nous de détourner les yeux et la pensée de ce désastre, présage affreux des calamités qui devaient le suivre.

« Ainsi cette armée naguère invincible, à laquelle la conquête du monde semblait promise, qu'aucune force humaine n'eût arrêtée, revenait vaincue, détruite par la nature et la destinée, qui seules avaient pu consommer sa ruine; son chef, qu'un misérable traîneau avait arraché à la mort, rapportait dans sa capitale les premières nouvelles du désastre de son armée.

Quelle stupeur! quelle consternation! au plus morne silence succédèrent les cris des orphelins, des pères, des mères, des épouses: pas un village, pas un hameau qui n'eût quelque perte à déplorer! la France entière prit le deuil.

Telle fut la marche politique de cette année fatale; dans la revue qui précède, j'avais indiqué les points d'un intérêt secondaire qui l'ont caractérisée: la conspiration Mallet, dirigée avec beaucoup de courage sur un plan insensé; les inquiétudes, les agitations de l'intérieur, et jusques aux misérables querelles de la littérature, qui se continuaient au bruit des combats terribles dont le Rhin était déjà épouvanté.

J'avais rendu hommage à quelques hommes célèbres que la mort nous enleva dans le cours de cette année 1812, et particulièrement à la mémoire d'un poète auquel m'unissait l'amitié.

Le Gouvé conservera sur le Parnasse français la place honorable que Chénier lui assigne dans son rapport sur les prix décennaux. Si l'on peut reprocher à quelques unes de ses tragédies de manquer parfois de force et d'imagination, on ne peut desirer, dans plusieurs petits poèmes dont il a enrichi notre littérature, plus de charme et de sensibilité.

L'auteur du *Mérite des Femmes*, deux ans auparavant, avait perdu dans la sienne le modèle de toutes les vertus qu'il avait chantées.

Le Gouvé a laissé en portefeuille un poëme épique intitulé : l'*Énéide sauvée*, auquel il n'a pas eu le temps de mettre la dernière main. Tel qu'il est, ce poëme est incontestablement le chef-d'œuvre de son auteur; et il serait pénible de penser que sa famille négligeât de produire au grand jour de l'impression, un ouvrage qui ne peut qu'ajouter à la réputation de cet illustre académicien.

FIN DU SECOND VOLUME.

TABLE.

Avant-propos............................ page 1
N° XLII. Une première Représentation d'autrefois... 7
XLIII. Correspondance....................... 16
XLIV. Journal d'une femme à la mode......... 30
XLV. Le Bureau d'un Journal 39
XLVI. Le Carnaval et le Bal de l'Opéra......... 48
XLVII. Annonces et avis divers................. 59
XLVIII. Quelques Portraits...................... 69
XLIX. Les Lettres anonymes.................. 80
L. Deux Journées à quarante ans de distance. 90
LI. Les six Étages d'une maison de la rue Saint-Honoré............................. 100
LII. Le Public............................ 110
LIII. Les Cabales......................... 119
LIV. Les trois Visites...................... 128
LV. La Partie de campagne................. 137
LVI. La Bouquetière....................... 146
LVII. Le Palais-Royal...................... 153
LVIII. Le Café Touchard, ou les Comédiens de province 163
LIX. Paris à différentes heures............... 173
LX. Les Époques de la galanterie française.... 182
LXI. La Journée d'un fiacre................. 201
LXII. Lectures et succès des salons............. 212
LXIII. Le Chapitre des considérations.......... 223
LXIV. La Prison pour dettes.................. 233

N° LXV. Quelques Ridicules............... page 244
　LXVI. Les Restaurateurs.................... 253
　LXVII. La maison des Fous.................. 270
　LXVIII. Promenade à la Bibliothèque Royale..... 299
　LXIX. La Maison de prêt.................... 302
　LXX. Histoire d'un Jockey................... 313
　LXXI. Le Marché aux fleurs................. 324
　LXXII. Vente après décès 334
　LXXIII. La Fête de saint Pierre................ 345
　LXXIV. La cour des Messageries................ 355
　LXXV. Un Duel............................ 366
　LXXVI. L'Ermite au café de Chartres........... 377
　LXXVII. Institution des Sourds-Muets............ 387
　LXXVIII. Une Maison de la rue des Arcis.......... 398
　LXXIX. La petite Fille et la Demoiselle........... 417
　LXXX. Les Catacombes...................... 428
　LXXXI. Les Consultations..................... 439
　LXXXII. Revue de l'an 1812 450
Retrospect....................................... 463

FIN DE LA TABLE.

www.ingramcontent.com/pod-product-compliance
Lightning Source LLC
Chambersburg PA
CBHW060515230426
43665CB00013B/1524